유아교사를 위한

문제행동의 이해와 지도

유아교사를 위한

문제행동의 이해와 지도

이선영 · 우민정

KNOWLEDGE COMMUNITY 공동체

머리말

유아교육 현장에서 많은 교사들이 고민하고 있는 것은 문제행동을 가진 영유아들을 어떻게 지도해야 하는지에 대한 부분입니다. 임상적인 수준에서 특별한 문제를 가진 아이들이라면 특별한 지원이 필요하겠지만 그 정도가 아닌 아이들의 문제를 어떻게 다루어야 하는지는 쉽지 않은 문제입니다.

문제행동을 가진 영유아는 단순히 그 영유아의 문제만이 아니라 교실 전체의 다른 영유아들에게도 영향을 미치고, 영유아의 부모, 교사 자신에게 부정적인 영향을 미치게 됩니다. 물론 가장 큰 문제는 문제행동을 보이는 영유아입니다. 아이들이 보이는 문제행동은 그 행동 자체가 문제가 아니라 일종의 증상과 같습니다. 자신이 갖고 있는 내부적인 진짜 문제로 인해 친구를 공격하거나 계속 울거나 혹은 고립되어 버리기도 합니다. 교사는 단순히 특정 행동을 그만하도록 하는 것이 아니라 영유아의 진짜 문제를 진단하고 이해하여 해결해 줄 필요가 있습니다. 그렇게 하여 문제행동을 가진 영유아가 스스로 자신의 행동을 조절하여 다른 사람과 올바른 관계를 맺고, 타인에게 인정받고 사랑받을 수 있도록 도와주어야 합니다.

영유아의 문제행동을 지도하기 위해서 가장 중요한 것은 문제행동을 어떻게 바라보는지에 대한 교사의 관점입니다. 영유아의 문제행동이 교사에게 위협이 되고, 학급에 위협이 되는 불편한 것이 아니라 위험에 처해 있는 아이가 보내는 SOS 구조신호라고 생각해야 합니다. 혹은 배워야 할 것을 아직 제대로 배우지 못한 아이의 미숙함이거나 실수행동이라고 생각해야 합니다. 또 문제가 아닌 행동인데 교사로서의 자신이 너무나 예민하게 바라보는 것은 아닌지 생각해 볼 필요도 있습니다.

본 책은 영유아의 문제행동을 이해하는 데 중점을 두고 행동유형에 따라 주요한 문제들이 일어나는 원인과 지도 방법을 다루고 있습니다. 1장, 2장, 3장에서는 문제행동을 이해하기 위한 기초적인 내용인 문제행동의 개념과 교사의 관점, 위험요인과 보호요인을 다루었습니다. 4장, 5장, 6장은 문제행동을 지도하기 위한 절차와 예방방법, 지도전략을 담았습니다. 문제행동의 지도에서 가장 중요한 예방적 차원에서의 접근을 소개하고, 실제 문제행동을 지도하기 위한 과정과 각 과정에서 사용할 수 있는 자료들을 안내하였습니다. 7장, 8장, 9장, 10장, 11장은 일반적 상황에서 볼 수 있는 기본생활습관 문제, 사회성 문제, 정서 문제, 언어 및 인지 문제를 제시하여 이를 적절히 지도할 수 있는 방법을 담았습니다. 마지막 12장에서는 발달장애 및 행동장애를 다루어 현장에서 특별한 문제가 있는 영유아를 선별하는 방법에 대해 제시하였습니다.

영유아의 문제행동을 이해하고 지도하기 위해 여러 방법을 모색하는 가운데 Gartrell(2003)의 관점은 매우 의미 있고, 사려 깊은 방법이었습니다. 본 책은 Gartrell의 영유아 존중적이고 영유아 내부의 힘을 중시하는 관점과 방향을 같이 합니다. 또한 Kaiser와 Raminsky(2012)가 강조하는 문제행동을 지도하기 위해서는 교사가 문제행동을 이해해야 하고, 그 영유아를 이해해야 한다는 시각에 기초하고 있습니다. 영유아의 문제행동 지도에 있어서 영유아와 문제행동을 따로 분리해야 한다는 것은 매우 중요한 일입니다.

본 책이 문제행동을 지도하는 데 있어서 고민을 가지고 있는 교사와 예비유아교사들에게 조금이라도 도움이 되기를 바랍니다. 이 책은 저자들이 수많은 협의를 거치면서 집필하였으나 아직도 미흡한 부분들이 보입니다. 이러한 부분은 지속적으로 보완해 나갈 것을 약속하며, 마지막으로 이 책이 나올 수 있도록 도움을 주신 공동체 가족 여러분께 감사를 전합니다.

2025년 3월

저자 일동

차 례

PART Ⅲ | 문제행동 지도의 실제

차 례

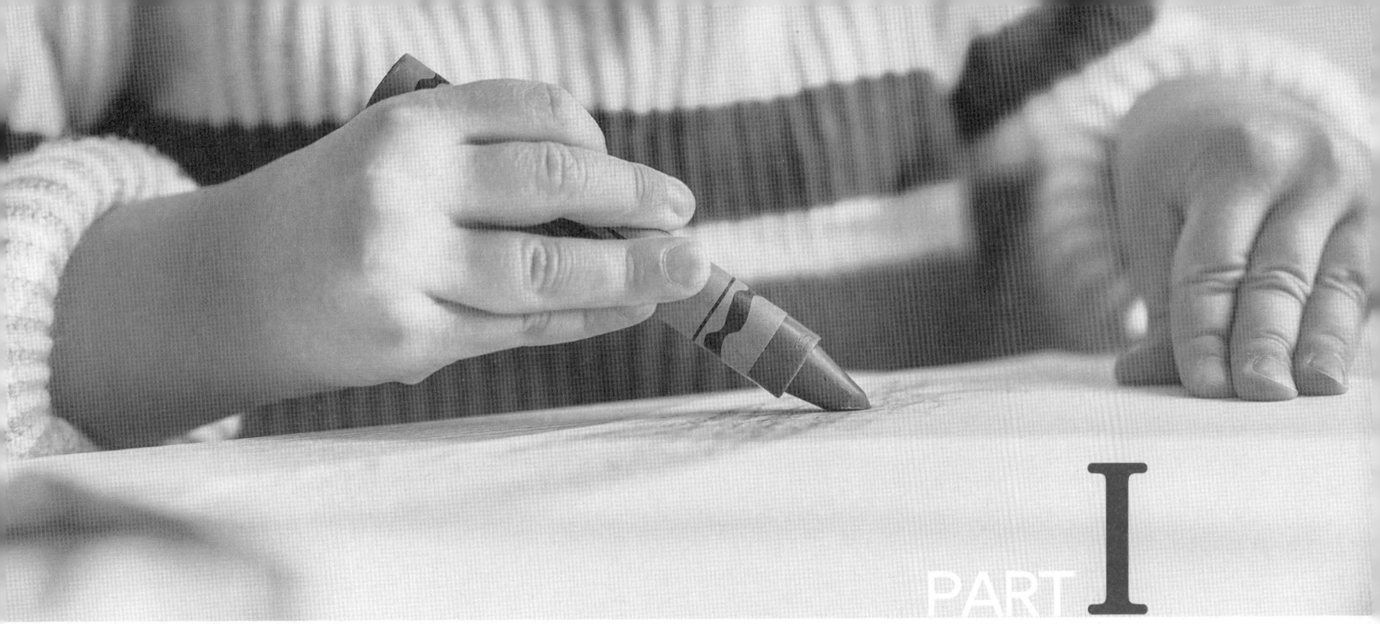

PART I

문제행동의 이해

제1장
영유아 문제행동 바라보기

1. 영유아의 문제행동 마주하기
2. 문제행동의 개념
3. 문제행동의 기능
4. 문제행동의 유형
5. 전통적 훈육과 긍정적 생활지도

제 1 장

영유아 문제행동 바라보기

개요

교사가 영유아의 문제행동을 어떻게 이해하고 지원할지를 판단하기 위해서는 가장 먼저 영유아 문제행동이 무엇인지에 대해 이해해야 한다. 이 장에서는 영유아 문제행동이 무엇인지를 알아보고, 영유아들은 왜 이러한 문제행동을 하는지 영유아의 관점에서 문제행동의 기능과 유형을 살펴보고자 한다. 또한 문제행동 지도에 있어서의 현대적 관점을 살펴보며 영유아 문제행동에 대한 개념을 이해하고자 한다.

학습목표

- 문제행동의 개념을 이해할 수 있다.
- 영유아 문제행동의 기능을 이해할 수 있다.
- 영유아 문제행동의 유형을 알 수 있다.
- 전통적 훈육과 긍정적인 생활지도의 개념을 비교할 수 있다.

주요 용어

문제행동(challenging behavior)
훈육(discipline)
생활지도(guidance)

▶ **내가 교사로서 만났던 가장 힘들었던 아이는?**

3세반 교사인 가연 선생님은 태현이 때문에 고민이 많다. 유치원에 처음 오게 된 태현이는 같은 반 아이들을 매일 때리고 있다. 태현이 때문에 벌써 네 명의 아이들이 유치원을 그만두었고 거의 매일 부모들이 전화로 항의를 하고 있어서 가연 선생님은 전화벨만 울리면 걱정이 앞선다. 태현이와 아침마다 사랑한다고 안아주고 따뜻하게 대해주어도 달라지지 않고, 단호하게 안 된다고 이야기해도 전혀 달라지지 않는 것 같다. 태현이 어머니는 처음에는 죄송하다고 하더니 이제는 전화를 해도 잘 받지도 않는다. 가연 선생님은 자신이 너무 무능한 것 같은 마음까지 든다.

1 영유아의 문제행동 마주치기

교사가 유아교육 현장에서 문제행동을 가진 영유아를 만나는 것은 흔히 있는 일이다. 영유아들은 유아교육기관에 다니게 되면서 가정 내에서 갖고 있던 문제행동을 그대로 드러내기도 하고, 유아교육기관이라는 새로운 사회에서 발생한 또 다른 문제행동을 드러내기도 한다. 이러한 문제행동은 영유아 자신에게만 영향을 미치는 것이 아니라 부모와 교사, 그리고 또래 유아들에게까지 영향을 미치기 때문에 적절하게 지도되어야 한다.

유아교사의 중요한 업무는 일상적인 상황에서 영유아들의 생활을 지도하는 것이며, 생활지도의 과정에서 각 영유아가 드러내는 문제를 파악하고 지원하는 것이다. 그러나 일정 수준을 넘어가는 영유아의 문제행동은 유아교사에게 큰 어려움을 가져온다. 교사는 영유아의 문제행동으로 인해 전체 학급의 운영에 어려움을 겪기도 하고, 해결하지 못하는 자신의 무능력에 대해 교사로서의 죄책감과 자괴감을 느끼기도 한다. 혹은 영유아의 문제행동을 가정에 알리고 연계하는 과정에서 또 다른 어려움과 좌절이 있을 수도 있다. 영유아의 문제행동이 개선되지 않는 상황은 교사의 교수효능감과 만족감을 떨어뜨린다.

영유아의 문제행동은 같은 학급의 또래에게도 영향을 미친다. 특정 유아의 공격적 행동으로 인해 신체적 혹은 정서적으로 상처를 받는 유아가 생길 수도 있고, 그 행동을 모방하여 바람직하지 않은 행동을 습득할 수도 있으며, 교사들이 문제행동이 있는 유아에게 집중하게 되면서 다른 유아들에 대한 관심과 상호작용의 질이 낮아질 수도 있다.

또한 영유아의 문제행동은 부모로 하여금 죄책감과 무력감을 갖게 한다. 특히 지속적이고 강도가 높은 영유아의 문제행동은 부모의 양육태도를 더욱 악화시키게 되고, 다시 문제행동을 강화하는 악순환을 가져온다. 만약 영유아의 문제행동이 가정에서는 나타나지 않는다면 부모는 유아의 문제행동에 대해 심각하게 생각하지 않고 유아를 제대로 파악하지 못하게 되며, 유아교육기관과 교사를 불신하는 결과를 가져오기도 한다. 이렇듯 문제행동을 가진 영유아는 교사, 또래, 부모 모두에게 영향을 미친다.

교사가 가장 집중해야 하는 대상은 문제행동을 나타내는 영유아이다. 문제행동은 일종의 증상과 같다. 감기에 걸렸을 때 열이 나는 증상이 나타나는 것처럼 영유아가 갖고 있는 진짜 문제가 공격성 혹은 무력감과 같은 증상으로 드러나는 것이다. 즉, 문제행동은 영유아가 갖고 있는 어떠한 문제들이 해결되지 않았을 때 나타나는 증상이라고 보아야 한다. 감기가 나아야 열이 내려가는 것처럼 영유아가 갖고 있는 진짜 문제가 해결되어야 문제행동이 사라질 수 있다.

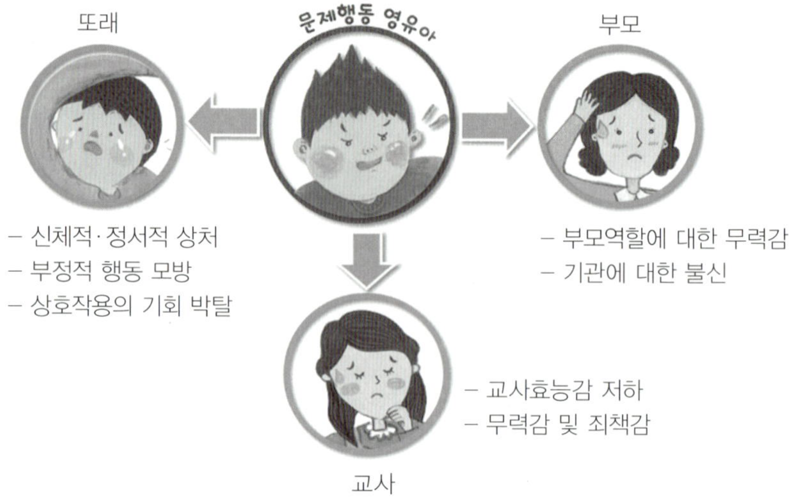

이러한 상황에서 가장 고통받고 힘들어하는 것은 또래에게 거부당하고 교사와 부모에게 인정받지 못하는 영유아이다. 교사가 문제행동의 지도에서 가장 먼저 해야 할 것은 문제행동 영유아에 대한 인식의 전환이다. 교사는 문제행동을 보이는 영유아를 '문제가 있는 영유아'가 아니라 '도움이 필요한 영유아'로 인식해야 한다.

유아교육기관은 다음과 같은 세 가지 장점을 갖고 있어 영유아의 문제행동을 지도하기가 적절하다.

첫째, 교육과 발달에 있어서 전문가가 있다는 점이다. 유아교사는 부모와는 달리 교육과 발달에 있어서 일정 수준 이상의 교육을 받은 전문가이다. 따라서 주관적인 시각이 아닌 전문적인 시각에서 영유아를 볼 수 있다.

둘째, 가정과의 연계를 통한 일관성 있고 지속적인 지원이 가능하다. 가정과 유아교육기관은 매우 밀접하게 연계되어 있다. 영유아의 문제행동은 가정이나 교육기관, 어느 한 곳에서만 지도되거나 해결되기 어렵기 때문에 가정과 교육기관의 일관적이고 연속적인 지도가 필수적이다. 교사는 양육자인 부모와 개별 유아의 문제를 함께 공유하고, 이를 해결하기 위해 다양한 전략을 사용하며, 이러한 교육의 과정을 함께 수립하고 수정·발전시켜 나갈 수 있다. 영유아는 삶의 대부분을 집과 유아교육기관에서 보내기 때문에 가정과 유아교육기관에서의 일관적인 지도와 지원이 이루어진다면 영유아의 문제행동은 쉽게 해결될 수 있다.

셋째, 유아교육기관의 내부적 협력체제를 구축할 수 있다. 유아교육기관에서는 문제행동을 가진 영유아를 지원하기 위해 담임교사뿐만 아니라 교육기관의 다양한 경험을 가진 다른 교사들이 협력적 지원을 하게 된다. 교사들은 문제행동을 가진 영유아들의 상황을 공유하고, 이를 지원하기 위한 전략을 함께 논의하면서 자신의 다양한 경험과 아이디어를 나누어 개별적으로 지원할 수 있다. 정보의 공유를 통해 교육기관 내의 모든 교사들이 문제행동 영유아에게 적절하고, 일관적인 교육을 할 수 있게 된다. 이러한 내부적 협력체제는 유아에게 더욱 단단한 지원과 지지를 할 수 있다.

Kaiser와 Rasminsky(2012)는 문제행동을 다루는 교사에게 다음과 같은 내용을 강조하였다. 이는 유아교육 현장에서 문제행동 영유아와 함께 생활하고 지도해야 하는 교사들에게 필수적인 지침이 될 수 있다.

- 스스로의 능력에 대해 자신감을 가져라.
- 문제행동을 보면 교육의 기회로 삼아라.
- 서두르지 않고 한 번에 한 행동씩, 한 유아를 대상으로 하고 현실적인 목표

를 설정하여 성공을 맛보라.

- 하루 일과의 마지막은 잘된 것과 잘못된 것을 발견하고 다음 기회에 사용할 해결 방법을 적어보라.
- 새로운 시도를 할 때 그 전보다 나빠질 수 있다는 것을 기억하라.
- 다른 사람들과 같이 일할 때는 공동의 목표를 설정하라. 동료를 만들어야 한다.
- 자책하지 말고 자신에게 보상을 주어라.

2 문제행동의 개념

영유아는 생애 초기에 부모와의 관계를 형성한 후 교사, 또래, 다른 성인 등 점점 넓은 세계를 경험하고 다양한 관계를 맺게 된다. 이 과정에서 영유아는 사회적으로 받아들이기 어려운 행동들을 하게 될 수도 있다. 이때 부모와 교사는 바람직한 행동이 무엇인지를 안내하고 실행할 수 있도록 돕는다. 그러나 영유아가 같은 문제행동을 계속 보인다면 성인들은 이를 '문제'라고 인식하게 되는데, 이러한 행동들은 단순히 부모나 교사 개인이 느끼는 주관적인 측면에서의 문제가 아니라 객관적 측면에서의 '문제'여야 한다.

'조금 우려가 되는 행동', '연령 특징적인 문제'와 '문제행동'은 유사하게 나타날 수 있기 때문에 명확히 분류하기 어렵다. 또 영유아를 관찰하는 사람에 따라 영유아의 특정 행동을 다르게 해석할 가능성이 있고, 같은 행동에 대해서도 서로 다른 발달적 의미를 부여할 수 있다. 성인들이 '문제행동'이라고 여기는 행동의 대부분은 특정 상황 혹은 특정 발달단계에서 보편적으로 나타나는 행동이다. 그중 일부 유아들의 문제행동만이 임상적인 수준의 문제가 된다(Cambell, 2002). 문제행동을 정의할 때는 발달 및 상황, 사회문화적 맥락 등을 고려해야 하고, 연령에 맞는 행동인지, 문제가 일시적인 것인지, 장기적으로 발달 가능한 문제인지를 살펴보아야 한다(Campbell, 2002).

문제행동의 증상은 다양화되고 세분화되었고, 문제행동을 의미하는 용어도 시대적·문화적 관점과 학문 분야에 따라 광범위하게 표현되고 있다. 학자들의 유아 문제행동의 다양한 개념을 살펴보면 〈표 1-1〉과 같다.

〈표 1-1〉 유아 문제행동의 개념

학 자	유아 문제행동의 개념
Kauffman (1981)	학문적 · 사회적 · 직업적 · 개인적 기술 등을 포함하는 교육적 상황에서 유아의 연령, 유아에게 적절한 문화, 인종적 규준에 부적합한 행동적 · 정서적 반응을 나타내는 장애
Doss & Reichle (1991)	유아 자신 또는 다른 사람을 다치게 하거나 환경 훼손의 결과를 초래하거나, 유아의 새로운 기술의 학습을 방해하거나 그 행동을 하는 유아가 사회적으로 고립되는 결과를 초래하는 행동
Kaiser & Raminsky (2012)	유아 자신뿐만 아니라 또래를 비롯한 타인에게 위험이 되고 이후의 학교생활 실패나 사회적 문제를 초래할 위험성을 가지며, 인지발달과 사회 · 정서발달을 방해하는 행동
홍경자(1986)	가정, 학교, 지역사회에서 생활하고 성장하면서 환경에 대한 반응으로 나타나는 정서적 · 행동적 부적응이나 장애 모두를 포함
성영혜(1993)	유아와 가정, 학교, 이웃 등으로 구성된 독특한 환경체계 간의 상호작용에 장애가 있어 발생되는 것으로, 심리 및 사회적 원인으로 형성된 복합적인 문제
김지영(2002)	유아들이 일상적인 생활을 하면서 보이는 정서, 인지, 운동기능적 발달 측면의 행동이 사회적 기대나 규범에서 벗어나는 비정상적인 행동
황혜정(2005)	유아의 연령과 발달에 기초한 규범적 행동으로 보기에 부적절한 행동이나 정상적인 적응 능력을 갖추지 못한 것으로 보이는 행동과 사회 및 정서적으로 내면화 또는 외현화된 역기능 행동
윤호정(2013)	일반적인 사회적 기대나 규범에서 벗어나는 행동을 하거나 유아를 둘러싼 환경에서 적응하지 못함으로써, 유아의 주변인들(또래, 부모, 교사 등)이 일상생활에서 어려움을 겪게 되는 행동

영유아에게서 보이는 다양한 행동들 중에 어떤 행동을 문제행동으로 볼 것인가는 영유아를 다루는 사람들의 관점과 인식에 따라 다르기 때문에 문제행동이 무엇인가에 대해서 한마디로 정의를 내리기는 어렵지만 여러 학자들의 정의에서 문제행동의 세 가지 공통적인 개념을 살펴볼 수 있다.

첫째, 문제행동은 '발달에 적합하지 않은' 행동이다. 정상발달이란 발달적 행동이 특정 시기에 정확히 나타나는 것을 의미하는 것이 아니라 정상발달의 범주 안에서 발달적 행동이 나타나는가를 의미한다. 모든 영아들이 정확히 12개월에 걷는 것이 아니라 개인적인 특성 혹은 환경적 차이에 따라 10개월에 걸을 수도 있고, 16개월에 걸을 수도 있다. 문제행동은 이러한 발달 범위의 경계선상에 있거나 벗어나 있는 행동이라고 볼 수 있다.

둘째, 문제행동은 '자신과 타인에게 부정적 영향을 미치는' 행동이다. 문제행동은 영유아 자신에게 문제가 되는 행동이다. 이러한 행동은 영유아가 또래와 어울리고 성공적인 사회생활을 하기에 필요한 것들을 배우기 어렵게 만든다. 또래들은 문제행동을 일으키는 영유아에 대해 끊임없이 불편함을 호소하고 함께 관계를 맺는 것을 거부한다. 또한 영유아의 가족과 교사에게도 문제가 된다. 문제행동을 지속적으로 나타내는 영유아와 관련된 부모나 교사는 해결되지 않는 문제행동으로 인해 유능감과 효능감이 낮아진다.

셋째, 문제행동은 '장기적인 영향을 미칠 수 있는 가능성'이 있는 행동이다. 영유아의 문제행동은 '일시적으로 나타나는 문제'와 '보다 장기적인 문제로 지속될 가능성이 높은 문제'로 나누어 볼 수 있을 것이다. 인간의 발달에 있어서 2~5세까지의 기간은 가장 급격한 변화를 보이는 시기이면서 동시에 개인차가 가장 많이 나타나는 시기이다. 여러 연구결과, 영유아기에 문제를 가졌던 아이 중 소수만이 지속적인 문제를 보였다. 영유아기의 행동문제가 지속적으로 나타나는 것은 다양한 유아의 특성, 양육 특성, 가족의 역기능이 서로 복합적으로 얽혀 있기 때문이다. 반대로 일시적인 초기 문제들은 단지 발달적 과도기에서의 혼란을 나타내는 것이고, 이는 긍정적인 양육행동을 통해 극복할 수 있다(Campbell, 2007). 따라서 문제행동이란 일시적으로 나타나는 문제가 아니라 장기적인 지속가능성이 있는 문제를 의미한다.

교사가 어떤 영유아에게 '문제행동이 있다'라고 낙인을 찍는 것은 강력한 영향을 미치기 때문에 주의해야 한다. '문제아'라는 낙인은 교사와 부모로 하여금 그 영유아가 하는 행동에 대해 부정적인 판단을 하게 한다. 교사로서 문제행동을 개념화할 때 '문제아'가 아니라 '문제행동'만이 있다는 것을 반드시 기억해야 한다.

문제행동과 유사한 개념으로 사용되는 부적응행동은 주어진 환경에 적응하지 못하고 갈등과 욕구좌절이 일어나며, 사회 집단의 기준에 순응하지 않거나 사회·문화적 기대치에서 이탈된 행동(국립특수교육원, 2009)으로, 사회생활과 인간관계에 집중되어 있는 개념이다. 따라서 문제행동은 부적응행동보다 좀 더 포괄적인 개념으로 볼 수 있다.

3 문제행동의 기능

유아가 나타내는 문제행동은 감기에 걸리면 기침을 하는 것과 같은 일종의 증상이다. 유아들은 의식적으로 혹은 무의식적으로 문제행동을 나타내면서 자신이 갖고 있는 진짜 문제를 드러낸다. 이러한 부분을 이해하기 위해서 유아의 행동이 어떠한 동기를 갖는지에 대해 고려하는 것은 매우 중요한 일이다. 예를 들어, 한 유아가 친구들의 장난감을 자꾸 뺏는 행동을 한다면 그 행동 자체를 없애는 해결 방법이 있는 것이 아니라 왜 이러한 행동이 일어나는지를 파악하고 그 문제를 해결해야 증상처럼 나타나는 문제행동이 사라질 수 있다. 각 행동의 원인이 다르기 때문에 장난감을 뺏는 유아들 모두에게 같은 해결 방법을 적용할 수 있는 게 아니라 각각의 문제행동의 근본 원인을 찾아내는 일이 필요하다.

학자들은 영유아가 문제행동을 하거나 지속적으로 행동하게 되는 원인을 특정한 동기에 있다고 보고, 이를 획득, 회피, 감각자극 중심으로 나누었다(Iwata, Dorsey, Slifer, Bauman, & Richman, 1982/1994; 권정윤 외, 2013, 재인용). 획득과 회피는 타인과 관련된 사회적 동기를 가진 행동이며 감각자극 중심은 타인과 관련이 없는 비사회적 동기를 가진 행동이다. 문제행동은 하나의 동기만 갖는 것이 아니라 동일한 행동이 한 가지 이상의 동기를 가질 수도 있다. 이것은 각 유아마다 관찰되고 파악되어야 한다. 영유아 문제행동의 기능을 살펴보면 〈표 1-2〉와 같다.

〈표 1-2〉 영유아 문제행동의 기능

사회적 동기를 가진 행동		비사회적 동기를 가진 행동
획득	회피	감각자극 중심

■ 획득

획득은 주변 사람들의 관심 끌기 및 접근범주의 행동으로 유아 자신이 원하는 것이 있을 때 그것을 얻기 위해 한다. 교사나 부모의 관심을 얻는 것이 목적인 경우 지적을 받거나 혼나더라도 관심을 끈 것으로 소기의 목적을 달성했다고 본다.

'획득'이 중요한 동기인 유아는 이야기나누기 시간에 앞에 앉아 있는 친구의 몸을 계속 만지거나 건드려서 교사에게 지적을 받더라도 교사의 관심을 끌겠다는 자신의 목적을 달성한 것으로 인식한다. 가정에서 계속 물건을 집어 던져서 엄마의 관심을 끄는 것도 같은 이유에서 그 동기를 찾을 수 있다.

■ 회피

회피는 유아 자신이 싫어하는 것을 피하고 싶을 때 발생한다. 유아는 너무 어려운 과제가 주어졌을 때, 너무 쉽거나 지루하고 재미없는 과제가 주어졌을 때도 회피하고 싶어 한다. 타임아웃을 적용하는 교사는 유아가 문제를 일으키면 유아를 다른 영역이나 특정한 자리로 보내게 된다. 특정한 활동에 참여하고 싶지 않은 유아는 일부러 문제를 일으켜 참여하고 싶지 않은 활동에서 회피하려는 경우가 발생한다.

■ 감각자극 중심

감각자극 중심 행동은 유아가 타인과는 상관없이 자신의 내적 자극을 얻기 위해서 하는 행동이다. 유아는 자기 스스로 즐거움을 얻기 위해 이야기나누기 시간에 의자를 움직이기도 하고 별생각 없이 몸을 흔드는 것과 같은 행동을 한다. 이는 관심을 획득하기 위한 것이 아니라 그냥 재미있어서 하는 행동으로 볼 수 있다.

4 문제행동의 유형

문제행동의 유형은 진단에 의한 분류, 통계에 의한 분류, 범주에 의한 분류 등 다양한 방법으로 분류할 수 있다(김지영, 2002). 진단에 의한 분류는 문제의 원인, 증상, 치료반응, 경과 등을 전제로 분류하는 체계로 미국정신의학협회에서 분류한 DSM 분류법이 포함된다. 통계에 의한 분류는 문제 원인이나 치료에 초점을 맞추기보다는 눈으로 보이는 유아의 행동을 기준으로 하는 분류체계로 통계적 방법을 사용해서 하는 분류방법이다. 범주에 의한 분류는 유아나 아동 전문가들이 일반적인 연구를 통해 알아낸 문제행동을 각자의 판단에 의해 몇 가지 범주로 분류한 체계를 말한다.

문송이(2008)는 교실에서 발생하는 문제행동에 대해서 집단 활동 방해, 부적절한 기본생활습관, 또래 간의 갈등, 위험 상황, 암묵적 규칙 위반으로 분류하였으며, 배지희, 조미영, 봉진영(2010)은 질서와 규칙을 지키지 않는 행동, 과격한 행동, 교사의 관심을 끌기 위해 보이는 부적절한 행동, 교사의 지도를 따르지 않는 행동으로 분류하였다.

Achenbach와 Rescorla(2000)는 유아 스스로 자신의 문제를 보고하기 어렵기 때문에 문제행동에 대한 체계적 평가의 필요성을 제기하면서 유아용 행동평가척도와 교사용 유아 행동평가척도를 함께 개발하여 문제행동 척도를 크게 내재화(internalizing) 문제와 외현화(externalizing) 문제로 분류하였다(유세영, 2018 재인용).

내재화 문제는 갈등과 어려움이 내적으로 또는 잠재적으로 남아 있는 상태로 자신의 어려움을 지나치게 억제하고 표현하지 못하는 경우에 나타나며, 외부에 문제행동이 드러나지 않지만 대인관계에서 어려움을 겪게 되고 인격 형성에 부정적 영향을 미친다. 외현화 문제는 외부로 표출되는 문제행동으로 대부분 타인에게 해를 끼치고 부적응행동을 초래한다. 각 영역과 관련 문제행동의 유형을 살펴보면 〈표 1-3〉과 같다.

〈표 1-3〉 문제행동 범주와 내용

문제행동 범주		개념 및 내용
내재화 문제행동	정서적 반응성	낯선 상황에 대한 불안, 일상생활의 변화에 대한 저항, 짜증, 걱정 등의 정서적 안정성과 관련
	불안/ 우울	날카롭게 곤두선 기분, 긴장, 스스로의 행동이나 감정 표현에 대해서 지나치게 의식하며 불안해하고 전반적으로 슬퍼 보이는 등의 부정적인 감정과 관련
	신체증상	분명한 의학적 원인 없이 나타나는 배변곤란, 설사, 두통, 메스꺼움, 배앓이, 구토와 같은 신체적 불편감이나 물건이 제자리에 있지 않으면 견디지 못하는 등의 불분명한 예민감과 관련
	위축	연령대에 기대되는 것보다 위축되고 어린 행동, 애정 표현이나 주변의 즐거운 놀이에 대한 무관심과 관련

외현화 문제행동	주의집중 문제	안절부절못하고 부산하게 움직이는 과잉행동, 운동신경이 둔한 것과 관련
	공격행동	타인에 대한 신체적인 공격과 기물 파괴 등의 행동적인 측면과 자신의 요구를 이기적이고 고집스럽게 주장하며 여의치 않을 경우 쉽게 좌절하고 반항적이 되거나 분노, 발작을 하는 등의 정서적 측면과 관련

출처 : 유세영(2018) 재구성.

보건복지부 · 육아정책연구소(2013)에서는 표준보육과정과 누리과정의 영역을 기반으로 영유아의 신체 · 사회성 · 정서 · 언어 · 인지발달영역과 기본생활습관 등 6개의 영역을 다루었다. 각 영역별로 영유아기에 나타날 수 있는 문제행동의 유형을 설명하였고 이를 살펴보면 |그림 1-1|과 같다.

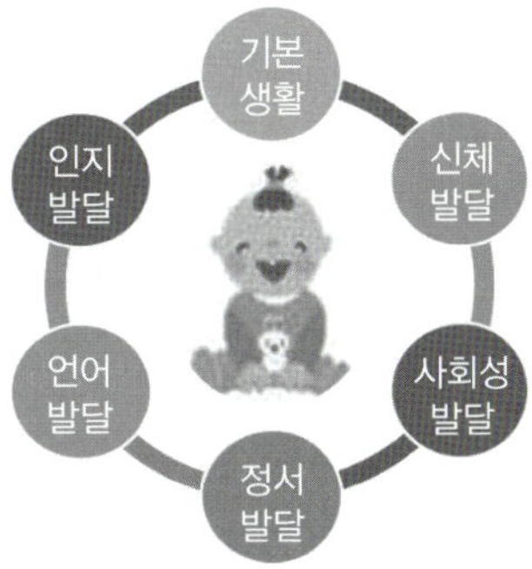

|그림 1-1| 영유아기 6개 발달영역

각 발달영역별 관련 문제행동의 유형을 살펴보면 〈표 1-4〉와 같다.

〈표 1-4〉 발달영역별 관련 문제행동 유형

영 역	관련 문제행동 유형
기본생활습관	식사, 배설, 휴식, 청결, 공동생활
신체발달	대근육 운동발달, 소근육 발달, 움직임 특성, 질병
사회성 발달	공격행동, 위축 · 단절, 갈등유발 행동
정서발달	분리불안, 대물애착, 자주 우는 행동, 우울, 분노 폭발 및 감정조절 불가, 자위, 지나친 수줍음, 강박성향, 틱, 고집, 부주의와 산만
언어발달	발음, 발성, 유창성, 이해, 표현, 태도
인지발달	자극과 반응, 사람과 사물인식, 대상영속성, 모방행동 및 표상행동, 기억행동, 주의력, 분류

본 책에서는 발달영역별 분류에 따라 유아교육 현장에서 쉽게 나타나는 문제행동 중심으로 기본생활습관(제7장), 사회성(제8장), 정서(제9장), 언어(제10장) 및 인지(제11장) 관련 문제행동으로 나누어서 살펴보고자 한다.

5 전통적 훈육과 긍정적 생활지도

(1) 전통적 훈육

유아교사에게 있어서 문제행동 지도란 실제로 아주 심각한 병리적인 차원에서의 문제행동 지도를 의미하는 것은 아니다. 유아교사가 현장에서 할 수 있는 일은 심각한 수준의 영유아를 선별하여 가정과의 상담을 통해 전문적인 기관에서 진단과 치료를 받을 수 있도록 지원하고 전문기관과 협력하여 일관성 있게 유아를 지도하는 것이다. 즉, 교실 현장에서 유아교사의 문제행동 지도는 심각한 병리적 수준의 문제행동 지도가 아니라 영유아의 적절하지 못한 행동에 대한 지도와 전반적인 생활에 대한 지도에 가깝다.

과거에는 이러한 문제행동에 대한 지도가 훈육(discipline)의 의미를 갖고 있었다. 훈육(discipline)이라는 용어는 '교수(instruction)'나 '훈련(training)'과 공통된 'disciplina'라는 어원을 갖는다. 수백 년 동안 미국과 유럽의 학교에서 엄격한 처벌이 훈육이라는 명목으로 사용되어 훈육의 용어를 변질시켰다(Gartrell, 2004). 전통적인 훈육이란 훈련이라는 의미를 내포하며, 복종지향적이고 교사 주도적인 훈육체계라고 볼 수 있다.

교육학자들과 심리학자들에 따르면 처벌은 유아에게 다음과 같은 부정적인 영향을 미친다(Gartrell, 2004).

- 자신을 실패자라고 느끼는 낮은 자존감

- 부정적인 자아개념
- 타인에 대한 분노
- 학교와 학습과정에서 소외된 느낌

훈육을 하는 과정에서 유아들에게 처벌을 하면 당장 그 행동을 멈추게 할 수는 있지만 유아들은 아무것도 배우지 못한다. 유아들은 처벌을 통해 그들의 행동을 개선하기 위한 올바른 방법을 알 수 없다(Greenberg, 1988). 유아는 처벌로 인해 수치심을 느끼게 되어 '착한 아이'가 되는 것이 아니라 부정적인 성격을 내면화하게 된다. 또한 처벌을 받게 되면 유아는 성인을 불신하게 되고 이러한 처벌이 계속된다면 부적절한 행동을 하고 벌을 받는 것을 삶의 일부분으로 당연하게 받아들이게 된다(Gartrell, 2004).

따라서 유아교육자들은 유아들에게 복종을 강요하는 처벌적인 훈육에서 벗어나 유아 중심의 접근법을 사용할 필요가 있다고 생각하였고, 성인 중심의 훈육이 아닌 유아 스스로 자신의 행동을 통제하도록 하는 자율적인 자기통제에 중심을 둔 훈육이 필요하다고 하였다. 이와 같은 유아 중심적인 훈육을 '생활지도'라고 한다(권정윤 외, 2013).

(2) 긍정적 생활지도

생활지도(guidance)는 유아에게 민주시민으로서 필요한 삶의 기술을 가르치는 것이다(Wittmer & Honing, 1994). 교사는 유아에게 긍정적인 생활지도를 함으로써 사회적 기술, 자기통제, 자기조절의 발달을 촉진한다. 교사는 기대되는 행동의 모델이 되고, 기대되는 행동을 하도록 격려해 주며, 유아가 좀 더 수용 가능한 행동을 하도록 방향을 재설정해 주고, 행동의 한계를 분명히 해 주며, 수용될 수 없고 해를 끼치는 행동의 결과를 강조하기 위해 중재 방법을 적용한다. 교사는 유아가 스스로 발달할 수 있다는 가능성을 존중해야 한다

(Bredekamp & Copple, 1997).

생활지도를 사용한 교수방법은 진정한 의미의 인성교육이다. 현명하면서도 올바른 의사 결정 능력을 나타내는 자율성에 필요한 감정이입, 자존감, 자기통제를 유아 스스로 발달시키도록 지도하는 교육이다. 이를 실행하기 위해서는 교사뿐만 아니라 유아를 위한 전문가들과 부모와의 협력이 필요하다(Gartrell, 2004).

Gartrell(2004)은 생활지도가 무엇인지 더 잘 이해하기 위해 생활지도에 대해 잘못 생각하고 있는 다섯 가지의 오해를 지적하였다.

① 생활지도는 문제에 대한 단순한 반응이 아니다.

생활지도는 문제에 대해 단순하게 반응하는 것이 아니라 문제행동을 예방하는 포괄적인 차원의 노력이다. 교사는 잘못된 행동을 하려는 유아의 욕구를 감소시키기 위해 집단 활동의 수와 시간을 줄이고 교실 배치를 바꾼다. 생활지도는 문제가 일어났을 때 교사가 어떻게 해야 한다는 지침만이 아니라 문제가 일어나지 않도록 예방하는 노력까지 포함한다.

② 생활지도는 프로그램이 교육적이지 않다는 것이 아니다.

생활지도가 학습과 크게 관련없다는 것은 큰 오해이다. 학습은 읽기, 쓰기, 셈하기와 같은 성취만을 의미하는 것이 아니라 긍정적인 관계를 맺을 수 있도록 도와주는 사회적 기술까지 포함한다. 사회적 기술은 학습의 기초가 된다. 유아는 자신의 삶 모든 부분에서 타인과 관계 맺는 법을 배우고 이것은 앞으로의 삶에 도움이 된다. 또한 안정적인 환경에서 학습이 더 잘 일어날 수 있다.

③ 생활지도는 '때때로 하는 것'이 아니다.

어떤 교사들은 상황에 따라 어떤 때는 '생활지도'를 하고, 어떤 때는 '훈육'을 해야 한다고 생각하지만 비처벌적인 생활지도는 모든 상황에 적용된다. 긍정적 생활지도는 모든 상황에서 일관성 있게 사용되어야 한다. 생활지도는 예방부터 갈등해결, 위기 중재, 장기적인 관리 책략까지 광범위한 방법들을 포함한다.

④ 생활지도는 허용적인 훈육이 아니다.

생활지도를 하는 교사들은 손을 놓고 상황만 보는 방관자가 아니라 유아들이 스스로를 조절하는 데 어려움을 느낄 때 적절히 반응하는 능동적인 지도자이다. 생활지도의 목표는 당장 해결할 수 없는 문제를 갖고 있는 유아를 처벌하는 것이 아니라 유아가 문제를 해결하도록 가르치는 것이다. 생활지도를 통해 타인과 같이 잘 지내는 능력, 언어를 사용하여 문제를 해결하는 능력, 강한 감정을 수용될 수 있는 방법으로 표현하는 능력과 같은 삶에 필요한 기술을 갖출 수 있도록 한다.

⑤ 생활지도는 프로그램에만 국한되지 않는다.

생활지도는 지난 20년간 실시해 왔던 유아에게 중요한 교육 실제의 일부분이며 발달에 적합하고 문화적으로 반응적인 교육을 지향하는 운동의 일부이다. 따라서 프로그램이 운영되는 곳, 영역에만 한정되는 것이 아니라 학급에서 함께 일하는 교사 전체와 긍정적인 부모 관계에까지 영향을 미친다. 생활지도는 단순한 프로그램이 아니라 교사의 실행, 교사의 협력적 교수, 가족과 지역사회의 협력을 포함한다.

유아들은 이렇게 생활지도가 실행되는 교실을 좋아한다. 유아들은 유치원과 어린이집에 오는 것이 기쁘고 행복하고 자신이 환영받고 있다고 느낀다. 생활지도를 잘 실천하는 교사는 다음과 같은 여섯 가지의 특징을 보인다(Gartrell, 2004).

- 교사는 사회적 기술들이 배우기 복잡하기 때문에 이를 충분히 학습하려면 성인기까지 걸린다는 것을 알고 있다.

- 교사는 유아의 욕구를 충족시켜 주기 위해 노력한다.
- 교사는 긍정적인 교사-유아 간의 관계를 형성한다.
- 교사는 해결지향적인 중재방법을 사용한다.
- 교사는 부모와 협력 관계를 맺는다.
- 교사는 학급 내 성인들과의 팀 체제를 활용한다.

토론해 보세요

▶ **자신이 하고 있는 훈육과 생활지도에 대해 생각해 보세요.**
어떤 지도 방법을 사용하고 있나요?

학습정리

1. 영유아의 문제행동은 자기 자신뿐만 아니라 교사, 또래, 가족 구성원 모두에게 영향을 미친다.
2. 문제행동을 정의하기 위해서는 특정 행동의 여부가 중요한 것이 아니라 빈도, 강도, 만성성, 연합성, 사회적 맥락이 함께 고려되어야 한다.
3. 문제행동이란 발달에 적합하지 않은, 자신과 타인에게 영향을 미치는, 장기적인 영향을 미칠 가능성이 있는 행동이다.
4. 문제행동은 사회적 동기를 가진 획득과 회피, 비사회적 동기를 가진 감각자극 중심의 기능을 한다.
5. 영유아의 문제행동 유형은 발달영역별 특성에 따라 기본생활습관 관련 문제행동, 신체발달 관련 문제행동, 사회성 관련 문제행동, 정서 관련 문제행동, 언어 관련 문제행동과 인지 관련 문제행동으로 구분할 수 있다.
6. 현대의 문제행동 지도는 훈육이 아니라 긍정적 생활지도의 방법으로 다루어져야 한다.
7. 긍정적 생활지도란 영유아 내부의 힘과 사회적 기술을 학습하도록 하여 민주시민으로서 필요한 삶의 기술을 가르치는 것이다.

제2장

문제행동을 바라보는 교사

1. 문제행동에 대한 교사의 관점
2. 교사의 자기 이해
3. 교사와 영유아와의 관계
4. 교사와 부모의 관계

제 2 장

문제행동을 바라보는 교사

개요

교사가 영유아의 문제행동을 효과적으로 지도하기 위해서는 문제행동에 대한 올바른 관점과 자신에 대한 이해가 필요하다. 본 장에서는 교사가 문제행동을 바라보는 관점과 자기 이해의 중요성 및 방법을 다룬다. 이를 바탕으로 교사와 영유아 간의 관계 형성, 교사와 학부모 간의 관계 형성의 의미를 살펴본다. 또한 교사가 문제행동을 지도하는 안내자이자 지도자로서 역할을 잘 수행할 수 있는 방법을 모색한다.

학습목표

- 영유아의 문제행동에 대한 관점의 중요성을 이해할 수 있다.
- 영유아의 문제행동 지도를 위해 교사의 자기 이해가 필수적임을 알 수 있다.
- 영유아의 문제행동 지도를 위한 교사와 영유아, 교사와 가족 간 관계 형성의 의미를 알 수 있다.

주요 용어

잘못된 행동(misbehavior)
실수행동(mistaken behavior)
자기반성(self-reflection)
긍정적 관계(positive relationship)

▶ 영유아교사에게 필요한 덕목이 무엇이라고 생각하나요?

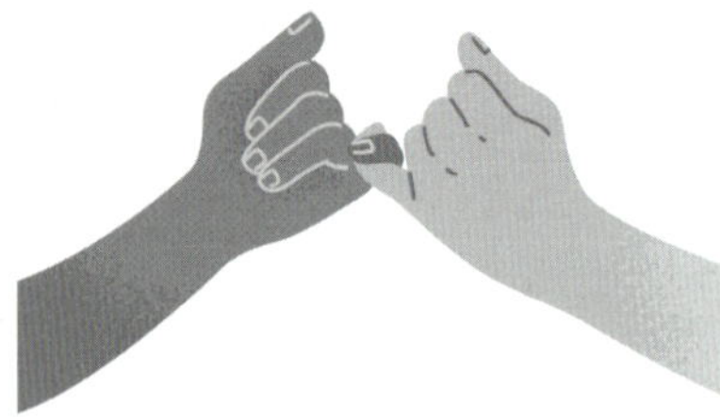

4세반 담임교사인 나은 선생님은 철수와 매일 아침마다 비밀 약속을 한다. 3세부터 유치원에 다니기 시작한 철수는 입학한 날부터 하루도 문제를 일으키지 않은 날이 없다. 철수는 다른 유아들이 가지고 노는 놀잇감을 수시로 뺏고, 쌓아놓은 블록이나 놀잇감을 무너뜨리고, 줄을 서거나 계단을 오르내릴 때 누군가가 자신의 앞에 있다면 무조건 밀어서 앞으로 가고 싶어 한다. 그렇지만 나은 선생님은 철수가 조금씩 나아지고 있다고 생각한다. 나은 선생님은 철수와 아침마다 친구와 사이좋게 놀자는 약속을 비밀스럽게 하고 있지만 친구를 때리지 않겠다는 철수의 약속은 깨질 때가 많다. 오늘 바깥놀이를 가는 중에 철수는 자신의 앞에 있던 친구를 별다른 이유 없이 때렸다. 나은 선생님은 철수를 따로 불렀다. 나은 선생님이 아무 말 없이 걱정스러운 표정으로 철수를 바라보며 왜 그랬는지 물으려는데 철수가 먼저 서럽게 울기 시작했다. "진짜 진짜 안 때리려고 했는데! 내 마음대로 잘 안 돼요. 미안해요, 미안해요." 나은 선생님에게 미안하다고 말하며 서럽게 우는 철수 때문에 나은 선생님도 같이 울고 말았다.

1 문제행동에 대한 교사의 관점

(1) 참을성과 이해

영유아교사에게 필요한 덕목으로 흔히 '참을성'이 언급된다. 많은 사람들은 영유아교사의 역할을 '아이들의 예측 불가능한 행동을 견뎌내는 것', '아이들의 제멋대로인 행동을 참아내는 것'으로 바라보곤 한다. 그러나 참을성은 어려운 상황을 그저 견디는 태도를 의미하는 것으로, 영유아교육에서는 이러한 수동적 접근이 바람직하지 않다. 교사가 영유아의 문제행동을 참기만 한다면 문제가 해결되지도 않을 뿐만 아니라 상황이 악화되기도 한다. Weber(1987)는 '교사가 참을성에 의존하면 영유아의 행동을 이해하고 지도하는 데 필요한 전문적인 접근을 놓칠 수 있다'고 지적한다.

Weber(1987)는 영유아의 발달수준을 이해하는 교사는 '고통을 조용히 참을' 필요가 없다고 말한다. 이러한 교사는 영유아의 행동을 발달에 적합한 것으로 수용할 뿐 아니라 영유아를 반항하는 아이로 생각하지 않고, 아직 경험이 부족할 뿐이고 선천적으로 선한 존재라고 여긴다. 또한 학습 상황에서 문제를 일으키는 영유아는 새로운 환경이나 과제에 익숙하지 않을 수 있다고 보고 적절한 학습 전략을 마련하거나 과제 수준을 조정함으로써 영유아가 상황에 적응할 수 있도록 돕는다. 이러한 교사의 태도와 접근은 영유아가 긍정적으로 반응하게 하고, 긍정적인 경험을 하게 한다.

영유아에 대한 '이해'는 영유아의 발달수준에 대한 전문적이고 객관적인 측면의 이해만을 의미하는 것을 넘어서 영유아의 삶에 대한 개인적이고 주관적인 측면의 이해 모두를 의미한다. 교사가 영유아교육기관에서 영유아 모두가 교실에서 조용히 앉아 있기를 원하거나 손을 무릎에 놓고 교사가 묻는 말에만 대답하기를 원한다면 당연히 참을성이 필요할 것이다. 그러나 영유아들은 발달적으로 그렇게 행동하지 않는다. 영유아의 발달을 이해하지 못하는 교사는 계속 움직이는 영유아들의 행동을 문제로 인식하고, 이를 견디기 위해 참을성에 의존할 수 있다. 반면에 영유아의 발달적 특성과 개인적 특성을 이해하는 교사는 수용하는 상황의 범위가 훨씬 넓을 것이다. 이러한 교사는 영유아들과 대화를 나누고 영유아들의 말에 귀를 기울인다. 또한 문제상황이 일어났을 때, 문제를 즉각적으로 해결해 주는 것이 아니라 해결하는 방법을 알려주고, 이를 적용하도록 도와준다. 이 과정이 시간이 많이 걸리기는 하지만 장기적인 관점에서는 분명히 교사와 영유아 모두에게 도움이 된다.

교사는 자신의 욕구보다 영유아의 필요를 우선시해야 한다. 교사가 소음을 싫어한다고 해서 영유아들이 항상 조용해야 하는 것은 아니며, 교사의 평가나 타인의 시선을 의식하여 영유아들이 완벽한 결과물을 만들어야 하는 것도 아니다. 교사의 자기중심적 태도는 영유아의 교육을 방해할 수 있기 때문에 교사는 영유아의 요구와 감정을 존중하는 태도를 유지해야 한다.

성숙하고 균형 잡힌 성격을 가진 교사는 영유아의 행동을 열린 시각으로 바라보고 긍정적인 관계를 형성할 수 있다. 예를 들어, 5세 유아가 수업 중 계속 질문을 했을 때 교사가 유아의 행동을 불편해하지 않고 호기심의 표현이라고 생각한다면, '너의 질문이 중요해'라고 인정해 주면서도 '잠시 기다리자'라는 메시지를 통해 사회적 규칙을 가르치는 기회로 활용할 수 있다. 이처럼 교사는 상황에 따른 적절한 지도 방법을 적용하여 영유아의 행동을 긍정적으로 변화시킬 수 있다. 영유아들은 상처받기 쉽고 스스로를 방어하기 어려운 존재이기 때문에 교사는 이러한 영유아들의 특성을 이해하고 민감하게 반응할 수 있어야 한다. 성숙한 교사는 지속적인 학습과 연수를 통해 자신의 전문성을 강화하고 최신 연구와 이론에 개방적인 태도를 유지한다.

결국 교사가 영유아를 이해하고 발달적 시각을 바탕으로 접근할 때 참을성은 거의 필요하지 않게 된다. 교사는 문제행동을 지도하는 과정에서 영유아의 성장과 학습을 돕고, 교사 자신도 함께 성장하는 기회를 갖게 된다(Weber, 1987).

(2) 문제행동과 실수행동

문제행동이라는 용어에서 '문제'는 함께 해결해 가야 하는 과제가 아니라 '잘못된 행동'으로 느껴지기도 한다. 전통적으로 문제행동은 의도적으로 일으킨 행동을 의미하며, 영유아는 이에 대한 처벌이나 훈육을 받아야 한다고 여겨진다(Gartrell, 2004). 그러나 아동 중심의 관점에서는 문제행동에 대한 전통적 인식은 영유아에게 부정적인 낙인을 줄 수 있으며, 영유아는 이를 내면화하여 반복적인 부정적 행동을 보일 가능성이 있다고 본다.

NAEYC(1991)는 영유아의 문제행동을 '실수행동(mistaken behavior)'으로 보기를 제안한다. 실수행동은 의도적인 행동이 아니라 의도가 없고, 잘 알지 못해 일으킨 행동이다. 교사는 문제행동을 통해 영유아가 무엇을 배우지 못했는지 파악하고, 이를 지도하며 학습과 성장의 기회로 삼아야 한다. 영유아는 협동, 갈등해결, 감정 표현 등 사회적 기술을 배우는 과정에서 실수를 저지른다(Gartrell, 1994). 사회적 기술은 시간이 오래 걸리고 성인도 계속 연습해야 하는 복잡한 능력이다. 영유아는 사회적 경험이 부족하고 기술이 미숙하기 때문에 실수를 자주 한다. 성공적인 사회적 상호작용을 위해서는 이러한 실수를 통해 배우는 과정이 필요하다. 인간이 건강하고 성공적인 삶을 살기 위해 배워야 하는 수많은 기술 중에서 가장 어렵고 오랫동안 배워야 하는 기술이 사회적 기술이다. 성인이 되어서도 협상, 설득, 대화와 같은 기술은 계속 배워야 하고, 능숙해지기 힘들다. 영유아는 성인보다 훨씬 더 사회적 경험이 부족하고 기술이 하기 때문에 성공보다는 실패할 확률이 높으며 계속해서 실수하는 것이 당연하다. 인간은 이러한 실패 혹은 실수를 통해 성공적인 경험을 하게 된다. 즉, 영유아의 문제행동은 잘못된 행동이 아니라 아직 적절한 방법을 잘 몰라서 하게 되는 자연스러운 '실수행동'으로 보아야 한다.

Gartrell(1994)은 Harlow(1975)의 관계패턴에 근거하여 영유아의 실수행동을 세 가지 수준으로 구분하였다. 실수행동의 수준은 1수준 시험해 보기, 2수준 사회적 영향, 3수준 강력한 욕구로 구분하여 볼 수 있다.

〈표 2-1〉 실수행동의 수준

실수행동이 나타나는 동기	관계패턴	실수행동의 수준
환경 탐색과 관계 형성 욕구	관계참여	수준 1 : 시험해 보기 (Experimentation)
중요한 타인과 동일시하거나 기쁘게 하려는 욕구	적응	수준 2 : 사회적 영향 (Socially Influenced)
문제해결 능력 부족, 건강 상태, 정서적 어려움으로 인한 행동	생존	수준 3 : 강력한 욕구 (Strong Needs)

▪ 수준 1 : 시험해 보기

수준 1에서는 영유아가 호기심이나 관여를 통해 상황을 탐색하거나 관계를 형성하려는 과정에서 실수를 저지른다. 예를 들어, 놀이에 참여하고 싶지만 적절한 접근법을 몰라 장난감을 빼앗는 행동을 할 수 있다. 교사는 이러한 행동에 대해 적절한 대안을 제시하고 반복 연습을 통해 영유아가 올바른 방법을 배울 수 있도록 도와야 한다.

▪ 수준 2 : 사회적 영향

수준 2에서는 영유아가 또래나 중요한 타인의 행동을 모방하거나 집단의 기대에 부응하려는 과정에서 실수를 하게 된다. 예를 들어, 친구들이 사용하는 욕설을 그대로 따라 하거나, 집단 내에서 인정을 받기 위해 부적절한 행동을 할 수 있다. 교사는 개인적인 행동인지 집단적인 문제인지 분석한 후 개인적으로는 바람직한 대안을 제시하고, 집단적인 경우에는 문제해결을 위한 논의 시간을 가질 필요가 있다.

▪ 수준 3 : 강력한 욕구

수준 3에서는 영유아가 심리적 또는 신체적 상처로 인해 통제할 수 없는 행동을 보인다. 예를 들어, 심리적 스트레스로 인해 공격적인 행동을 하거나 위축

되는 행동을 보일 수 있다. 영유아가 불안을 느낄 때 교사를 향해 소리를 지르거나 물건을 던지는 행동을 하기도 한다. 이러한 행동은 영유아가 감당하기 어려운 요구를 표현하는 방법으로 해석해야 한다. 교사는 영유아의 안전을 보장하고 신뢰 관계를 형성하여 안정감을 회복시킬 수 있도록 해야 한다.

실수행동은 수준마다 다른 특징적 동기가 있으며 비슷한 행동이라도 다른 동기의 결과일 수 있고 각기 다른 수준에서 생길 수 있다. 따라서 교사는 행동의 정확한 동기를 파악하기 위해 영유아를 주의 깊게 관찰하고 실수행동의 수준을 정확히 파악하는 것이 중요하다. 교사는 영유아의 실수행동을 영유아의 성장을 지원하는 기회로 바라보아야 하며, 이를 통해 영유아의 사회성 발달과 긍정적인 행동 형성을 촉진할 수 있다.

〈표 2-2〉 동기에 따른 실수행동 수준

행동적 사건	주요 동기	행동의 수준
	놀잇감을 갖고 싶거나 자신의 요구를 말로 표현하는 방법을 배우지 못했다.	수준 1
	다른 아이들이 놀잇감을 뺏는 것을 보고 과장되게 흉내 낸다.	수준 2
	힘을 과시하기 위해 세상을 공격적으로 대하려고 한다.	수준 3

생활지도에서 중요한 전제는 영유아가 의도적으로 저지른 행동이라도 실수행동으로 간주하는 것이다. 의도성을 가지고 다른 영유아를 물거나 적절하지 않은 행동을 하더라도 이것은 실수이다. 실수를 한 영유아도 가치 있는 존재로 접근해야 교사는 영유아의 성격과 사회성 발달을 도모하는 철학적으로 강력한 위치에 설 수 있다(Gartrell, 1994).

2 교사의 자기 이해

(1) 영유아의 문제행동 이해에 영향을 주는 요소

교사가 자기 자신이 누구인지, 무슨 일이 있는지, 자신이 하고 있는 일에 대해 깊이 이해하고 자신의 교육철학을 명확히 아는 것은 영유아를 정확하게 판단하는 데 중요한 역할을 한다. 교사가 영유아를 바라볼 때 편견이나 부정적인 감정을 가진다면 문제행동에 쉽게 흥분하거나 과잉반응할 수 있다. 따라서 교사는 감정적으로 동요하지 않고 침착함을 유지할 수 있어야 하며, 이러한 태도는 영유아가 정서적 안정감을 느끼고 감정을 조절하는 방법을 배우는 데도 도움이 된다.

교사의 자기 이해는 영유아의 문제행동을 바라보는 태도와 지도 방법에 큰 영향을 미친다. 다음은 이러한 요소들을 구체적으로 설명한 내용이다(Kaiser & Raminsky, 2012).

▪ 부정적인 감정

영유아의 문제행동은 두려움, 분노, 죄책감, 좌절 등 교사의 부정적 감정을 자극할 수 있다. 교사가 부정적인 감정을 영유아에게 표출하면, 영유아는 교사의 태도를 민감하게 인지하고 유사한 감정으로 대응할 가능성이 높다. 부정적인 감정은 교사가 문제행동을 적절하게 지도하는 것을 방해하고, 영유아와의 긍정적 관계 형성을 어렵게 만든다. 교사와 영유아의 긍정적인 관계는 문제행도 지도의 첫걸음이다. 교사는 자신의 부정적인 감정을 다루는 연습과 자기 성찰을 통해 이러한 상황을 개선할 수 있다. 교사는 문제행동을 보이는 영유아에 대해 감정적으로 반응하기보다는 자신의 감정을 인식하고 조절함으로써 영유아의 행동을 이해하고 긍정적인 방법으로 접근해야 한다.

■ 교사 자신의 가족과의 경험

교사의 가족관계와 어린 시절의 경험은 문제행동을 대하는 방식에 영향을 준다. 영유아의 특정 행동은 교사가 가지고 있는 과거의 상처나 경험을 떠오르게 할 수 있으므로, 교사는 이러한 반응을 인지하고 이성적으로 대처해야 한다. 예를 들어, 형제와의 경쟁 경험이 있는 교사는 자신의 형제와 비슷한 행동을 보이는 영유아에게 과도하게 반응할 수 있다. 교사는 자신의 개인적인 경험이 영유아의 행동을 해석하는 데 미치는 영향을 인식하고 이를 객관적으로 바라볼 수 있는 노력이 필요하다.

■ 교사의 기질

교사의 성격은 영유아와의 상호작용에 직접적인 영향을 준다. 여유로운 성격은 긍정적인 관계를 형성하는 데 유리하지만, 감정 기복이 크거나 냉정한 성격은 영유아에게 불안감을 줄 수 있다. 영유아들은 교사의 표정과 언어적, 비언어적 반응을 민감하게 인지하기 때문에 교사의 기질과 행동 패턴은 영유아의 행동에 큰 영향을 미친다. 교사는 자신의 기질을 이해하고 상황에 맞는 긍정적인 상호작용을 제공하도록 노력해야 한다.

■ 교사의 가치와 믿음

교사의 신념과 문화적 가치관은 영유아의 행동을 해석하고 대응하는 방식에 영향을 미친다. 어른을 똑바로 보는 것이 무례한 것이라고 배워온 영유아의 문화를 이해하지 못하면 교사의 얼굴을 제대로 보지 않는 영유아를 버릇없다고 여길 수 있다. 또한 교사가 영유아들은 성인의 말에 그대로 따라야 한다는 믿음이 강하다면 '이야기나누기 시간에 왜 계속 앉아 있어야 해요?'라는 영유아의 질문에 불편함을 느낄 수 있다. 교사는 자신의 믿음과 태도를 성찰하고 다양한 문화와 배경을 수용할 수 있는 개방적인 자세를 가져야 한다.

(2) 교사의 자기반성

자기반성(self-reflection)은 자신의 기술을 발전시키기 위한 태도와 방법이며 자신과 자신의 일에 대해 깊이 파악하고 자신이 발견한 것을 실행하는 자발적 의지이다(Kaiser & Raminsky, 2012). 교사에게 있어서 자기반성은 수업 전문성과 관련이 있으며 가르침에 진정한 의미를 둘 수 있는 중요한 요소이다(박찬옥 외, 2015).

Dewey(1960)는 반성적 사고를 통해 개방성, 전심, 책임감의 세 가지 태도를 가질 수 있다고 하였다.

- 개방성(open-mindedness)은 여러 차원의 의견을 적극적으로 들으려는 의지를 가지고 사실의 근원이 어디인지 주의를 기울이고 다양한 가능성에 집중을 하며 잘못된 것을 믿을 수 있다는 가능성을 인지하는 것이다.
- 전심(whole-heartedness)은 자신의 모든 힘을 다해 기꺼이 노력하려고 하는 의지이다.
- 책임감(responsibility)은 자신이 믿는 진실에 변화의 결과를 고려하고 믿음을 가지고 앞으로 나아가려는 것이다.

교사는 항상 자신이 무엇을 하고 있는지, 왜 그것을 하는지, 어떻게 느끼는지에 대해 생각해야 한다. 교육 상황에서 어떠한 일이 일어났는지 일어난 일에 초점을 맞추고 무슨 일이 일어났는지, 어떠한 느낌이었는지, 어떻게 반응했는지 돌아본다. 무엇이 자신의 감정을 불러일으켰는지를 알아내면 어떤 영향을 받았는지도 알게 되고 어떻게 향상시킬 수 있는지도 알게 된다(Kaiser & Raminsky, 2012).

이러한 반성적 사고는 연습을 통해 더 높은 수준이 될 수 있다. 동료들과 함께 이야기를 나누는 것은 큰 도움이 된다. 교사 자신의 고정된 사고를 일깨워

주는 것으로 새로운 감정, 동료들의 새로운 인식, 상호작용에 대해 개방적 태도를 가지고 이야기를 나누며 새로운 관점과 시각을 가지게 된다. 또한 저널쓰기는 반성적 사고에 도움이 된다. 저널쓰기는 글에 자신의 생각을 기술하면서 자기 인식을 더 깊게 할 수 있다. 특정 상황이나 사건, 주제, 영유아에 대해 글을 쓰게 되면 자신의 생각을 더 깊게 하게 되고 감정과 생각이 많이 쏟아져 나오며 스스로 정리할 수 있게 된다.

교사는 자기반성을 통해 자신의 태도와 행동이 영유아의 행동에 미치는 영향을 지속적으로 점검하고, 이를 기반으로 교육환경을 개선할 수 있다. 이는 교사와 영유아 모두에게 긍정적인 영향을 미치며, 장기적으로 교육의 질을 향상시키는 중요한 과정이다.

3 교사와 영유아와의 관계

교사와 영유아의 관계는 영유아 문제행동의 지도에서 매우 중요한 부분이다. 교사가 영유아와 애정적이고 친밀한 관계를 유지해야 영유아의 행동과 생각에 관여할 수 있다. 영유아는 자신을 지지하는 성인과의 관계를 통해 자신의 탄력성을 형성해 간다(Werner, 2000). 교사와 친밀한 관계를 갖고 있는 영유아는 학업적 성취, 또래와의 놀이, 감정조절, 사회적 기술 습득에서 모두 높은 성취를 보인다. 반면에 교사와 친밀하지 못한 관계를 갖고 있는 영유아는 기관을 싫어하고 지속적인 욕구불만을 보이며 공격적 행동을 보인다. 따라서 교사가 영유아와 긍정적인 관계를 맺는 것은 새로운 학기의 시작에서 매우 중요한 일이다(Kaiser & Raminsky, 2012).

관계는 수천 번의 상호작용을 통해 형성된다(Pianta, 1999). 교사와 영유아의 관계는 지속적이고 일관성 있는 상호작용이 일어나야 의미 있는 관계로 발전된다. 영유아는 민감하고 반응적인 교사의 상호작용을 통해 자기조절에 필수적인 뇌 회로를 형성하게 된다(Cozolino, 2006). 문제행동을 보이는 영유아와 긍정적인 관계를 맺는 일은 쉽지 않다. 그러나 교사는 자기조절력이 높은 전문적인 훈련을 받은 성인이다. 관계를 형성하는 것은 분명히 교사가 먼저 해야 할 일이며 실패가 계속되더라도 극복해야 하는 과정이다. 교사는 끈기를 가지고 영유아의 신호를 항상 파악하고 정확하게 해석하여 즉각적이고 적절한 반응을 보여야 한다.

교사가 영유아들에게 신뢰감을 주고 긍정적인 관계를 만들 수 있는 상호작용의 방법으로는 민감하고 반응적인 돌봄, 교사 발화, 감정에 대해 솔직하게 말하기, 긍정적 저축예금 등이 있다.

■ 민감하고 반응적인 돌봄

문제행동을 보이는 영유아들은 애착과 관련된 문제를 갖고 있는 경우가 많다. 교사는 영유아와 안정 애착을 형성하기 위해 끈기를 가지고 노력할 필요가 있다. 영유아가 교사를 신뢰하기 위해서는 높은 수준의 민감성과 반응성이 필요하다. 이는 영유아의 신호를 항상 지각하고, 신호를 정확하게 해석하고, 신호에 즉각적이고 적절하게 반응해야 한다는 것을 의미한다. 문제행동을 보이는 영유아들은 자신이 어떤 문제를 일으켰을 때 타임아웃이나 거부당할 것이라 예상한다. 이러한 영유아의 예상이 깨지도록 좀 더 강하게 공감하고 반응하여 신뢰할 만한 성인이 옆에 있다는 것을 알도록 해야 한다.

■ 교사 발화

교사 발화(teacher talk)는 영유아가 교사에 대한 신뢰감을 가지고 스스로를 가치 있는 존재라고 여기게 하는 효과적인 기술이다. 교사는 영유아와 대화를 할 때 “선생님이 도와줄게”, “선생님이 안 된다고 말했잖아”라는 말을 사용한다. 이러한 말은 영유아가 자신의 행동을 조절하고 스스로를 도울 수 있다는 것을 깨닫게 해준다. “선생님이 정리할 시간이 되면 도와줄게”라고 말하면 지시적인 말이 덜 필요하게 된다(Howes & Ritchie, 2002).

■ 감정코칭

영유아들과 감정에 대해 솔직하게 이야기하는 것은 긍정적인 관계를 형성하는 데 중요하다. 문제상황에 있는 영유아들은 부정적인 감정을 나타내는 것이 위험하다고 생각하여 자신의 화, 불안, 슬픔과 같은 감정을 소리를 질러 표현하기도 한다. 교사는 이러한 감정을 수용하고 인정해 주며, 영유아가 자신의 감정에 대해 말할 수 있도록 도와주어야 한다. "그래, 화가 많이 났지?", "정말 많이 슬펐겠다. 누구든지 그런 마음이 들었을 거야"라는 말로 영유아의 감정을 수용하고 있다는 것을 보여줄 수 있다. 교사는 영유아의 말을 경청하고 자기통제의 모델이 되어주어 영유아가 자신의 감정을 정리할 수 있도록 도와준다(Pianta, 1999). 감정코칭의 핵심은 잘못된 행동은 수용하지 않지만 영유아가 갖는 감정은 어떤 감정이든 100% 수용한다는 것이다.

■ 긍정적 저축예금

영유아와 긍정적 상호작용을 할 수 있는 최선의 방법은 영유아와 개별적인 시간을 함께 보내는 것이다. 이때 은행에 돈을 넣어 저축하는 것처럼 영유아와의 긍정적인 경험을 계속한다. 교사가 영유아에게 미소 짓기, 웃기, 안아주기, 눈 맞추기, 이름 부르기 등과 같은 행동을 하면 관계의 저금통에 저축을 하는 것과 같다. Pianta(1999)는 긍정적 경험을 하기 위한 방법을 다음과 같이 제시하였다.

- 적어도 일주일에 한 번 영유아와 1:1로 5~15분을 규칙적으로 함께 보낸다.
- 교사가 제시하는 교구 중에 무엇을 할지 영유아가 정하게 한다.
- 가르치거나 지시, 강화하지 않고 중립적이고 객관적 태도로 영유아가 하는 행동을 중계하고 영유아의 감정에 이름을 붙인다.

- "너는 중요해", "선생님은 너를 위해 노력하고 있어", "선생님은 네가 도움이 필요하면 언제든지 도와줄 거야", "선생님은 너를 도와주는 게 참 좋아"와 같은 메시지를 영유아와의 일상 속 대화를 통해 계속 전달한다.
- 교사는 모든 시간이 끝난 후에 일어난 일과 영유아의 감정에 대해 기록한다.

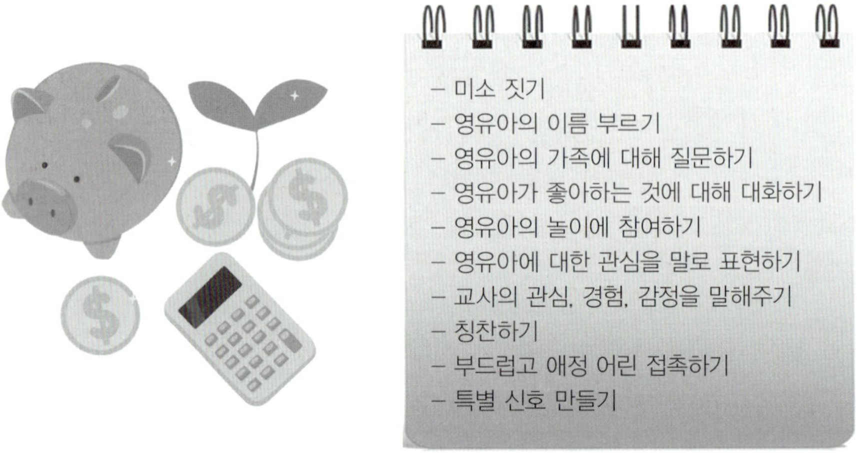

|그림 2-1| **긍정적 상호작용 저축하기**

4 교사와 부모의 관계

영유아교육의 특수성 중 하나는 그 대상이 영유아에 국한되는 것이 아니라 영유아의 가족까지 포함한다는 것이다(박찬옥 외, 2015). 문제행동을 갖고 있는 영유아를 지도하기 위해서는 가정과의 연계가 필수적이다. 영유아 문제행동의 원인은 가정에 있을 가능성이 높기 때문에 원인을 파악하기 위해서는 가족 구성원의 협력이 반드시 필요하다. 교사는 가족의 지원이 있어야 영유아의 문제를 예방하고 해결할 수 있다. 이러한 측면에서 영유아의 문제행동 해결을 위해서는 가족 중심 접근이 강조되며, 가족 중심 접근의 기본적 개념은 다음과 같다(Keyser, 2006, Kaiser & Raminsky, 2012 재인용).

- 가족은 영유아 생활의 중심이다. 가족은 영유아에게 가장 중요한 교사이자 자신의 자녀에 대한 전문가이다.
- 가족은 자녀에 대해 강점, 능력, 자원, 대처 능력, 목표를 갖고 있다.
- 모든 가족은 어떠한 편견이나 선입견 없이 존경받아야 하고 수용되어야 한다.
- 각 가족의 가치, 믿음, 인종, 문화, 민족, 종교, 언어, 사회·경제적 지위는 반드시 인정되고 존중되어야 한다.
- 제공되는 서비스와 프로그램은 각 가족의 개별적인 요구를 지원할 수 있는 범위 안에서 효과적이어야 한다.

교사가 문제행동을 보이는 영유아의 가족들과 긍정적인 관계를 맺는 것은 쉽지 않다. 교사는 가족과의 의사소통을 통해 영유아에 대한 지지적 태도와 민감성을 갖게 된다. 또한 가족은 자녀의 발달에 대해 더 이해하게 되며 자녀의 양육에 있어서 자신을 갖게 된다. 이를 위해 교사는 가족의 문화와 가치를 존중하면서 진지하고 진실된 의사소통을 해야 한다. 교사는 가족의 가치와 관점을 비난하거나 폄하하지 않고 이를 존중하고 있다는 강력하고 명확한 메시지를 보내면서 교사와 가족 간의 긴밀한 관계가 영유아에게 도움이 된다는 것을 전해야 한다.

가족과 긍정적인 관계를 형성하기 위한 방법은 다음과 같다.

■ 교사 자신에 대한 안내문

새로운 학기가 시작될 때 교사 자신에 대해서 안내문을 보내는 것은 서로를 이해하는 데 도움이 된다. 교사는 각 영유아교육기관에서 허용하는 범위 내에서 자신의 나이나 경력을 공개할 수 있다. 특히 교사 자신의 교육관에 대한 부분을 문서로 안내하고 상담이 가능한 시간이나 방법을 정확하게 알려주면 학부모들이 교사에 대해 더 높은 이해를 할 수 있게 된다.

▪ 가족에 대한 정보수집

가족의 문화나 상황에 대해 알 수 있는 질문지를 통해 가족을 더 깊이 이해할 수 있다. 주 양육자가 누구인지, 영유아가 가정에서 주로 누구와 놀이를 하는지, 주로 어떤 놀이를 하는지, 주말에는 무엇을 하고 보내는지, 영유아교육기관에서 어떤 것을 중점으로 교육해 주었으면 하는지 등과 같은 질문을 통해 가정 내 놀이 상황과 교육관을 파악한다.

▪ 긍정적인 관계 증진을 위한 대화 방법

- 정중한 인사와 대화 : 등하원 시간 시 부모를 만났을 때 정중하게 인사하고 간단한 대화를 나눈다. 이때 교사가 학부모 개인에 대해 관심을 보여주는 것이 필요할 때도 있다.
- 대화를 시작할 때 목적에 대해 먼저 말하기 : "제 목표는 어머니와 똑같답니다. 우리 ○○이가 1년 동안 행복한 시간을 보내는 겁니다", "오늘은 집에서 ○○이가 어떻게 지내는지 어머니 말씀을 많이 들으려고 해요. 그래야 제가 ○○이를 더 잘 이해할 수 있답니다"와 같이 상담을 하거나 전화를 할 때 대화의 목적을 먼저 밝히는 게 좋다.
- 정기적인 전화 : 특별한 일이 있을 때만 전화하는 것이 아니라 순서를 정해서 정기적으로 전화하여 영유아와 있었던 일화를 구체적으로 전달하는 것은 긍정적인 관계 형성에 매우 중요하다.

토론해 보세요

▶ 영유아를 바라보는 개인적 편견이 있다면 그것은 무엇이며 무엇 때문에 그런 편견이 생겼을까요?

학습정리

1. 교사가 영유아를 이해하면 참을성은 거의 필요하지 않게 된다.
2. 영유아의 문제행동은 잘못된 행동이라기보다 사회적 기술을 배워가는 과정에서 나타나는 실수행동이라고 볼 수 있다.
3. 영유아의 실수행동은 실수행동의 수준에 따라 관계참여를 위한 시험해 보기 수준의 실수행동, 적응을 위한 사회적 영향 수준의 실수행동, 생존을 위한 강력한 욕구 수준의 실수행동으로 구분된다.
4. 교사가 영유아의 문제행동을 이해하는 데 영향을 주는 요소는 부정적인 감정, 교사 자신의 가족과의 경험, 교사의 기질, 교사의 가치와 믿음이다.
5. 교사의 자기반성은 개방성, 전심, 책임감의 세 가지 태도를 증진시키며 동료들과의 대화, 저널쓰기 등으로 향상될 수 있다.
6. 교사와 영유아가 긍정적인 관계를 맺기 위해서 교사 발화, 감정코칭, 긍정적 저축예금과 같은 전략을 사용할 수 있다.
7. 교사와 부모와의 긍정적 관계 형성은 문제행동의 영유아를 지도하기 위해 매우 중요한 요소이므로 교사의 적극적인 태도가 필요하다.

제3장

문제행동의 위험요인과 보호요인

1. 문제행동의 위험요인
2. 문제행동의 보호요인
3. 위험요인과 보호요인의 관계

제 3 장

문제행동의 위험요인과 보호요인

개요

영유아의 문제행동을 이해하기 위해서 어떠한 요인들이 문제행동을 일으킬 수 있는지 알아야 한다. 이 장에서는 문제행동을 일으킬 가능성이 높은 위험요인들을 살펴보고 동시에 이러한 위험요인들을 극복할 수 있게 해주는 보호요인에 대해 살펴보고자 한다. 이를 통해 영유아의 문제행동을 예방하고 지도하기 위한 방향을 설정할 수 있을 것이다.

학습목표

- 영유아 문제행동의 위험요인을 알 수 있다.
- 영유아 문제행동의 보호요인을 알 수 있다.
- 영유아 문제행동 보호요인으로서 교사 역할을 이해할 수 있다.

주요 용어

위험요인(risk factors)

보호요인(protective factors)

탄력성(resilience)

권위가 있는 부모(authoritative parents)

▶ **교사로서 나는 환경적 스트레스를 잘 이겨내는 편인가요?**

1954년 아직 흑인에 대한 차별이 있는 미국의 남부 미시시피주에서 사생아로 태어난 여자아이가 있었다. 출생 후 부모와 떨어져 할머니에게 양육되다가 6세에 어머니와 함께 살게 되면서 9세에 사촌 오빠에게 성폭행을 당했다. 이후 삼촌에게도 성폭행을 당해 14세에 미혼모가 되었고 그 아들이 2주 후에 사망하였다. 그녀는 마약에도 손을 대고 매우 어두운 청소년기를 보내다가 이후 재혼한 아버지와 함께 생활하게 되면서 그녀의 삶이 변화되었다. 고등학생 때 라디오 방송국에서 아르바이트를 하며 방송 진행자의 꿈을 꾸다가 29세에 토크쇼의 진행자가 되었다. 그녀는 바로 오프라 윈프리이다. 오프라 윈프리는 2013년 세계에서 가장 영향력 있는 여성으로 꼽히고 미국의 상위 자산가들 중 첫 번째 아프리카계 미국인이며 세계에서 유일한 흑인 억만장자이다.

1 문제행동의 위험요인

문제행동의 위험요인은 문제행동을 일으킬 위험이 높은 선천적·후천적 요인이다. 문제행동의 위험요인은 문제행동이 나타날 확률을 높이지만 실제로 문제행동이 나타날지 혹은 어떤 형태의 문제행동이 나타나게 되는지는 예측하기 어렵다. 위험요인이 하나도 없는 영유아보다 위험요인을 가지고 있는 영유아가 문제행동을 일으킬 가능성이 더 높으며 비슷한 위험요인을 가지고 있는 영유아라고 할지라도 다른 결과를 보일 수도 있다. 또한 두 가지 위험요인을 가지고 있는 영유아는 문제행동이 발생할 가능성이 4배나 더 높아진다(Rutter, 2000). 문제행동의 위험요인은 크게 생물학적인 요인과 환경적 요인이라는 두 가지 측면에서 논의할 수 있다.

(1) 생물학적 위험요인

생물학적 위험요인은 생물학적으로 가지고 태어난 선천적인 요인을 의미한다.

① 유전

과학자들은 반사회적 행동이 나타나지 않는 유전자 혹은 반사회적 행동이 나타날 가능성이 높은 유전자가 있다고 보았다(Rutter, Moffitt, & Caspi, 2006). 유전적 요인을 명확히 구별해 내는 것은 쉽지 않지만 유전적 요인이 문제행동을 일으킬 수 있다는 것은 쌍둥이와 입양아를 대상으로 한 연구를 통해 드러난다. 이들 연구에서 반사회적 행동은 40~50%가 유전적인 것으로 나타났다(Moffit, 2005). 또한 유전자는 유전자 자체로 위험요인이 되기도 할 뿐만 아니라 부모나 주변 사람들이 자신을 대하는 태도나 반응에도 영향을 미친다. 예를 들어, 화를 잘 내는 유전적 성향이 있는 유아는 타인을 쉽게 불편하게 만든다. 그러나 유전이 절대 변하지 않는 운명적인 것은 아니며 적절한 시기에 적절한 환경적 지원과 개입을 한다면 변화가 가능하다. 다만, 타고난 유전적 요인에 대한 이해가 필요하다는 점에서 논의되는 것이다(Kaiser & Rasminsky, 2012).

② 성별

연구자들은 남아가 여아에 비해 더 신체적 공격성을 보이며, 공격행동을 유발하는 까다로운 기질, ADHD, 학습장애와 같은 유전적 요인이 더 많이 나타난다고 보았다(Campbell, 2006; Moffitt & Caspi, 2001). 이러한 차이는 아동기 내내 지속된다. 남아의 뇌에 담겨 있는 성호르몬 때문에 남아들은 치고, 때리고, 물고, 괴롭히고, 서로 욕하고, 거친 신체놀이를 더 많이 하며 남아들은 여아에 비해 유아교육기관에서 문제를 일으킬 확률이 4.5배 더 높다(Gilliam,

2005). 교사는 남아들이 여아에 비해 좀 더 공격적인 행동을 보일 수 있다는 것을 고려해야 한다. 남아들의 공격적 행동은 연령이 증가함에 따라 충동조절 능력이 더 발달하게 되면서 점차적으로 줄어든다.

여아들은 빠르면 3세부터 신체적 공격을 사용하는 대신 관계적이고 사회적 공격인 간접적 공격을 한다. 공격하고 싶은 대상을 따돌리고 뒷담화하거나 소문을 내는 것과 같은 은밀한 전략으로 다른 사람의 자존심이나 사회적 지위에 피해를 주게 된다(Kaiser & Rasminsky, 2012).

③ 기질

1956년 정신과 의사인 Thomas와 Chess는 133명의 아동의 유아기부터 청년기까지 종단연구를 하여 각 유아마다 독특한 기질을 가지고 태어난다는 것을 발견했다. 기질은 크게 까다로운 기질, 순한 기질, 느린 기질로 나누어 볼 수 있으며, 이러한 기질적 특성은 선천적으로 타고나며 3세 무렵에는 안정된다는 것을 알게 되었다(Caspi, Roverts, & Shiner, 2005). 기질은 이후의 환경으로 인해 달라져 보일 수 있지만 기질적 특성은 성인이 되어도 여전히 남아 있다.

순하거나 극단적이지 않은 기질의 유아는 주변과 문제를 덜 일으키고 스스로 학습하고 쉽게 자신을 조절할 수 있지만 극단적인 기질을 가진 유아는 양육과 교육이 어렵고, 주변과 문제를 일으키는 경향이 있다.

영유아의 문제행동과 관련된 기질적 특성은 영유아가 어떤 유형을 보이느냐가 아니라 영유아의 기질과 적합한 부모의 양육태도이다. 영유아의 기질을 고려하여 양육태도를 다르게 해야 하기 때문에 영유아의 기질을 파악하는 것은 중요한 일이다. 영유아의 기질은 부모와 교사가 영유아를 어떻게 다루는지에 따라 잘 관리될 수 있다. 교사는 영유아의 기질을 이해하려고 노력하고 기질적 특성을 수용할 필요가 있다. 이를 통해 교사는 영유아의 문제에 대한 대응능력이 높아지고 긍정적 관계를 유지할 수 있게 된다.

④ 태내환경

최근 연구에서 임신 중 과도한 스트레스를 경험한 여성은 조산, 저체중아, 임신 합병증이 생길 가능성이 더 높다고 보고되었다. 태내의 스트레스는 ADHD 증상, 불안, 공격성, 기타 행동 및 정서적 문제에 영향을 미치며, 남아가 여아에 비해 이러한 영향에 더 취약하다(Kaiser & Rasminsky, 2012).

임신 중 술, 담배, 약물복용은 태아에게 심각한 손상을 줄 수 있다. 이것은 단순히 경험의 유무나 양의 문제가 아니라 얼마나 많이, 얼마나 길게, 얼마나 자주 노출되었는가 하는 부분에 관련이 있다. 알코올은 뇌손상의 원인이 되며, 심각한 경우 태아알코올스펙트럼 장애(FASD)를 일으킨다. 태아알코올스펙트럼 장애아의 경우 쉽게 자극에 넘어가고 충동적으로 반응하며 화를 자주 내고 의사소통에 문제를 보인다. 흡연은 조산, 저체중아, 저지능아의 원인이 될 수 있으며 담배 내에 포함된 니코틴은 발달신경계에 영향을 주고 공격적이고 파괴적인 행동, 감정조절 문제, 주의력결핍, 충동성, 과잉행동에 문제를 일으킬 수 있다.

⑤ 신경학적 문제

뇌의 기능에 문제가 있는 경우 문제행동의 원인이 될 수 있다. 진단에 따라 심각한 정도로 판별이 되면 장애와 관련된 특수교육 서비스를 받아야 한다. 그러나 부모가 원하지 않거나 진단이 나올 수준이 아닌 경계선상의 유아라면 교사 스스로 해결책을 찾아야 할 필요가 있다. 다음에서는 뇌의 기능과 관련된 장애를 살펴본다(Kaiser & Rasminsky, 2012).

■ 주의력결핍 과잉행동장애(ADHD)

ADHD 유아는 기억력과 주의집중에 어려움이 있고 충동성이 결합하여 문제행동을 일으킨다. 쉽게 흥분하고 화를 내고 말다툼을 하며 갈등을 해결할 때 공격적 방법을 쓰기 때문에 또래 관계 형성이 어렵다. 이러한 증상은 초기에 나타날 수 있지만 5~6세까지 정확히 진단되기는 어렵다. 일반적으로 남아가 여아보다 2배 이상 많고 학령기 아동의 3~7%에서 나타난다.

■ 학습장애

학령기 아동의 5%가 학습장애를 가지고 있으며 ADHD를 동시에 가지고 있는 비율은 4%이다. 난독증과 같은 언어적 문제를 보일 수도 있고 문제를 해결하고 원인과 결과를 이해하는 비언어적 문제를 보일 수도 있다. 사회적 상황에서 사회적 단서를 읽지 못하는 일이 빈번하기 때문에 또래에게 거부당하고 공격당하는 일이 자주 일어난다. 감각통합장애를 가진 유아는 지나친 자극에 예민하기 때문에 과잉행동을 하기 쉽고 서투르고 둔한 것처럼 보이며 쉴 새 없이 움직이고 부딪히는 경향이 있다.

■ 언어장애

행동문제와 언어지체의 중복률은 50%에 해당하며 언어지체가 있는 경우 빈번하게 문제행동이 나타나는 경향이 있다. 언어나 말의 장애는 사회성과 자아존중감에 문제를 가져오며 학업에 어려움을 겪는다. 사회성 기술을 개발하는 데 어려움이 있고 교사의 언어를 이해하지 못하기 때문에 지도하기 어렵다.

■ 자폐스펙트럼 장애

자폐스펙트럼 장애는 100명당 1명으로 추정되며 여아보다 남아에게 더 많이 나타나고 의사소통의 문제, 사회적 의사소통의 어려움, 상동행동이나 관심 영역에서 강박적인 집착을 보인다. 아스퍼거 증후군 유아는 언어 기술이 비교적 정상적으로 발달하였으나 다른 사람들이 일반적으로 생각하는 것을 잘 이해하지 못한다. 이러한 측면의 장애를 갖고 있는 유아는 언어능력이 상대적으로 좋다 하더라도 실질적인 의사소통에 문제가 있고 욕구를 표현하고 주의를 기울이는 데 어려움이 있다. 차례를 기다리지 못하고 상상하는 것이 어렵고 사회적인 신호를 읽고 타인의 감정을 이해하는 데 어려움이 있다.

(2) 환경적 위험요인

환경적 위험요인은 영유아에게 가장 가까운 환경인 가족에서부터 시작해서 또래, 유아교육기관, 이웃, 사회적 영향의 생태학적 범주로 볼 수 있다. Bronfenbrenner(1979)의 생태체계이론에서 나타나는 것과 같이 유아 주변의 모든 것은 발달에 영향을 미치며 동시에 문제행동의 잠재적 위험요인이 될 수 있다.

① 가족과 양육방식

가족은 영유아의 발달에 중요한 역할을 하고 실제로 유아의 문제행동의 원인에 가장 많은 영향을 미치는 부분이다. 교사는 유아의 문제행동을 이해하기 위해 가족요인을 가장 많이 고려해야 하지만 동시에 편견이나 비난을 하지 않아야 한다.

일반적으로 다음과 같은 가족 환경은 유아에게 위험요인이 될 가능성이 높다(Kaiser & Rasminsky, 2012).

- 청소년기에 아이를 낳은 어린 엄마
- 교육 수준이 낮은 엄마
- 우울증이 있는 엄마
- 품행문제가 있고 공격적이며 반사회적이고 범죄를 저지르는 엄마
- 부부갈등
- 재정적 어려움
- 편부모

부모–자녀 관계에서 애착관계, 부모의 양육효능감, 부모의 양육태도는 유아에게 위험요인이 될 수 있다.

■ 애착관계

Bowlby(1962)와 Ainsworth(1978)는 민감하고 반응적인 돌봄을 통해 형성된

안정 애착이 영유아의 정서발달에 매우 중요하다고 보았다. 주 양육자가 없거나 반응적이지 못하고 민감하지 못한 돌봄을 받은 영유아는 불안정 애착을 형성하게 되며 이러한 영유아는 성인을 믿지 못하고 자신만의 세계에서 살며, 자존감이 낮고 자신의 감정을 통제하는 데 어려움을 갖는다. 부모-자녀와의 관계는 다른 관계에도 영향을 미치게 되기 때문에 불안정 애착을 갖고 있는 영유아는 교사와의 관계, 또래와의 관계에서도 문제를 일으킬 가능성이 높다.

■ 부모의 양육효능감

부모의 양육효능감이란 자녀의 바람직한 발달과 관련된 행동을 수행하는 능력에 대한 부모 자신의 믿음을 의미한다(Dorsey, Klein, Forehand, & Family Health Project Research Group, 1999). 부모의 양육효능감이 높을수록 영유아가 감정을 잘 조절하고 좀 더 사회적인 행동을 하며, 부모의 양육효능감이 낮을 경우 영유아가 어지럽고 소란스럽게 행동하는 경우가 많고 문제행동을 많이 하는 것으로 나타났다(Coleman & Karraker, 2000; Bor & Sanders, 2004; 권정윤 외, 2013, 재인용). 그러나 부모의 양육효능감과 문제행동은 어느 하나가 직접적인 영향이 된다기보다는 서로에게 영향을 주는 관계라고 볼 수 있다.

■ 부모의 양육태도

Baumrind(1973)는 부모의 양육태도를 애정의 수준과 통제의 수준에 따라 '허용적인 부모', '권위가 있는 부모', '권위적인 부모', '방임적인 부모'로 구분하였다.

허용적인 부모는 애정의 수준이 높지만 통제의 수준이 낮은 양육태도를 보인다. 영유아를 존중하고 사랑하는 것은 중요하지만, 그 경계가 없이 허용만 해주는 부모의 양육태도는 문제가 된다. 허용적인 양육태도를 가진 부모의 자녀는 자신감은 높지만 감정을 조절하거나 행동을 조절하는 자기조절력이 발달되기 어렵고, 가정 밖에서 쉽게 좌절하고 포기하거나 도전하지 않으려고 하며, 규칙에 대한 이해가 떨어지는 모습을 보이기도 한다.

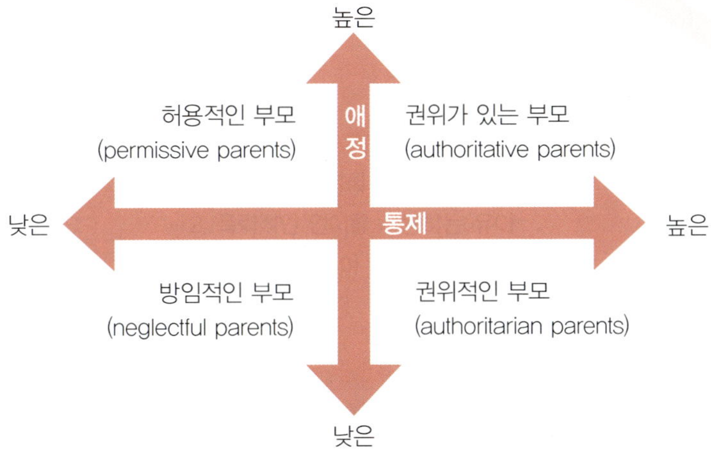

권위적인 부모는 애정의 수준이 낮고 통제의 수준이 높은 양육태도를 보인다. 부모의 개입 정도가 강한 권위적인 양육태도는 영유아의 자존감을 낮게 하고, 의존적인 성향을 갖게 하며 영유아의 성향에 따라 가정 밖에서 위축되는 모습을 보이거나 반대로 규칙을 무시하는 모습, 공격성을 보이기도 한다.

방임적인 부모는 애정의 수준과 통제의 수준 모두 낮은 양육태도이다. 자녀에게 무관심하여 영유아의 자존감이 낮고, 의존적인 성향을 보이며 자기통제력이 매우 낮은 모습을 보인다. 사회적 행동에 대한 이해가 매우 낮다고 볼 수 있다.

앞서의 세 가지 양육태도는 영유아 문제행동의 위험요인이 될 수 있다. 가장 바람직한 부모는 애정수준과 통제수준 모두가 높은 권위가 있는 부모 혹은 민주적인 부모이다. 이러한 양육태도는 영유아에게 자율성을 부여하지만 한계를 정해놓는 것으로 영유아의 생각과 감정을 충분히 존중하지만 행동에의 경계와 제한을 두어 옳고 그른 것을 판단할 수 있도록 도와준다. 신뢰감이란 무조건적인 허용에서 오는 것이 아니라 나를 더 행복하게 해줄 것이라는 믿음에서 오는 것이다.

② 빈곤

빈곤은 유아의 삶에 큰 영향을 미친다. 빈곤은 높은 수준의 가족 스트레스를 만들어 내며 의식주, 의료, 보육, 안전 등에 지속적인 불안감을 가져온다. 일반적으로 저소득층의 유아들은 사회·경제적으로 취약한 환경에서 비롯되는 위험요소들을 경험하게 되고, 이러한 요소들이 심각한 영향을 줄 수 있다. 빈곤층 지역의 사람들은 건강과 여가 서비스를 이용하거나 주류 문화의 기회를 가지기 어려우며 도서, 장난감, 컴퓨터 등의 문화자극이 부족하다. 연구결과에 따르면 빈곤가정에 살고 있는 유아의 35% 이상이 추가적인 위험요인을 갖고 있는 반면 부유한 가정의 유아들은 7%만이 위험요인을 갖는다(Sameroff & Fiese, 2000).

빈곤가정의 부모는 스트레스 상황에 노출되는 확률이 높기 때문에 불안, 분노, 우울증을 겪게 되고 이러한 경우 거칠고 체벌적이고 강제적인 방법으로 자녀양육을 할 가능성이 높아진다. 경제적 문제는 지속될 가능성이 높기 때문에 장기적인 문제로 가는 경우가 많다.

돈은 양육에 필요한 시간을 보상해 준다

노스캐롤라이나에서는 1,400명의 학령기 아동을 대상으로 8년의 장기 프로젝트를 진행하였다. 이 과정에서 연구대상의 1/4이 거주하고 있는 인디언 보호구역에 카지노가 개설되어 6개월마다 배당금을 받게 되었고, 이 가정 중 14%는 빈곤에서 벗어날 수 있었다. 이후 빈곤에서 벗어난 가정의 아이들은 문제행동이 40% 정도 감소하여 빈곤을 경험하지 않은 아이들과 비슷한 수준이 되었다. 빈곤에서 벗어난 부모들이 자녀들에게 더 많은 관심과 지지를 제공한 것이다. 돈은 빈곤한 사람들에게 가장 부족한 시간을 보상해 주었다(Kaiser & Rasminsky, 2012).

③ 폭력적인 미디어

많은 전문가들은 폭력적인 미디어가 가족이나 또래와 같은 영향을 미친다고 주장한다. 최근 연구결과에서 초기의 미디어 시청은 충동억제와 관련된 뇌 활동을 감소시키는 것으로 나타났다. 폭력적인 미디어는 공격자 효과, 희생자 효과, 방관자 효과, 욕구 증가 효과의 네 가지 측면에서의 영향을 미치고 있다 (Kaiser & Rasminsky, 2012).

■ 공격자 효과

폭력적인 미디어를 본 영유아는 그렇지 않은 영유아보다 공격적인 행동을 할 가능성이 더 높고 공격적인 캐릭터를 자신과 동일시하는 경향이 있다. 미디어가 현실적이거나 자신의 삶과 관련된 것일수록 이러한 동일시 효과는 더 높아진다. 폭력적 미디어에 지나치게 노출되면 폭력에 대한 인지적 스크립트가 만들어지거나 강화될 수 있다(Rutter, 2000). 즉, 영유아들이 폭력적인 미디어를 많이 시청하면 공격적인 행동을 할 가능성이 높아지며 공격적 행동을 갈등해결과 목표달성의 적절한 방법으로 생각할 가능성이 높아진다.

■ 희생자 효과

폭력적인 TV를 시청하는 것은 일부 영유아에게 불안감과 두려움을 가져오며 악몽까지 꾸게 한다. 가장 상처받기 쉬운 영유아는 피해자와 자신을 동일시하거나 폭력을 현실처럼 받아들이는 영유아이다. 폭력에 지나치게 노출된 시청자들은 자신이 살고 있는 세상을 실제보다 더 폭력적이라고 생각하여 사람들을 불신하게 되고 실제보다 세상을 더 위험하게 보게 된다.

■ 방관자 효과

폭력적인 미디어에 계속 노출되면 폭력을 정상적인 것으로 생각하여 폭력에 둔감해진다. 특히 폭력적인 미디어를 아무런 제재 없이 시청하는 영유아는 더욱 폭력에 무감해진다.

■ 욕구 증가 효과

폭력적인 미디어가 재미있고 흥미로울 때 영유아는 그것을 더 원한다. 또한 공격적으로 행동하는 영유아는 자신의 행동을 정당화하기 위해서 더 폭력적인 미디어를 보려고 한다.

2 문제행동의 보호요인

위험요인이 있다고 해서 반드시 문제행동이 생기는 것은 아니다. 많은 학자들은 어려운 환경에서 살아가면서도 실패하지 않고 성공적인 삶을 사는 사람들을 연구하였다. 가난하고 양육의 질이 낮았던 사람들이 모두 문제행동을 보이지는 않았으며 같은 상황에서도 별다른 문제 없이 타인과 성공적인 관계를 맺고 학습에서도 높은 수준의 성취를 보인 사람들이 있었다. 이 능력은 탄력성(resilience)으로 불리며, 인간의 삶에서 위험요인의 영향에 대해 대응할 수 있는 보호요인과 관련된다(Kaiser & Rasminsky, 2012). 보호요인은 위험요소에서 개인을 보호해 줄 수도 있고, 이미 문제가 일어난 후 회복시켜 주는 요인이 될 수도 있다.

(1) 탄력성

탄력성은 인간이 자신에게 끊임없이 발생하는 문제와 위기, 스트레스 상황을 극복하고 이겨내는 힘이다. 탄력성은 정적인 상태가 아니라 계속 변화하는 것이고 시간이 지남에 따라 발달해 갈 수 있다. 탄력성이 높은 사람은 스스로의 실수에 대해 보다 긍정적인 태도를 지닌 사람으로, 그들의 뇌는 습관적으로 보다 더 과감하고 도전적이어서 새로움을 추구하는 것을 좋아하며, 자신의 실수에 대해 예민하게 반응하지만 실수를 두려워하지 않는 특성을 보인다(김주환, 2011). 탄력성은 자기조절능력, 대인관계능력, 긍정성의 요소를 가지고 있다.

- 자기조절능력 : 감정조절력, 충동통제력, 원인분석력
- 대인관계능력 : 소통능력, 공감능력, 자기확장력
- 긍정성 : 자아낙관성, 생활만족도, 감사하기

회복탄력성을 발견하다

1955년 미국 하와이 카우아이섬에서 신생아 833명을 대상으로 성인이 될 때까지를 추적 조사하는 대규모 연구가 실행되었다. 카우아이섬은 열악한 사회·경제적 환경에 놓여있었고 연구 기간 동안 부모뿐만 아니라 모든 가족 구성원의 자료를 수집했다. 이 연구의 초기 목적은 한 인간을 불행하게 만들 수 있는 위험요인을 찾아내는 것으로 이전 연구결과와 별반 다르지 않았다. 에미 워너라는 심리학자는 이 방대한 자료에서 가장 열악한 201명을 추려내어 이 아이들이 보이는 문제행동에 집중했다. 2/3에 해당하는 아이들은 심각한 문제를 일으켰으나 1/3에 해당하는 아이들은 별문제를 일으키지 않았다. 이들 72명의 아이들은 매우 열악한 환경에서 태어나고 자랐지만 별다른 문제를 일으키지 않았고 심지어는 다른 아이들보다 뛰어난 성취를 보이기도 했다. 에미 워너는 바로 이 아이들이 갖고 있는 공통적인 특성에 주목하였고 바로 역경을 이겨내는 힘, '회복탄력성'을 찾아내었다. 이들의 공통점은 그 아이의 인생 중에 자신을 무조건적으로 이해하고 받아주는 성인이 있었다는 것이다. 이것이 바로 회복탄력성의 근본이다(김주환, 2011).

(2) 보호요인(회복요인)

① 개인적 요인

탄력성이 높은 유아는 외향적인 기질을 가지고 있으며 긍정적인 방법으로 타인을 대한다. 이들은 의사소통 능력이 높고 유머감각이 좋으며 유연하고 인간성이 좋다. 평균 이상의 지능을 가지고 있으며 순차적인 일처리를 원활하게 잘

한다. 감정을 잘 통제할 수 있고, 부정적인 감정과 사건으로부터 빠르게 회복한다. 자신의 가치와 능력을 믿는 자기효능감과 자신의 성공이 자신의 노력과 능력에 있다고 믿는 내적 통제능력이 높으며, 미래에 대한 낙관적인 생각을 갖고 있다.

- 긍정적 성격
- 높은 지능
- 외향적 기질
- 대인관계능력
- 내적 통제능력

② 가족 요인

회복을 위해 중요한 것은 관계이다. 영유아에게 애정과 높은 기대를 가지고 요구에 반응해 주는 사람이 있다면 발달단계에서 오는 위험과 위험요인에서 오는 위기에서 영유아를 보호해 줄 수 있다. 이러한 긍정적이고 강력한 보호가 되는 가족은 꼭 부모가 아니라 자신을 온전히 수용해 주고 지원해 주는 사람이면 된다. 그것이 조부모일 수도 있고, 나이가 많은 형제나 친척일 수도 있다.

- 나를 지지해 주고 수용해 주는 한 명의 가족

③ 지역사회 요인

지역사회는 탄력성을 강화시켜 주는 중요한 요인으로 보육기관, 교육기관뿐만 아니라 교회, 지역사회센터 등을 포함한다. **유능한 교사와의 질 높은 상호작용은 유아에게 강력한 보호요인(회복요인)이 된다.** 이를 통해 유아는 긍정적인 역할 모델을 갖게 되고 자신을 가치 있게 여기게 되며 확장된 목표를 갖게 된다. 성인의 애정적이고 반응적인 태도는 유아가 자기 자신을 가치 있는 존재로 믿을 수 있게 해주며 자신감과 스트레스에 대처하는 능력을 갖게 한다.

양질의 유아교육기관은 문제행동을 가진 유아들에게 가정에서 경험하지 못했던 적극적인 교수, 일상생활, 긍정적인 사회적 행동의 강화, 사회적 기술과 문제해결 기술의 습득을 도와준다. 이는 문제행동 유아들을 보호해 주기도 하고 회복해 주기도 하는 의미 있는 교육경험이 된다.

또래들도 보호요인이 된다. 친구와의 친밀감, 신뢰, 지원을 경험하고 또래집단에 일원이 되면서 공격적 행동, 갈등과 같은 문제를 해결할 수 있고 유대감에 대한 욕구를 충족할 수 있으며 사회적 기술을 습득할 수 있다(Kaiser & Rasminsky, 2012).

– 교사의 질 높은 상호작용
– 질 높은 유아교육기관
– 또래 집단

(3) 보호요인의 작동

위험요인을 갖고 있는 유아에게 보호요인은 중요한 의미를 갖는다. 유아발달에게 있어서 긍정적 결과에 기여하는 보호요인의 영향은 다음과 같다(Rutter, 2006).

- 위험에 대한 예민성 감소
- 위험이 주는 영향 약화
- 위험에 지속적으로 노출됨에 따른 부정적인 연쇄 반응 감소
- 긍정적인 연쇄 반응 향상
- 자아존중감, 자기효능감, 문제해결 기술의 촉진
- 긍정적인 경험을 통해 직접적인 위험 상쇄 및 대응
- 학습과 발달에 대한 기회 제공
- 부정적인 경험에 대한 긍정적인 사고 전환

보호요인에서 교사의 역할은 매우 중요하다. 위험요인은 영유아가 갖고 있는 교사가 통제하기 어려운 영역이지만 보호요인에서 교사는 강력한 힘을 발휘할 수 있다. 보호요인은 문제가 일어난 후 회복요인으로 작동될 수 있다. 영유아가 위험요인을 갖고 있고 이러한 위험요인으로 인해 문제행동을 갖게 된 상황은 돌이킬 수 없는 것이지만 '교사'라는 회복요인이 힘을 발휘하면 이 영유아의 삶은 다시 온전한 궤도로 진입할 수 있다. 영유아의 인생에서 어떠한 교사를 만나는가 하는 것은 삶의 변화를 가져올 수 있을 만큼 중요하다. 따라서 교사는 영유아가 자신의 능력과 한계를 이해하고 자신의 감정을 인식하고 조절할 수 있도록 지원하여, 갖고 있는 문제에서 스스로를 보호하거나 상처를 회복할 수 있도록 도와야 한다. 이 과정을 통해 유아는 온전한 자아상, 긍정적인 자아상을 가질 수 있을 것이다.

3 위험요인과 보호요인의 관계

유아들이 문제를 가지고 있거나 문제의 가능성을 보일 때 그 결과는 위험요인(risk factors)과 보호요인(protective factors)의 균형에 따라 달라질 수 있다(Masten & Coatsworth, 1998). 선천적인 건강문제, 양육환경에서 나타나는 학대나 방임, 빈곤, 부모의 이혼과 같은 불리한 경험은 유아들에게 위험요인이 된다. 이러한 위험요인이 많을수록 문제가 생길 확률은 높아지게 된다. 그러나 이러한 위험요인이 있다고 무조건 문제행동이 나타난다고 할 수는 없고 거꾸로 문제행동이 나타난다고 해서 반드시 위험요인이 있다고 단정 짓는 것은 바람직하지 않다. 유아기에 어떠한 위험요인이 발생되었는지, 이러한 위험요인이 서로 상호작용해서 문제를 증폭시켰는지를 살펴볼 필요가 있다.

유아의 역사(history)에서 위험요인만 있다면 교육이나 양육이 필요 없을지도

모른다. 유아들이 갖게 되는 위험요인을 극복하게 해주는 것이 바로 보호요인이다(Campbell, 2002). 보호요인은 유아가 불리한 환경을 극복하게 하는 데 도움을 줄 수 있는 것으로 위험요인이 있는 유아에게는 더욱 보호요인을 강화하여 긍정적인 발달과 문제해결이 일어날 수 있도록 해야 한다.

토론해 보세요

▶ **상호작용의 질이 높고, 반응적이고 민감한 교사는 보호요인이 됩니다. 반응적이고 민감하지 못한 교사는 영유아들에게 어떤 영향을 미칠지 생각해 보세요.**

학습정리

1. 영유아가 갖고 있는 위험요인을 극복할 수 있게 해주는 것이 보호요인이다.
2. 문제행동의 위험요인은 문제행동을 일으킬 가능성이 높은 요인으로 생물학적 요인과 환경적 요인으로 구분된다.
3. 문제행동의 생물학적 요인으로는 유전, 성별, 기질, 태내환경, 신경학적 문제가 있으며 환경적 요인으로는 가족과 양육방식, 빈곤, 폭력적인 미디어가 있다.
4. 문제행동의 보호요인은 어려운 환경에서도 타인과 성공적인 관계를 맺고 높은 수준을 보이는 능력으로 탄력성이라고 한다.
5. 탄력성은 계속해서 발달해 가는 힘이며 자기조절능력, 대인관계능력, 긍정성으로 나누어진다.
6. 회복요인으로는 외향적인 기질과 긍정적인 성격인 개인적 요인, 나를 사랑해 주고 수용해 주는 가족이 있는 가족 요인, 질 높은 상호작용을 하고 우수한 프로그램이 있고 또래가 있는 지역사회 요인이 있다.

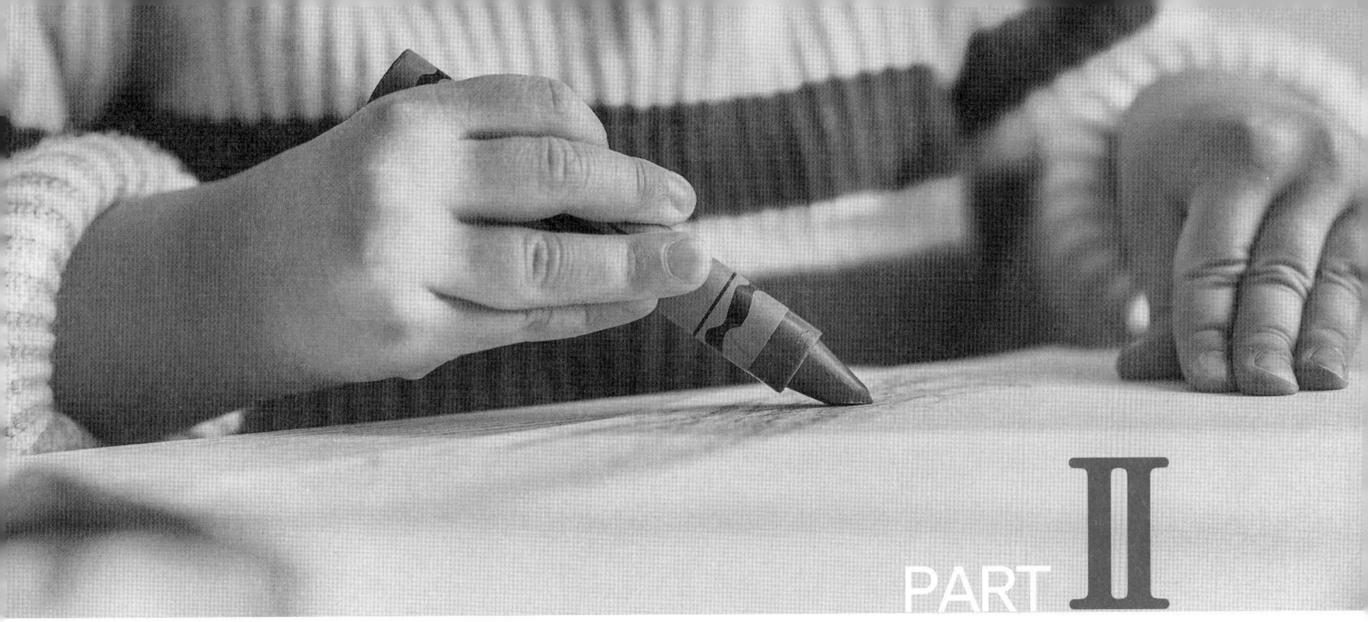

PART II

문제행동의 지도

제4장
문제행동의 예방

1. 사회적 맥락
2. 물리적 공간
3. 일과와 전이
4. 교수전략

제 4 장

문제행동의 예방

개요

문제행동이 일어난 후에 지도하고 치료하는 것보다 문제행동을 예방하는 것이 훨씬 더 효과적이다. 이 장에서는 문제행동을 예방할 수 있는 방법을 네 가지 측면에서 살펴볼 것이다. 첫째, 사회적 맥락에서 영유아에게 소속감을 불러일으킬 수 있는 방법을 살펴보고, 둘째, 물리적 공간을 어떻게 구성할 것인지에 대해 논의할 것이다. 셋째, 일과와 전이활동을 적절하게 구성하는 방법을 알아보고, 마지막으로 교사의 교수전략에서의 예방방법을 다룰 것이다. 이를 통해 문제행동을 예방하고, 문제행동이 축적되는 것을 막을 수 있는 구체적인 전략과 아이디어를 얻을 수 있을 것이다.

학습목표

- 영유아의 문제행동을 예방하기 위한 사회적 차원의 방법을 알 수 있다.
- 영유아의 문제행동을 예방하기 위한 물리적 공간 구성 방법을 알 수 있다.
- 영유아의 문제행동을 예방하기 위한 일과와 전이활동 구성 방법을 알 수 있다.
- 영유아의 문제행동을 예방하기 위한 구체적인 교수전략을 이해하고 고안할 수 있다.

주요 용어

사회적 맥락(social context)
물리적 공간(physical space)
전이활동(transition activity)
공동체(community)
일과(daily lesson)
교수전략(teaching strategy)

▶ **성공적이거나 실패했던 교실 배치가 있었나요?**

다연 선생님은 5세를 맡은 초임 교사이다. 다연 선생님은 반의 남자아이들 때문에 고민이 많다. 놀이시간만 되면 남자아이들이 교실의 중간에서 계속 몸으로 장난을 친다. 처음에는 놀이를 하는 것 같다가 10분 정도가 지나면 여기저기서 나와 뛰어다니고 몸으로 놀이를 한다. 교실 한복판에서 너무 시끄럽게 놀이를 해서 다른 아이들은 시끄럽다고 불평을 하고 몸으로 놀다 보니 다른 아이들이 걸려 넘어지기도 한다. 계속 뛰지 않도록 지도하지만 얼마 지나지 않아 또 뛰어다닌다. 3월 내내 놀이시간이 가장 시끄럽고 괴로운 시간이 되고 있다. 다연 선생님의 고민을 들은 원감선생님은 놀이시간을 관찰하고는 낮은 교구장을 교실 여기저기에 놓았다. 다음날부터 아이들은 교실에서 훨씬 덜 뛰었고, 교실 가운데에서 몸으로 놀이하는 아이들도 없어졌다.

1 사회적 맥락

(1) 사회적 차원에서 예방의 의미

영유아의 문제행동은 발생한 이후에 지도하는 것보다, 문제행동이 나타나지 않도록 미리 예방하거나 악화되지 않도록 관리하는 것이 더 중요하다. 예방은 문제행동을 줄이기 위한 가장 효과적인 전략이다. 문제행동이 나타난 지 얼마 되지 않은 경우에는 비교적 쉽게 지도할 수 있지만, 장기간 지속된 문제행동은 지도하기가 어려워진다.

영유아들은 신체적·인지적·정서적·사회적 욕구가 충족되는 환경에서 안정감과 성공감을 느낀다. 이러한 만족감은 문제행동 발생 가능성을 줄인다.

따라서 효과적인 문제행동 예방을 위해 다음과 같은 요소들이 갖추어져야 한다(Kaiser & Rasminsky, 2012).

- 초기 개입이 문제행동으로 심화되는 것을 예방할 수 있다.
- 일관된 지도로 장기간 지속해야 한다.
- 영유아 개인의 발달수준과 욕구에 맞춘 프로그램이 적절하게 제공되어야 한다.
- 가정과 기관에서 동시에 이루어져야 한다.
- 별도의 심리 상담실이나 특별 프로그램이 아니라 유아의 실제 환경에서 이루어져야 한다.

Katz와 McClellan(1997)은 영유아들의 욕구, 감정, 성향, 행동이 각기 다르기 때문에 모든 영유아를 동일하게 대우하는 것은 오히려 불공평할 수 있다고 강조하였다. 이는 문제행동 예방의 관점에서 매우 중요한 원칙이다. 많은 교사들은 '공평함'을 모든 영유아에게 동일한 방식과 기회를 제공하는 것으로 이해하지만, 실제로 공평함은 각 영유아의 개별적 필요를 고려하여 다르게 접근하는 것을 의미한다. 많은 사람들은 공평함을 모든 영유아에게 동일한 자원을 배분하거나 같은 규칙을 적용하는 것, 즉 '산술적인 나눔'으로 이해하기 쉽다. 그러나 공평함은 영유아 개개인의 특성과 필요에 맞춘 지원을 제공하는 것이다. 공평함은 '기계적 평등'이 아니라, '필요에 따른 공정한 배려'를 의미한다.

예를 들어, 민지는 기본생활습관 기술이 부족하여 옷을 입거나 신발을 신는데 시간이 오래 걸린다. 이런 경우 교사는 바깥놀이를 나갈 때 민지를 앞쪽에 내보내 주어 민지에게 준비 시간을 더 많이 제공할 수 있다. 반의 또 다른 영유아인 영수는 야외활동에서 쉽게 흥분하고 충동적인 성향을 보인다. 이러한 영수의 특성을 고려해 교사는 함께 옷을 입으며 차분하게 준비할 수 있도록 도울 수 있다.

이러한 접근은 민지와 영수 모두 문제행동을 일으키지 않도록 예방할 수 있으며, 다른 영유아들도 교사의 배려를 통해 안정감을 느끼게 된다. 또한 이러한 개별적 배려는 영유아들에게 배려와 존중의 가치를 가르치는 기회가 된다(Kaiser & Rasminsky, 2012).

(2) 사회적 맥락 조성하기

사회적 맥락이란 한 집단이나 사회에서 어떤 태도나 행동들이 예상되고 받아들여지는지, 어떤 가치가 있는지를 보여주는 구조적인 틀이다. 이는 교실에서 구성원들이 사용하는 언어와 행동들을 통해 형성되며, 한 집단의 분위기와 흐름을 만들어 낸다. 따라서 영유아 문제행동의 예방을 위해서는 비공격적이고 수용적이며 협력적인 사회적 맥락을 조성할 수 있도록 하는 것이 매우 중요하다.

서로를 배려하는 공동체가 만들어지기 위해서는 소속감, 자율성, 능숙함과 같은 욕구들이 충족되어야 한다. 이 과정에서 가장 중요하게 다루어지는 것이 교사의 역할이다. 교사는 영유아들의 욕구와 감정에 민감하게 반응하고, 배려와 도움이 되는 행동을 모델링하며, 영유아들에 대한 기대치를 일관되게 인식해야 한다. 또한 긍정적인 분위기를 조성하여 친사회적이고 배려 깊은 공동체를 만들어야 한다. 구체적인 전략은 다음과 같다(Kaiser & Rasminsky, 2012).

■ 공동체 구성 활동

- 반 전체가 참여하는 게임이나 놀이 활동
- 이름을 알게 하기 위한 경쟁이 없는 게임
- 반 전체가 비밀 악수나 인사, 응원법과 같은 관습이나 의식을 갖기

– 공통의 목적을 위한 비경쟁적인 협동 활동(예 우리 반 꽃밭 만들기, 벽화 그리기 등)

■ 교사의 정서와 언어

– 교사의 미소, 애정 표현, 열정적 모습이 긍정적 분위기를 조성
– 매일 영유아들의 이름을 부르며 인사하기
– "부탁해", "고마워"라는 표현 자주 사용하기
– 우리 반의 공유된 가치와 특징을 강조하기
– 영유아와 대화할 때 멀리서 말하지 않고 가까이 가서 말하기
– 명확하고 다정하며 정중한 표현 사용하기
– 문제행동에 대해 "왜"냐고 묻는 질문을 피하기

■ 규칙 만들기

– 교실 내 규칙을 유아들 스스로 만들기
– 3~5개의 규칙 설정 : 자신을 존중하기, 다른 이들을 존중하기, 주변 환경을 존중하기
– 규칙을 써서 교실에 게시하기
– 동화나 역할극을 통해 규칙을 환기하기
– 규칙이 지켜지지 않았을 때 다 같이 이야기나누기

■ 문제해결을 위한 이야기나누기

– 문제를 해결하고 학급의 목표를 정하는 활동
– 구성원 누구든지 제기한 문제에 대해 논의하기
– 일주일에 2~3회, 10~15분 정도 진행하기
– 예시 : "내가 놀지 않은 영역을 정리해야 할까?", "친구가 하라고 하는 일은 무조건 해야 하나?"

■ 짝활동

- 비슷한 관심이 있는 유아들끼리 짝을 이루어 주기
- 사교적인 유아와 비사교적인 유아를 짝지어 주기
- 주사위 굴리기 : 반을 두 집단으로 나누고 각 그룹에서 한 명씩 뽑아 짝을 이루어 주기(두 집단은 도움이 필요한 유아들과 좋은 역할 모델이 될 수 있는 유아들로 구분)

(3) 사회·정서적 기술 가르치기

영유아들은 영유아교육기관에서 사회적 기술과 정서적 기술을 배우지만 문제행동을 예방하기 위해서는 이러한 기술들을 의도적이고 공식적으로 가르칠 필요가 있다. 사회적 기술의 부족은 또래와 관계 맺기에서 악순환을 가져오기 때문에 어린 시기에 개입하고 중재해야 한다.

문제행동을 보이는 영유아들은 사회·정서적 기술이 부족한 경우가 많아 또래에게 거부당하여 사회적 기술을 습득할 기회가 적다. 사회·정서적 기술들은 또래와 놀이하면서 연습되어야 하는 것이기 때문에 또래에게 거부당할 경우 점점 기술 습득이 어려워진다. 따라서 사회·정서적 기술이 부족한 영유아는 직접적인 지시와 연습이 필요하다.

교사는 문제행동이 있는 특정한 영유아뿐만 아니라 전체 영유아를 대상으로 교육과정 내에 이러한 학습이 일어나도록 해야 한다. 게임이나 역할극을 활용하거나 영상을 보고 토론하거나 자신이 경험한 친사회적 행동 공유하기, 각 개인이나 집단이 성취한 것을 축하하기와 같은 활동을 하는 것은 도움이 된다. 연구자들은 사회·정서적 기술을 성공적으로 지도하는 데 가장 중요한 것을 교사의 열정으로 보았다. 교사는 폭력을 예방할 수 있고 분명히 변화시킬 수 있다는 믿음을 가져야 한다(Kaiser & Rasminsky, 2012).

영유아기에 습득해야 하는 중요한 사회·정서적 기술은 다음과 같다.

■ 감정조절과 감정이입

감정조절은 자신의 감정 상태를 스스로 인식하고 조절할 수 있는 것이다. 감정을 조절하기 위해서는 자신의 감정을 인식하고 적절히 표현하는 것을 알아야 하는데 이는 성인과의 상호작용을 통해 습득할 수 있다.

감정이입은 다른 사람의 감정이 무엇인지 이해하고 상대방의 입장이 되어 이해할 수 있는 능력으로 공감이라고 볼 수 있다. 사람마다 다른 관점을 가지고 있다는 것을 이해할 수 있어야 한다.

– 감정에 대해 명명하고 이야기하기
– 다른 사람 관찰하기, 거울 보기, 감정표정 그리기
– 이야기를 듣고 등장인물의 감정 예측하기

■ 충동통제

충동통제는 무엇을 하고 싶거나 어떠한 욕구가 생겼을 때 그것이 적절한지 아닌지를 판단하여 스스로 조절할 수 있는 능력이다. 손을 들고 대답을 하거나 줄을 서서 기다리거나 하는 것이 이러한 기술이다. 이러한 충동통제능력을 갖기 위해서는 좌절에 대한 수용, 노력이 필요한 통제, 상황에 맞게 행동하는 것 등을 알아야 한다.

– 자기 대화, 혼잣말
– '멈추고 보고 듣기'
– 깊게 숨쉬기, 5까지 수 세기, 이완체조

■ 집단참여

영유아교육기관에서 사회생활을 하기 위해서는 집단에 참여하는 능력을 갖고 있어야 한다. 집단에 참여하기 위해서는 어떻게 참여하는지에 대한 방법, 집단에 수용될 수 있는 적절한 시기, 시도하는 용기와 인내가 필요하다. 교사는 영유아에게 집단에 참여하는 방법을 보여주거나 직접적으로 알려줄 필요가 있다.

- 게임이나 활동 규칙 알기
- 집단에서 하는 활동 흉내 내기
- 문제행동 영유아의 요구와 관심을 중심으로 활동 계획하기

▪ 분노관리

감정에 대한 관리에서 가장 관리하기 어려운 것이 분노관리이다. 부당한 대우를 받거나 목표달성이 좌절되었을 때, 자존심이 상했을 때 몸은 흥분상태가 되고 화가 나게 된다. 분노는 폭력성을 증가시킬 수 있기 때문에 분노를 관리하는 것이 필요하다.

- 몸의 신호 이해하기
- 화 엘리베이터로 화의 수준 표현하기
- 자기 대화하기('나는 화가 났어', '나는 이제 화를 낼 거야')
- 거북이 방법 : 자신의 팔로 몸을 감싸서 껍질처럼 만들어 침착해지기
- 상황을 재구성해 주기

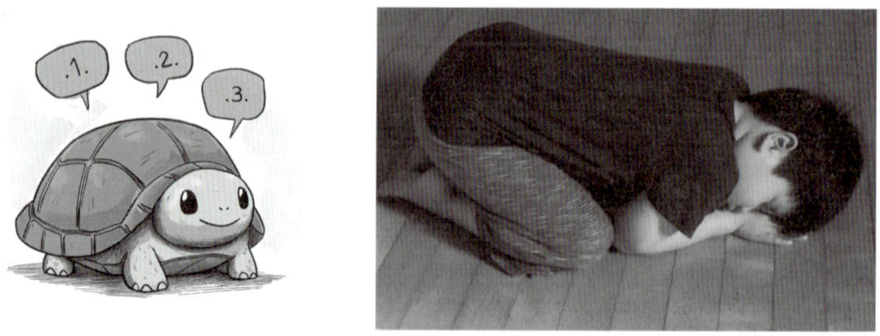

|그림 4-1| 분노관리를 위한 거북이 방법

▪ 갈등해결

사회적인 상황에서 갈등은 끊임없이 생겨난다. 이러한 갈등을 해결하는 능력이 있어야 친구를 사귈 수 있고 유능감을 느낄 수 있다. 다음의 갈등해결의 5단계를 통해 스스로 문제를 해결하는 방법을 배울 수 있다.

– 갈등해결과정 : 문제확인 → 해결책을 위한 토의 → 해결책 평가하기 → 해결책을 선택하고 시도하기 → 결과 평가하기

■ 자기주장하기

자기주장은 자신의 감정이나 요구를 다른 사람에게 적절한 방법으로 표현하는 것으로, 자신의 마음을 표현하고 요구를 표현하는 것뿐만 아니라 부당하거나 불편한 상황에서 거부할 수 있는 것 모두를 포함하는 능력이다.

– 상대방을 마주 바라보기
– 단호한 목소리로 크고 명확하게 직접적으로 말하기
– 나–메시지 사용하기
– 말과 동일한 표정과 몸짓 사용하기
– 다른 사람으로부터 45~90cm 떨어져서 바르게 서기
– 즉각적으로 대답하기
– "나는 네가 그렇게 말하는 게 싫어!", "이번에는 내 차례야."

〈표 4–1〉 사회적 맥락의 자기점검 목록

내 용	항상 한다	때때로 한다	전혀 하지 않는다
나는 배려하고 도움이 되며 통합적으로 지낼 수 있도록 하는 역할 모델이다.			
나는 영유아들을 위해 서로를 알아갈 수 있는 기회를 제공한다.			
나는 존중과 애정을 가지고 영유아를 대한다.			
나는 영유아에게 해야 할 것과 하지 말아야 할 것을 이야기한다.			
우리 학급에서는 영유아와 함께 정한 긍정적인 3~5개의 규칙이 있으며 이를 일관되게 적용한다.			
나는 협력을 증진시키고 그룹으로 함께하는 과제를 주고 놀이를 격려할 수 있는 자료와 활동을 제공한다.			
나는 자주 학급회의를 연다.			

나는 영유아들이 자신과 타인의 감정을 이해할 수 있도록 도와준다.			
나는 영유아에게 문제를 해결하는 방법을 가르치고 갈등을 해결하기 위한 기술을 사용할 것을 격려한다.			
하고 있는 것			
앞으로 해야 할 것			

출처 : Kaiser B., & Ramminsky, J. S.(2012) 재인용 및 재구성.

2 물리적 공간

인간에게 있어서 환경은 매우 중요하다. 영유아들은 영유아교육기관에서 생활하면서 편안함이나 불편함을 느낄 수 있다. 물리적인 공간 배치는 눈에 보이지 않는 동선을 만들어 영유아들에게 갈등을 유발하기도 하고 감소시키기도 한다. 영유아들이 영유아교육기관의 물리적 공간에서 어려움을 느끼는 것은 집에서와는 달리 '나의 것'이 아니라 무엇이든 공유해야 하기 때문이다. 따라서 영유아들이 편안함을 느끼고 갈등 상황을 유발하지 않는 적절한 환경구성을 통해 문제행동을 감소시킬 수 있다.

(1) 놀이영역과 가구배치

놀이영역과 교구장은 한 번 배치해 놓고 바꾸지 않는 것이 아니라 영유아들의 성향이나 흥미에 따라 적절하게 구성해야 한다(Kaiser & Rasminsky, 2012).

① 갈등 상황이 자주 일어나는 영역은 환경구성을 반드시 점검한다.

역할놀이 영역과 쌓기놀이 영역은 많은 영유아들이 모여서 사회적 상호작용이 활발하게 일어나는 영역이다. 놀이영역의 크기가 놀이하려는 영유아들을 모두 수용하기에 적절한지 살펴보아야 한다. 과학영역에서 관찰하는 책상을 준비하였다면 1명 이상의 영유아가 함께 앉을 수 있도록 하는 것이 좋다. 책상을 놓을 때 네 면을 모두 사용할 수 있도록 배치하면 협력적인 관계 증진에 도움이 된다.

② 영유아들의 동선을 파악하여 가구를 배치한다.

영유아들이 이야기나누기를 하기 위해 모이는 공간이 너무 작으면 신체적 접촉이 일어나 갈등이 유발되기 쉽다. 또한 화장실 앞이나 교실의 입구처럼 줄을 서야 하는 공간이 너무 좁거나 방해물이 있으면 규칙을 지키기 어렵다. 지나치게 개방된 공간이 있으면 달리기를 하거나 몸으로 하는 놀이가 일어나는 경향이 있기 때문에 낮은 교구장을 사용하여 넓은 공간을 나누고 구조화한다. 학기 초에 발자국을 붙여주는 것도 좋은 방법이 될 수 있다.

③ 방해받지 않는 조용한 공간이 필요하다.

한 교실에 많은 영유아들이 생활하는 것은 쉬운 일이 아니다. 영유아들은 평화롭고 조용한 사적인 공간이 필요하다. 쿠션이나 안락의자, 소파 같은 것을 제공해서 부드럽고 안정적인 느낌을 가질 수 있도록 도와주어야 한다. 특히 소음에 민감한 영유아들에게는 이러한 공간이 필수적이다.

(2) 자료의 제공

① 영유아들의 흥미와 수준에 맞는 놀잇감과 교구가 필요하다.

교실에 있는 놀잇감의 수준이 너무 높아서 어렵거나 너무 쉬워서 재미가 없다면 영유아들은 몸으로 하는 놀이를 많이 하게 된다. 교사는 지속적으로 영유아들이 놀잇감을 잘 가지고 노는지를 관찰하고, 흥미와 수준에 맞게 재구성해 주어야 한다.

② 활동 재료와 도구, 놀잇감들이 잘 정리되어 있고 정리하기 쉬워야 한다.

영유아들은 활동의 재료와 도구, 놀잇감이 알기 쉽고 뚜렷하게 표시된 장소와 상자에 놓여 있을 때 그것들을 더 쉽게 활용하고 정리를 잘할 수 있다. 또한 놀잇감이 너무 높이 있거나 교사의 도움이 필요한 상황이라면 쉽게 산만해질 수 있다.

〈표 4-2〉 물리적 공간의 자기점검 목록

내 용	항상 한다	때때로 한다	전혀 하지 않는다
교실은 영유아의 가족, 문화를 반영하고 있다.			
영유아의 결과물은 영유아의 눈높이에 맞게 게시한다.			
놀이영역은 영유아의 현행 수준과 관심을 반영한다.			
놀이영역과 진열대는 잘 조직화되어 흥미롭고, 쉽게 접근할 수 있고, 체계적으로 배치되어 있다.			
영역 간의 경계는 분명하며 잘 배치되어 있다.			
한 영역에서 영유아의 수를 조절하는 방법이 있다.			
대그룹 활동을 위한 넓은 공간이 있다.			
놀잇감과 자료는 영유아의 흥미, 능력, 문화, 기질 및 발달수준에 적합하다.			
영유아들이 선택할 수 있는 다양하고 충분한 수의 놀잇감이 있다.			
촉각 경험을 할 수 있는 찰흙, 모래 또는 물놀이가 항상 준비되어 있다.			
각 영유아마다 사물함이 있다.			
편안한 휴식 공간이 있다.			
하루 일과 동안 편안한 분위기가 유지된다.			
영유아들이 학급에 대해 책임감을 가진다.			
하고 있는 것			
앞으로 해야 할 것			

출처 : Kaiser B., & Ramminsky, J. S.(2012) 재인용 및 재구성.

3 일과와 전이

영유아들은 자신의 하루 일과에 대한 예측과 해야 할 일에 대한 이해가 있어야 안정적인 하루를 보낼 수 있다. 또한 활동과 활동의 전환이 이루어지는 전이시간에 영유아들이 돌발 행동을 보이는 경향이 있기 때문에 전이시간의 적절한 교수는 문제행동 예방에 중요한 부분이다(Kaiser & Rasminsky, 2012).

(1) 일과

일반적으로 영유아들은 정적활동과 동적활동의 균형, 실내와 실외활동의 균형, 교사주도활동과 영유아주도활동의 균형을 필요로 한다. 영유아들이 예측 가능한 하루를 보내는 것이 매우 중요하기 때문에 하루를 시작할 때 일과에 대한 안내를 해주고 특별한 행사에 대해 미리 안내해 주는 것이 필요하다. 영유아와 함께 일과를 결정하는 것도 의미 있는 일이지만 학기 초에는 가급적 일과를 동일하게 유지하여 안정감과 소속감을 갖도록 하는 것이 필요하다.

- 일과표를 만들어서 순서를 게시하기
- 화장실을 가는 절차, 밖으로 나가는 절차와 같은 일과의 상황들에 대해 공통적인 절차를 천천히 숙지시키기

(2) 전이

활동과 활동 사이의 전이시간에 도움이 필요한 영유아들이 있다. 도움이 필요한 영유아들은 함께 이동하거나 어딘가를 가야 할 때 짝을 만들어 적절한 지원을 할 수 있도록 한다. 교사 역시 좋은 짝이 될 수 있다. 활동의 끝에는 다음 활동에 대한 안내를 구체적으로 해서 무엇을 해야 할지 명료하게 해준다.

영유아들을 한꺼번에 움직이지 않도록 그룹을 나누고 전이시간에 노래를 부르거나 활동을 하여 활기찬 분위기를 만든다.

- 느린 영유아에게 더 많은 시간을 준다.
- 구체적인 설명을 해준다.
- 영유아들에게 역할을 주고 수행할 수 있도록 한다.
- 또래지원을 제공한다.
- 활동을 시작하기 전에 모든 재료를 준비해 놓는다.
- 점심시간 같은 소란스러운 시간 후에는 조용한 분위기로 전환한다.
- 다양한 전이활동 교수전략을 사용한다(예 손유희, 수수께끼 등).

〈표 4-3〉 일과와 전이의 자기점검 목록

내 용	항상 한다	때때로 한다	전혀 하지 않는다
조용한/ 활동적인 시간, 실내/ 실외활동, 소그룹/ 대그룹 활동, 교사/ 영유아주도활동의 균형을 맞추고, 활동의 예측이 가능하다.			
그림이 포함된 하루 일과표가 게시되어 있다.			
등원, 전이, 화장실 가기, 교실 이동하기, 청소하기, 점심시간, 하원 등 하루 일과를 가르친다.			
영유아들에게 하루 일과를 상기시키고, 영유아들은 규칙적으로 실행한다.			
필요에 따라 소그룹으로 나눈다.			
느린 영유아들에게 더 많은 시간을 준다.			
흥미로운 활동으로 영유아의 관심을 지속시키고 적극적인 참여를 유도하며 피드백을 자주 제공한다.			
지속적으로 교실을 점검한다.			
활기찬 교실을 유지한다.			
영유아의 개별적 요구에 맞는 다양한 전략을 사용한다.			

하고 있는 것	
앞으로 해야 할 것	

출처 : Kaiser B., & Ramminsky, J. S.(2012) 재인용 및 재구성.

4 교수전략

영유아들이 어떻게 학습하고 학습에 얼마나 흥미를 갖는가 하는 것은 영유아의 흥미, 능력, 문화, 기질, 학습경험, 준비도를 반영한 교육과정과 교수전략을 얼마나 잘 계획하는지에 달려 있다. 수업계획에서 문제행동을 갖고 있는 영유아를 고려하고 이를 반영할 필요가 있다(Kaiser & Rasminsky, 2012).

(1) 개별적이고 차별화된 교수

어떤 영유아들은 자유놀이나 실외놀이와 같은 구조화되어 있지 않는 활동을 할 때 혼란을 느끼고 어려워한다. 적절하게 선택할 수 없고 무엇을 해야 할지 모른다면 공격적인 행동을 할 수도 있다. 이럴 때는 교사가 직접적으로 영유아에게 도움을 주어 적절한 활동을 찾아주거나 새로운 것을 배울 수 있도록 해야 한다.

영유아에 대한 교수전략은 차별적이어야 한다. 교사는 각 영유아의 특별한 요구와 관심에 적절하게 반응하고 다양한 학습방법을 제공하기 위해 지속적인 평가를 해야 한다. 각 영유아들이 인지적·발달적으로 어느 정도의 준비가 되어 있는지와 같은 준비도, 영유아들이 배우고 싶어 하는 흥미, 학습에 있어서의 학습 선호도, 지능선호도, 문화, 성별을 고려한 학습 프로파일을 검토하여 적절한 교수를 한다.

(2) 놀이

영유아에게 있어서 놀이는 매우 중요한 학습과정이다. 우리나라 교육과정에서 역시 놀이를 교수전략의 핵심으로 보고 있다. 문제행동 예방을 위해서도 교사는 영유아들이 충분히 놀이할 수 있도록 지원할 필요가 있다.

- 놀이시간을 충분히 제공한다.
- 놀이의 내용을 확장할 수 있는 경험을 제공한다.
- 놀이에 사용되는 다양한 도구를 만들 수 있도록 재료를 제공한다.
- 놀이를 시작하기 전 계획을 세우도록 도움을 준다.
- 놀이 중간에 놀이 확장에 대한 질문이나 제안을 한다.

(3) 소집단 활동

공동의 목표를 달성할 수 있는 2~6명의 소집단을 만들어 함께 활동을 한다. 소집단 활동은 상호작용이 활발하게 일어나고 사회적 기술을 익히기 쉬우며 타인의 관점을 이해하기 쉬운 장점을 갖는다(박찬옥 외, 2021).

■ 짝활동

영유아들이 짝을 지어 활동을 할 수 있도록 제안할 수 있다. 도움이 필요한 영유아와 지원해 줄 수 있는 영유아들이 함께 활동을 하면서 서로에게 긍정적인 역할을 할 수 있다. 생각 나누기 활동을 할 때 둘이 이야기를 나누고 그 의견을 대집단에서 공유할 수도 있다.

■ 소집단 활동을 할 때 유의할 점(Latan, 2003)

- 상호의존성을 지원할 수 있는 과제를 제시한다.
- 영유아의 삶에 의미 있고 흥미 있는 주제를 준다.

– 과제는 개별 영유아의 역량과 지식, 문제해결 전략을 사용할 수 있도록 다차원적이어야 한다.
– 과제는 답이 주어지는 것이 아니라 분석, 종합, 평가의 과정을 담고 있는 것이 좋다.
– 과제의 모든 측면에 적용할 수 있는 명확한 평가 기준이 있어야 한다.

〈표 4-4〉 **교수전략의 자기점검 목록**

내 용	항상 한다	때때로 한다	전혀 하지 않는다
수업 계획을 세우기 위한 영유아의 능력, 관심, 준비도, 학습방법을 평가한다.			
사전 학습 내용을 활용하여 수업을 시작한다.			
수업은 필수적인 것(모든 영유아가 배워야 하는 것)에 초점을 맞추고 영유아들이 이해하도록 다양한 방법을 제공한 후 평가한다.			
융통성 있게 집단을 구성하고 다양한 교수전략을 사용한다.			
영유아들이 의미 있는 선택을 할 수 있도록 기회를 제공한다.			
하루 일과 중 특히 자유놀이에서 다양한 수준을 제공한다.			
매일 40~60분의 놀이시간을 계획한다.			
놀이의 내용을 확장하고, 다양한 방법으로 소품과 놀잇감을 선택할 수 있는 주제를 제공한다.			
영유아들에게 높은 기대치를 갖는다.			
하고 있는 것			
앞으로 해야 할 것			

출처 : Kaiser B., & Ramminsky, J. S.(2012) 재인용 및 재구성.

토론해 보세요

▶ **문제행동 예방을 위한 자기점검 목록을 체크해 보세요.**

학습정리

1. 영유아 문제행동의 지도에서 가장 효과적인 것은 미리 예방하는 것이다.
2. 예방은 일찍 시작할 때, 오랜 기간 지속될 때, 적절하게 이루어질 때, 가정과 기관에서 동시에 실시될 때, 실제 환경에서 이루어질 때 효과적이다.
3. 사회적 맥락을 조성하기 위해서는 공동체 활동, 교사의 긍정적인 정서와 언어, 타당한 규칙 만들기, 학급회의, 짝활동이 효과적이다.
4. 사회·정서적 기술은 영유아기에 매우 중요하며 감정조절과 감정이입, 그룹참여, 분노관리, 갈등해결, 자기주장하기의 기술이 습득되어야 한다.
5. 영유아 문제행동을 예방하기 위해 흥미영역과 교구장의 배치는 매우 중요하며 지속적인 점검을 통해 효과적인 동선을 만들어야 한다.
6. 영유아 문제행동을 예방하기 위해서 영유아들이 자신의 일과를 예측할 수 있어야 하며 전이시간에 흥미 있게 집중할 수 있어야 한다.
7. 영유아 문제행동을 예방하기 위한 교사의 교수전략은 개별적이고 차별화된 교수, 놀이지도, 활발한 소집단 활동이다.

제5장

문제행동의 선별 및 지도과정

1. 문제행동 선별의 의미
2. 문제행동 지도과정
3. 기능평가와 긍정적 행동지원

제 5 장
문제행동의 선별 및 지도과정

개요

유아교육 현장에서 문제행동 영유아를 선별하는 것은 매우 중요한 일이다. 본 장에서는 영유아 문제행동을 조기에 선별하고 지도하는 과정에 대해 알아보고자 한다. 문제행동 영유아의 행동을 관찰하고 평가하는 과정, 지도방안을 수립하고 평가하며 유지하는 일반적인 과정과 이에 대한 행동주의적 접근인 기능평가와 긍정적 행동지원 전략을 구체적으로 살펴본다. 이를 통해 실제 현장에서 문제행동 영유아를 선별하고 지도하는 전체적인 과정을 이해할 수 있을 것이다.

학습목표

- 문제행동 영유아의 선별 및 지도과정을 이해할 수 있다.
- 기능평가와 긍정적 행동지원 전략을 이해할 수 있다.
- 문제행동 영유아의 지원 계획을 수립할 수 있다.

주요 용어

선별(screening)
기능평가(FA : Function Assessment)
긍정적 행동지원(PBS : Positive Behavior Support)

▶ 문제해결을 위해 다른 교사와 협력해 본 경험이 있나요?

라연 선생님은 4세반 담임교사이다. 4세에 기관에 처음 온 하은이는 유치원에 있는 동안에는 화장실을 가지 못하고 있다. 점심시간이 지나면 불편해서 아무 활동을 하지 못하고 점심시간에 화장실에 가고 싶을까 봐 물이나 국도 마시지 않는다. 1주일째 화장실에 가지 못하는 하은이 때문에 모든 교사들이 회의를 열어 원인을 파악하였다. 하은이는 친구들이 볼까 봐 교실에 있는 화장실을 가지 못하겠다고 하였고 이를 해결하기 위해 각 반에 시간을 정해 바깥놀이를 나가 교실을 비워놓고 하은이가 가장 편안해하는 화장실을 찾았다. 하은이는 3세 교실에 있는 화장실을 마음에 들어 하였고 화장실 가는 것을 성공할 수 있었다. 1주 정도 정해진 시간에 3세반 유아들이 바깥놀이를 간 후 하은이는 화장실을 사용하였고, 2주째부터는 자신의 반 교실 화장실을 사용할 수 있게 되었다.

1 문제행동 선별의 의미

육아정책연구소의 보고서(2015)에서는 아동기의 정신건강이 심각하게 위험한 수준이며 이로 인해 아동기의 문제행동에 대한 조기 개입이 필요하다고 지적했다. 정신건강 및 행동의 심각성이 증대되면서 유아교육기관에서도 예방적 차원에서 혹은 실제적 차원에서의 문제행동 지도의 필요성이 높아지고 있다. 유아교육 현장에서 유아교사들이 병리적 차원에서의 문제행동을 보이는 유아들을 지도할 수는 없지만 이들을 선별해서 전문적인 지원을 받을 수 있도록 안내해야 한다.

유아의 경우 외현적으로 나타나는 문제는 일시적일 수 있으므로 발달심리검사보다는 일상생활 속에서 보이는 유아의 행동 등을 관찰하고 양육자와 면담을 통해 알아낸 정보를 통해 문제행동을 조심스럽게 변별해야 한다. 이를 바탕으로 어린이집과 유치원의 교사들은 각 유아의 특성에 따라 조기 개입이 필요한 수준인지, 적절한 교육과 심리·정서적 지원이 필요한 수준인지 변별하여 적절한 조치를 취하게 된다(신혜원, 2013).

※ 아동·청소년 국가 지원 서비스

국가에서는 발달지연을 가진 영유아와 문제행동을 가진 만 18세 이하의 아동과 청소년을 대상으로 소득수준에 따라 조기 개입 서비스를 실시하고 있다.

다음에 해당하는 영유아는 지역 주민센터에서 신청을 하면 소득수준에 따라 본인부담금을 부담하고 전문기관에서 지원 서비스를 받을 수 있다.

구 분	지원자격
영유아 발달지원 서비스	• 사업 목적 – 0세부터 6세까지의 아동이 건강하게 성장하고 발달할 수 있도록 지원하는 프로그램 • 지원 대상 – 전국 가구 기준 중위소득 140% 이하 가구 – 발달지연이 의심되는 아동, 장애를 가진 아동, 가정에서의 양육이 어려운 아동, 부모의 양육 방법에 대한 지원이 필요한 아동 • 서비스 내용 – 개별 상담 및 평가, 집중 치료 프로그램, 부모 교육 프로그램, 가정 방문 서비스 등
아동·청소년 심리지원 서비스	• 사업 목적 – 심리, 행동문제의 조기 발견 및 개입을 통한 아동과 청소년의 건강한 성장을 지원하는 프로그램 • 지원 대상 – 만 18세 이하 아동과 청소년 – 전국 가구 기준 중위소득 160% 이하 가구 • 서비스 내용 – 언어 프로그램, 놀이 프로그램, 미술 프로그램, 음악 프로그램, 심리 상담 프로그램, 부모 교육 등 – 필요시 사회성 향상 프로그램

출처 : www.socialservice.or.kr(서비스 안내에서 확인 가능).

2 문제행동 지도과정

유아교육기관에서 나타나는 영유아의 문제행동은 단순히 행동만으로 평가되고 진단되는 것이 아니라 각 영유아의 기질, 양육환경과 행동의 심각성, 빈도, 지속성 등을 함께 고려하여 적절한 지도전략을 수립하게 된다. 이러한 지도전략은 가정과 연계해서 협력적으로 지도되어야 하지만 그렇게 되지 않는 경우도 있다. 신혜원(2013)은 문제행동의 일반적인 지도전략의 과정을 |그림 5-1|과 같이 나타냈다.

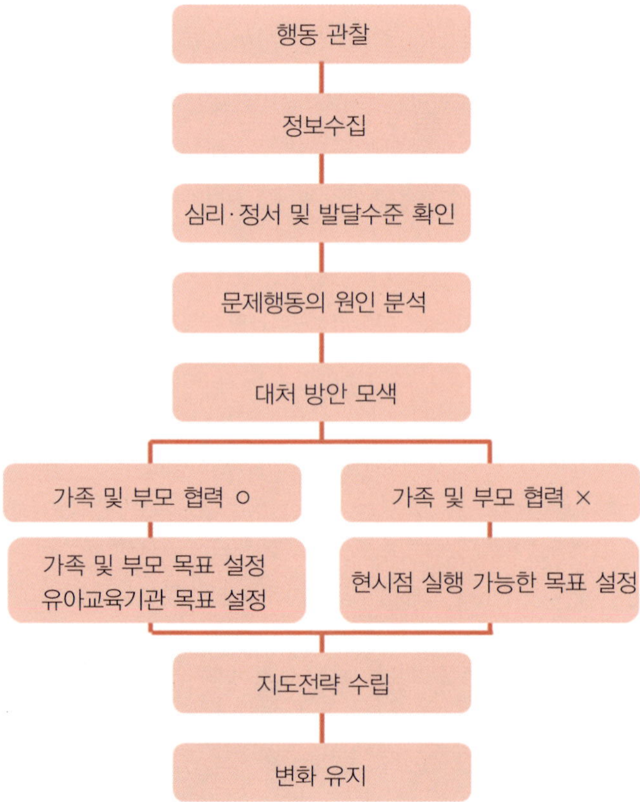

|그림 5-1| 문제행동 영유아 지도전략 수립의 일반적 과정

(1) 행동 관찰

영유아의 문제행동을 관찰하기 위해서는 교사가 임의대로 관찰하는 것이 아니라 관찰의 목적에 따라 관찰방법을 결정해야 한다. 유아를 관찰하는 데 반드시 한 가지 방법을 사용하거나 관찰을 언제, 어떻게 해야 한다는 규칙이 있는 것이 아니므로 교사 각자에게 적합한 시간이나 방법을 고안해 내는 것이 필요하다.

① 일화기록

일화기록은 교육의 전 과정에서 일어나는 사건이나 행동을 주기적으로 기록하는 것으로 일련의 사건을 사건이 일어난 순서대로 기록하는 방법이다. 사건에 대한 기록을 할 때는 대상 유아의 말과 행동을 구별해서 기록하고, 정확한 의미를 파악하기 위해서 대상 유아가 사용한 말을 그대로 인용한다. 관찰시간, 장면, 진행 중인 활동 등 상황적인 자료를 반드시 기록에 포함시킨다. 객관적이고 사실적으로 기록한다.

〈일화기록의 예〉

관찰유아 : 김가연

생년월일 : 201*년 3월 3일(여)(43개월)

관 찰 일 : 201*년 9월 15일 월요일 오전 8시 50분

관찰장소 : 어린이집 현관

관 찰 자 : 담임 교사 ○○○

관찰장면 : 월요일 등원 시 가연이가 출근하는 엄마와 떨어지기 어려워하는 상황

관찰내용 : 가연이가 현관문 앞에서 엄마의 무릎을 잡고 울고 있다. 엄마가 가연이를 떼어내려고 하자, 가연이는 우는 목소리로 "싫어, 싫어" 외치며 고개를 크게 가로 젓는다. 엄마가 억지로 떼어놓고 가버리자 가연이는 현관문 앞에 누워버린다.

그리고 두 발을 동동 구르며 "아~아~" 괴성을 지른다. 등원하던 다른 유아가 다가가자 발길질을 한다. 담임 선생님이 다가가 일으키자 몸을 뒤로 빼다가 선생님이 안아주자 선생님 품에 안긴다. 선생님이 등을 토닥여 주자 "흐흥~흐흥~" 작게 흐느끼며 선생님에게 안겨 들어간다.

해석 및 논의(교사 평가) : 가연이가 어린이집에 온지 3달째임에도 월요일이면 엄마와 떨어지는 것을 많이 힘들어한다. 가연이 어머니와 주말 동안 가연이가 규칙적인 생활을 했는지 확인하고 너무 피곤한 것은 아닌가 확인할 필요가 있다. 매우 급하게 등원할 때 더 떨어지기 어려워하는 경향이 있으므로 조금 일찍 등원했을 때는 어떤지 가연이 어머니에게 요청하도록 한다.

② 시간표집법

시간표집법은 관찰자가 관찰하려고 하는 특정 행동을 정해진 시간 동안 일정한 간격으로 여러 회에 걸쳐 관찰하고 기록하는 방법이다. 유아의 문제행동의 발생 빈도를 관찰하는 데 필요한 관찰법이다.

〈시간표집법의 예- 또래 유아에게 신체적 위협행동〉

(신체적 위협행동 : 갈등 상황 없이 다른 유아를 밀거나 불편하게 만지거나 때리는 행동)

시 간	관찰 횟수	빈도수
1~10분	//	2
10~20분	////	4
20~30분	//	2
30~40분	///	3
총계(40분)		11

③ ABC 서술식 사건표집법

사건표집법은 하나의 특정한 행동이나 사건이 발생할 때만 관찰하는 방법으로, 측정 단위가 시간 간격이 아니라 관찰하고자 하는 행동이 된다. 특정한 행동의 출현 빈도를 알아보기 위한 목적보다는 그 행동이 어떻게 발생해서 어떻게 진행되는지를 기술하고 이해하려고 할 때 더욱 효과적이다. 어떤 행동의 원인을 알고자 할 때 가장 적합하게 사용할 수 있는 방법으로, 관찰하고자 하는 사건이나 행동이 일어나기 전의 상황(A : Antecedent Event)과 사건이나 행동 그 자체(B : Behavior), 그리고 사건이나 행동이 일어난 후의 결과(C : Consequence)를 순서대로 기록하는 방법이다. ABC 서술식 사건표집법은 이후 기능평가에서 더 구체적으로 살펴볼 것이다.

④ 체크리스트

체크리스트는 특정한 대상이나 조건 또는 사건이 존재하는지, 혹은 어떤 행동이 일어나는지의 여부를 기록하는 방법이다. 보통 '예'나 '아니요'의 형태로 기록되고 행동란에 ✔로 표시하도록 구성되어 있다. 유아의 현재 상태를 평가하고자 하는 것이다.

〈체크리스트의 예 – 과잉행동 체크리스트〉

문 항	내 용	평 가
1	항상 행동이 많고 정신없이 움직인다.	
2	제자리에 앉아 있으라는 지시를 따르지 못한다.	
3	어디론가 늘 뛰어다니고 높은 곳을 기어오른다.	
4	장난감 놀이를 할 때 한 가지가 아닌 여러 가지를 무질서하게 진행한다.	
5	항상 급하게 순식간에 행동으로 옮긴다.	
6	말이 무척 많거나 끊임없이 질문한다.	
7	질문을 하지 않았는데 대답을 먼저 하거나 질문 중간에 벌써 대답한다.	
8	기다리라는 지시를 따르지 못하고 순서를 못 지킨다.	
9	다른 사람들의 일에 잘 끼어든다.	

(2) 정보수집

문제행동 영유아와 관련된 가족관계, 양육과정, 환경, 가정에서의 태도와 행동, 부모가 느끼는 어려움과 같은 정보를 수집해야 한다.

- 가족관계 – 부모의 맞벌이 여부, 형제관계, 주 양육자 등
- 양육과정 – 영아기 주 양육자, 이전 기관 경험, 외가와 친가의 도움, 양육에 참여하는 부모의 역할 등
- 부모면담정보 – 부모가 느끼는 문제, 가정에서 보이는 행동, 문제행동 시 훈육의 방법 등
- 기타 정보 – 이전 담임 교사의 기록 및 보고 등

(3) 심리·정서 및 발달수준 확인

영유아 문제행동은 대체적으로 심리·정서적인 문제인 경우가 많다(신혜원, 2013). 앞에서 살펴본 유아의 관찰기록뿐만 아니라 교사가 평정하거나 평가할 수 있는 심리·정서 검사 등을 통해 보다 더 객관적인 평가를 할 수 있다.

① 주요 발달 검사

영유아의 발달수준을 알아보기 위해서 실시되는 검사는 교사가 아니라 훈련된 검사자에 의해 검사되고 평가, 해석되어야 한다. 특히 영유아의 전반적인 발달수준을 파악하기 위해서는 전문기관에서 full battery 검사, 즉 종합심리검사를 받는 것이 좋다. 유아를 대상으로 하는 종합심리검사는 심리적인 기능상태, 잠재적인 능력, 성격적 특성, 지능과 같은 종합적인 내용을 담고 있다. 영유아를 위한 검사로는 BGT(벤더게슈탈트 도형검사), HTP(집, 나무, 사람 그림 검사), KFD(동적 가족 그림 검사), K-ABC(지능검사), SCT(문장완성검사), 로샤검사, KPI-C(인성검사)가 있고, 양육자를 대상으로 MMPI(다면적 성격인성검사), SCT(문장완성검사), PAT(부모양육태도검사)가 있다. 이러한 검사들은 유아교사가 하기에는 어려움이 있다. 현장에서 쉽게 사용할 수 있는 검사들을 소개하면 다음과 같다.

■ 한국형 영유아 발달검사(K-DST)

K-DST(Korean Developmental Screening Test for Infants & Children)는 우리나라에서 영유아검진 시 유아의 발달을 체크하기 위해 사용되는 검사이다. K-DST는 발달선별검사로서, 해당 연령의 전체 영유아 가운데 깊이 있는 발달의 평가가 필요한 소수의 영유아를 정확히 구별하는 것을 목적으로 한다. 즉, 발달지연이 의심되는 영유아를 발견하고, 발견된 고위험군 집단에 대해서 발달에 대한 진단 평가를 실시하여 적절한 치료를 받을 수 있도록 유도하는 것이 핵심이다. 총 30개 문항으로 주 양육자가 체크하며 의사소통, 대근육 운동, 소근육 운동, 문제해결, 개인-사회성의 다섯 가지 하위영역으로 구성된다(질병관리본부, 2017).

유아교육 현장에서는 연령에 맞는 K-DST의 내용을 살펴보고 개별 유아들의 수준을 파악할 수 있다. 월령별 검사지와 결과지는 질병관리본부 사이트나 건강보험공단 건강in 사이트에서 다운 받을 수 있다.

기타 특정한 영역이나 발달을 평가할 때는 연구자들에 의해 개발된 검사들을 사용할 수 있다. 예를 들어, 유아의 언어능력을 측정하기 위해 말하기, 듣기 검사도구나 유아의 놀이성을 측정하기 위한 놀이성 검사도구, 또래와의 상호작용 행동을 평가할 수 있는 검사도구들이 있다.

② 심리표상 검사

유아들의 심리를 파악하기 위해 언어보다 쉬운 그림이나 표상을 사용하는 방법들이 있다. 유아의 그림을 보고 심리를 분석하기 위해서는 전문적인 연수가 필요하다. 단순히 검은색이나 보라색이 우울을 나타낸다는 식의 단편적인 해석은 매우 위험하다. 또 그림 과정을 함께 살펴보면서 이야기를 나누는 것이지 그림만 보고 해석기준에 맞춰 평가하지 않도록 한다. 유아들의 그림을 통한 진단은 가족이나 친구, 자신에 대한 이야기를 나누기 위한 안전한 도구로 사용하는 것이 좋다.

■ 집–나무–사람 그림(HTP)

– Buck(1948)에 의해 개발된 검사로 상태와 성격, 가정에 대해 이해를 도와준다.

– 4장의 종이에 집(가로), 나무(세로), 사람(세로), 앞의 사람과 다른 성별을 가진 사람(세로)을 그린다.

※ K–HTP는 한 장에 집, 나무, 사람을 함께 그려 상호 간의 관계, 부착을 파악한다.

* A4용지와 연필을 가지고 그림을 그려보세요.

•나무와 집과 사람을 그려보세요.

- 누구의 집인가요?
- 누가 살고 있나요?
- 이 집의 분위기는 어떤가요?
- 무엇으로 만들어졌나요?
- 나중에 집이 어떻게 될 것 같은가요?
- 이 나무는 어떤 나무인가요? (나이, 생사, 건강)
- 나무의 소원은 무엇인가요?
- 나중에 이 나무는 어떻게 될까요?
- 이 사람은 누구인가요? (나이, 생각, 기분, 소원)
- 나중에 이 사람은 어떻게 될 것 같은가요?

- 집 : 주관적으로 지각하는 가정생활, 가족관계 인지 정도와 감정
- 나무 : 무의식적인 자기상과 자신에 대한 감정
- 사람 : 자기상과 환경과의 관계

■ 빗속의 사람 그리기(PITR : Person In The Rain)

– A. Abrams와 A. Amchin(1958)에 의해 개발된 검사로 현재 겪고 있는 스트레스 정도와 대처능력을 파악한다.

* A4용지와 연필을 가지고 그림을 그려보세요.

• 비가 내리고 있어요. 빗속에 있는 사람을 그려보세요.

– 이 사람은 누구인가요?
– 이 사람은 지금 무엇을 하고 있나요?
– 이 사람의 현재 기분은 어떨까요?
– 이 사람에게 필요한 것은 무엇일까요?

– 비, 구름, 웅덩이, 번개 : 스트레스
– 우산, 비옷, 보호물 : 스트레스 대처 자원
– 얼굴 표정, 인물의 크기 : 자아인식

■ 어항 속 물고기 가족화(KFFD : Kinetic Fish Family Drawing)

– A4용지와 연필, 채색도구를 가지고 어항 속에 있는 물고기 가족화를 그린다.
– 가족 구성원과의 친밀감, 관계를 파악할 수 있다.

■ 동그라미 가족화

– A4용지와 연필을 가지고 동그라미를 통해 가족이나 주변 사람들을 그리면서 자신과 타인의 관계를 파악할 수 있다.
– 그림을 그리지 못하는 유아의 경우에도 쉽게 표현할 수 있다.

•내가 그리고 싶은 사람을 동그라미로 그려보세요.
- 맨 처음 생각난 사람을 동그라미로 그려보세요.
- 두 번째로 그리고 싶은 사람을 동그라미로 그려보세요.
- 또 그리고 싶은 사람을 동그라미로 그려보세요.

(4) 문제행동의 원인 분석

영유아의 문제행동이 무엇인지를 명확하게 하고, 이와 관련한 정보를 바탕으로 문제행동의 원인을 파악해 볼 수 있다. 문제행동은 하나의 원인이 하나의 문제를 유발하는 것이 아니므로 다양한 측면을 종합적으로 고려해야 한다. 교사 혼자서 파악하기보다는 동료교사 혹은 전문가와 함께 문제행동을 파악하는 것이 훨씬 효과적이다. 원인을 분석하기 위해 이후에 나오는 기능평가를 사용한다.

(5) 대처 방안 모색

문제행동을 유발하는 원인들을 파악한 이후에는 이에 대한 대처 방안을 모색한다. 교사는 유아와 긍정적인 문제를 맺는 데 중점을 두고 유아의 욕구를 충족시키기 위해 노력한다. 교사의 생각만으로 대처 방안을 찾기보다는 전체 교사들과 함께 문제를 공유하고 특정 행동에 대한 전문적인 서적이나 자료를 찾을 필요가 있다.

중요한 것은 가정과의 연계가 가능한지에 대한 부분으로 가정과의 연계가 가능하다면 보다 더 효과적인 지원이 가능하다. 부모와 함께 문제를 공유하고 이에 대한 협력을 약속한 후 실행 가능한 목표를 설정한다. 만약 가정과의 연계가 원활하지 않다면 기관 내에서 할 수 있는 범위의 것까지를 목표로 수립한다. 가정에서 도와줄 수 없는 일에 대해서까지 교사의 책임이 될 수는 없다. 따라서 기관에서 실행 가능한 것을 목표로 삼고 가정과 연계할 수 있는 방법을 고안하고 이를 목표를 삼는 것이 타당하다.

(6) 실제적인 지도전략 수립

담임 교사뿐만 아니라 전체 교사들과 유아의 문제행동을 공유하고 일관성 있는 지원을 할 필요가 있다. 실제적으로 수행할 수 있는 구체적인 지침과 전략을 수립하여 전체 교사들이 적절한 상호작용을 시행하며 지도전략을 발전시켜 나갈 수 있도록 한다.

가정에서 할 수 있는 지도전략을 구체적으로 안내하고 이에 대한 상황을 공유하여 가정과의 연계를 강화할 수 있도록 한다.

(7) 변화 유지

문제행동를 갖고 있는 각 영유아에 대한 목표가 적절히 실행되고 있는지를 정기적인 회의를 통해 점검하고 영유아의 변화에 대해 분석한다.

3 기능평가와 긍정적 행동지원

기능평가와 긍정적 행동지원은 유아의 문제행동을 이해하고자 하는 행동 심리학자들에 의해 발전되었다. 원래 발달장애 유아를 돕기 위해 개발되었으나 일반적인 문제행동을 예방하기 위해서도 사용되고 있다(Fox, Dunlap, & Cushing, 2002). 기능평가를 통해 문제행동이 어떠한 기능과 목적을 갖고 있는지를 파악하고, 일상생활 속에서 문제행동을 촉발시키거나 유지시키는 원인을 발견한 후 이러한 정보를 바탕으로 효과적인 행동지원을 계획한다. 이러한 과정이 잘 유지되기 위해 가족, 교사, 원장, 보조 교사, 조리사, 버스기사 등 유아와 관련된 모든 사람의 정보와 생각을 수집하고 효과적인 계획을 찾아내도록 협력해야 한다(Gable et al., 1998).

다음은 개별화된 긍정적 행동지원을 위한 단계이다(Kaiser & Rasminsky, 2012).

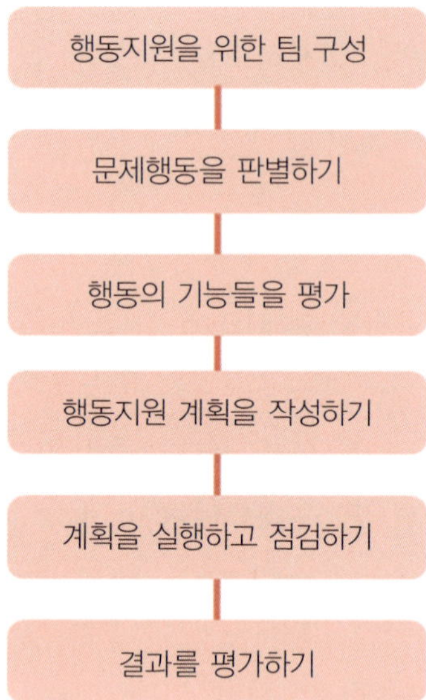

|그림 5-2| 긍정적 행동지원 계획의 단계

(1) 기능평가의 수행

기능평가(FA : Function Assessment)는 문제행동의 목적을 알아내기 위해 행동을 둘러싼 직접적인 환경들에 초점을 맞추는 것이다. 기능평가는 A-B-C 분석을 통해 문제행동을 객관적으로 파악하고 문제행동의 목적을 파악할 수 있도록 한다(Kaiser & Rasminsky, 2012).

■ A(Antecedent : 선행사건)

선행사건은 문제행동이 일어나기 바로 이전에 일어난 사건을 의미한다. 이 선행사건은 문제행동을 촉발하게 하는 사건으로 요구하기, 요청하기, 어려운 과제, 전이, 중지, 혼자 남겨두기 등이 있을 수 있다. 또래의 행동이 선행사건이 될 수 있으며 귀찮게 하기, 괴롭히기, 과시하기, 가까이 다가오기, 제외시키기 등이 있을 수 있다. 예를 들면, 친구를 때리는 공격적인 행동을 자주 보이는 유아는 자신이 놀이하고 있는 중에 자신에게 일정 거리 이상 가까이 다가오면 때린다. 이 상황에서는 가까이 다가오기가 선행사건이 된다.

선행사건보다 좀 더 범위가 넓은 배경사건(setting event)은 유아가 선행사건에 더 민감하게 만들어 문제행동을 유발한다. 교실에 성인이 있거나 없는 경우, 일과의 변화, 그룹에서 유아의 수, 교실의 구성, 소음의 정도, 밝기, 활동 유형, 활동의 순서와 하루 일과는 배경사건이 될 수 있다. 유아가 배가 고픈지, 피곤하거나 아픈지, 부모와 사이가 좋은지, 버스에서 무슨 일이 있었는지 등과 같은 유아의 신체적·정서적 상태도 포함된다. 배경사건은 분명하게 정의하는 것이 어렵고 가족이나 다른 사람들이 제공한 정보에 의존하게 될 수 있지만 문제행동의 촉발요인이 될 수 있으므로 파악할 필요가 있다.

■ B(Behavior : 행동)

행동은 실제로 일어나는 문제행동을 의미한다. 이 행동은 그것을 관찰하는 사람이 누구든지 그 행동을 분명히 인정하고 측정할 수 있도록 명확하게 기술되어야 한다. 예를 들어, '선영이는 공격적이다'라는 것은 행동에 대한 명확한 기술이 아니므로 '선영이는 다른 친구를 발로 차고 때린다'라고 기술해야 한다. 유아가 하나의 문제행동이 아니라 여러 문제행동을 가지고 있다면 그것들을 모두 기술해야 한다. 슬픔이나 분노와 같은 감정은 관찰하거나 측정할 수 없지만 울음, 소리 지르기와 같은 행동을 관찰하고 측정할 수 있다.

■ C(Consequence : 후속결과)

후속결과는 문제행동 후에 무슨 일이 일어났는지를 뜻한다. 교사는 자신의 행동, 또래의 반응을 함께 살펴보며 이에 대한 기록을 해야 한다.

〈ABC 분석의 예〉

• 관찰유아 : 이라영 • 생년월일 : 201*. 6. 29 • 성별 : 여
• 관찰자 : 담임 교사 • 관찰일자 : 201*. 3. 25(현재 3년 9개월) • 관찰행동 : 놀잇감 뺏기

	사건 전(A)	사건(B)	사건 후(C)
AM 9:30~9:40	가훈이와 나영이가 큐브 블록으로 팽이를 만들어 돌리고 있다. 가훈이와 나영이가 웃음을 터트리자 돌아다니던 라영이가 다가와 주변을 서성거린다.	가훈이에게 "내가 할래!" 하니 가훈이가 "내 거야" 한다. 이번에는 나영이에게 "너 많이 했잖아. 이거 줘"하니 나영이가 "싫어" 한다. 라영이는 나영이의 블록을 빼앗아 도망간다. 나영이는 "야!" 하고 소리를 지르고 운다.	교사가 "이라영" 하고 부르자 울고 있는 나영이에게 가서 팽이를 던져주고는 가버린다. 다시 교사가 "라영아, 나영이에게 팽이 다시 예쁘게 주자" 하니 으앙 하고 울음을 터트린다.
기능	라영이는 친구가 가지고 놀이하는 놀잇감을 얻기 위해 자기의 의사를 말로 표현할 수 있으나 친구가 거절하면 빼앗아 버리는 행동을 보인다. 놀잇감을 얻기 위해 뺏기 행동을 한다.		

아침마다 울면서 엄마와 헤어지지 못하는 유아(99쪽 일화기록)의 경우에도 A–B–C 분석을 통해 문제행동을 객관적으로 파악하고 문제행동을 지도해 나갈 수 있다.

A
✓ 월요일엔 꼭 울어요
✓ 늦게 온 날 울어요
✓ 동생과 함께 온 날 울어요

✓일요일 컨디션조절하기
✓조금 일찍 등원하기
✓동생 먼저 등원시키기

B
등원할 때마다 울어요

C
✓ 엄마가 계속 같이 있음
✓ 다시 집으로 돌아감

✓엄마와 빨리 이별하기
✓다시 집으로 돌아가지 않기

이를 종합하여 A-B-C 분석과 배경사건은 문제행동의 기능이나 목적을 이해할 수 있게 한다. 기능평가는 세 가지 가능한 기능을 가정한다(Kaiser & Rasminsky, 2012).

〈표 5-1〉 기능평가의 분석

획 득	• 유아가 무엇인가를 얻기 위한 기능 • 성인이나 또래로부터 관심 끌기, 사물이나 활동에 접근하기 예 친구를 발로 차면 주변 아이가 소리를 지르고 교사가 자신을 따로 불러서 이야기하게 되면서 관심을 끌게 된다.
회 피	• 유아가 무엇인가로부터 회피하거나 벗어나기 위한 기능 • 내키지 않은 요구, 어려운 과제나 활동, 성인이나 또래와의 접촉 예 체육시간에 주변 친구를 밀면 교사가 활동에서 제외하거나 뒤로 가게 되어 활동에 참여하지 않게 된다.
자극변화	• 유아가 자극을 바꾸기 위한 기능 • 사람들은 최적 자극 수준을 유지하기 위해 너무 많은 자극이나 너무 적은 자극을 받았을 때 변화를 시도 예 손을 씻기 위해 줄을 너무 오래 서야 할 때 주변 친구들을 밀어서 더 많은 자극을 만들어 낸다.

(2) 긍정적 행동지원 계획

다양한 정보를 수집하고 명확한 가설을 세운 후 행동지원 계획을 수립한다. 긍정적 행동지원을 하기 위해서는 유아를 위한 장단기 목표, 문제행동 예방을 위해 유아의 환경에서 변화해야 할 부분, 문제행동을 대체할 수 있는 기술에 대한 판별과 지도, 유아가 적절한 행동을 했을 때와 문제행동을 했을 때 다른 사람들의 반응을 구체화해야 한다. 긍정적 행동지원은 유아에게 사회적 기술과 공동체 의식을 발달시키고 또래와 성인과의 관계를 증진시키며 향상된 삶의 질을 경험할 수 있게 해준다(Fox, Dunlap, Hemmerter, Joseph & Strain, 2003).

구체적으로 중재를 하기 위해 예방하기, 적절한 대체 기술 가르치기, 적절한 행동에 대한 반응, 부적절한 행동에 대한 반응을 계획하고 이를 모든 팀이 공유하게 된다(Kaiser & Rasminsky, 2012).

■ 예방하기

예방은 문제행동을 다루는 가장 기본적인 방법으로 교사의 행동을 포함한 환경을 변화시키는 것이다. 기능평가를 통해 파악된 배경사건에서부터 시작하여 문제행동을 촉발시키는 선행사건들을 변화시킨다. 전이시간을 힘들어하는 유아를 위해 일과를 바꿔서 전이를 최소화할 수 있고 월요일 아침마다 등원에 어려움을 겪는 유아에게 30분 더 일찍 등원하여 엄마와 좀 더 인사시간을 가질 수 있도록 도와줄 수 있다.

■ 적절한 대체 기술 가르치기

유아가 문제행동을 멈추는 것만이 목표가 아니라 부족한 기술을 습득하여 실행할 수 있는 대체 기술을 가르쳐야 한다. 각 유아마다 부족한 기술이 다르기 때문에 새로운 기술을 직접 가르쳐서 습득할 수 있도록 해야 한다. 체육시간이 싫어서 회피하기 위해 문제행동을 나타내는 유아를 위해서 개별적으로 몇 가지 운동기술을 직접 가르치고 연습시키거나 좋아하는 운동놀이를 체육활동에 포함시킬 수도 있다.

■ 적절한 행동에 대한 반응

유아의 행동의 기능을 파악했다면 문제행동이 아닌 긍정적인 행동을 했을 때 유아의 욕구를 충족시켜 줄 수 있다. 관심을 받고 인정받고 싶은 욕구로 인해 문제행동을 일으킨 유아라면 긍정적인 행동을 했을 때 관심을 보여주어 어떤 행동이 적절한지 알도록 한다.

■ 부적절한 행동에 대한 반응

기능평가에서 유아의 행동이 교사의 관심을 '획득'하기 위한 것이라면 계획적 무시하기 전략을 사용할 수 있다. '계획적 무시하기'는 유아의 문제행동에 의도적으로 반응하지 않는 것으로 유아가 부적절한 행동을 할 때 옆에 다가가거나 말을 걸지 않는 것이다. 이때 행동이 좋아지기 전에 악화될 수 있다는 것을 기억하고 주의할 필요가 있다.

문제행동을 무시할 때 완벽히 무시하는 것이 아니라 안전한 상황을 위해서 뒤에 서 있고 다른 유아를 공격할 때는 두 유아 사이에 서서 진정될 때까지 기다린다. 교사가 보지 못한 상황이라면 행위 유아보다 피해 유아에게 먼저 관심을 보이고 행위 유아에게 피해 유아를 기분 좋게 할 수 있는 방법에 대해 이야기 나누고 행동하도록 한다.

기능평가에서 유아의 행동이 '회피'라면 행동을 무시하지 않고 관심을 보이며 적절한 행동을 위한 노력을 할 수 있도록 격려하고 정적 강화를 할 수 있도록 한다. 적절한 대처기술을 적극적으로 교육시킬 필요가 있다.

다음은 기능평가와 긍정적 행동지원의 전체 개입 과정을 나타낸 그림이다.

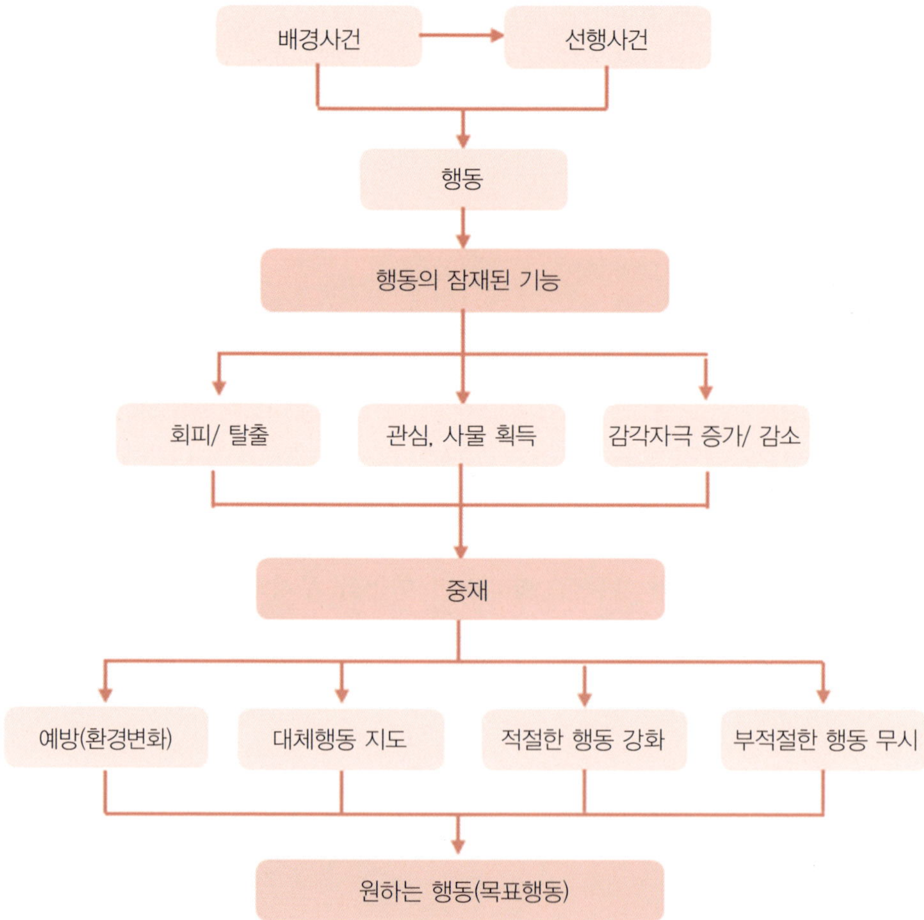

|그림 5-3| 기능평가와 긍정적 행동지원의 전체 개입 과정

출처 : Kaiser & Rasminsky(2012) 재구성.

토론해 보세요

▶ 문제행동 영유아의 기능평가와 긍정적 행동지원 전략을 계획해 보세요.

학습정리

1. 유아교사는 영유아의 문제행동을 선별하고 현장에서 지도할 수 있는 수준의 지원을 할 필요가 있다.
2. 문제행동의 일반적인 지도과정은 행동 관찰, 정보수집, 심리·정서 및 발달수준 확인, 문제행동의 원인 분석, 대처 방안 모색, 목표 설정, 지도전략 수립, 변화 유지의 단계를 갖는다.
3. 영유아의 문제행동을 이해하기 위해 기능평가와 긍정적 행동지원 전략을 사용할 수 있다.
4. 긍정적 행동지원은 영유아의 문제행동 예방, 지도에 매우 효과적인 전략이다.
5. 기능평가를 위해 A–B–C 분석을 하고 예방하기, 적절한 대체 기술 가르치기, 적절한 행동에 대한 반응, 부적절한 행동에 대한 반응에 대한 구체적인 중재를 하여 긍정적인 행동으로의 변화를 꾀한다.

제6장
문제행동의 지도전략

제 6 장

문제행동의 지도전략

개요

문제행동 영유아를 지도하는 것은 영유아 개인의 특성과 다양한 상황을 고려해야 하는 일이다. 본 장에서는 문제행동 영유아를 지도하는 구체적인 전략에 대해 살펴본다. 문제행동을 사회적으로 수용 가능한 방법으로 만들기 위한 사회·정서적 접근 전략과 행동수정 전략을 알아보고 영유아가 스스로 통제할 수 없을 때 사용하는 행동수정 전략을 알아본다. 이를 통해 문제행동을 지도하기 위한 교사의 전략 수립에 도움이 될 수 있을 것이다.

학습목표

- 문제행동 지도를 위한 사회·정서적 접근 전략을 이해할 수 있다.
- 문제행동 지도를 위한 행동수정 전략을 이해할 수 있다.
- 영유아가 스스로 통제할 수 없을 때 사용하는 방법을 알 수 있다.

주요 용어

발달적 훈육(developmental discipline)
무승부법(no-lose method)
협력적 문제해결(CPS : Collaborative Problem Solving)
자연적이고 논리적인 결과(Natural and Logical Consequences)
정적 강화(positive reinforcement)
소거(extinction)
타임아웃(time-out)
타임어웨이(time-away)

▶ '생각하는 의자'에 앉은 정우는 무슨 생각을 할까요?

마연 선생님 반에는 특별한 의자가 하나 있다. 친구들을 때리거나 놀잇감을 뺏는 유아들을 앉혀놓고 생각할 수 있도록 하는 '생각하는 의자'이다. 대부분의 아이들은 생각하는 의자에 앉는 일이 별로 없지만 정우는 하루에도 몇 번이나 '생각하는 의자'에 앉는다. 엄마 참여수업이 있는 날, 마연 선생님 반 모든 아이들의 엄마가 왔다. 엄마들은 아이들에게 "이 의자가 뭐야?"라고 묻자 아이들은 "응. 이건 정우 의자야"라고 말한다.

문제행동을 보이는 영유아를 지도하기 위해서는 다양한 전략을 사용할 수 있다. 문제행동에 언제나 동일한 전략을 적용할 수 있다면 간단하겠지만 실제로는 각 상황과 영유아의 특성에 따라 적절한 전략을 선택해야 한다. 예를 들어, 교실에서 친구를 때린 영유아와 소풍에서 돌발적으로 친구를 때린 영유아는 서로 다른 맥락과 상황에 놓여 있을 수 있다. 또한 동일한 공격성을 보이는 두 영유아도 기질, 발달수준, 환경적 요인에 따라 각기 다른 접근이 필요하다.

교사는 다양한 문제행동 지도전략을 갖추고 상황에 맞게 적절히 선택하여 적용할 수 있어야 한다. 전략이 효과적이지 않을 경우 수정하거나 대체 전략을 사용할 수 있는 융통성도 중요하다. 나아가 한 가지 전략만이 아니라 여러 전략을 병행하여 사용할 수 있는 능력을 키워야 한다.

1 사회·정서적 접근 전략

(1) 발달적 훈육

발달적 훈육(developmental discipline)은 애착이론에 근거하여 교사와 영유아 간의 따뜻하고 지지적인 관계가 발달의 기초를 제공한다는 점에 중점을 둔다. 이 접근법은 문제행동을 가진 영유아들과 안정적인 관계를 형성하고, 의미 있는 기술을 제공하며, 문제해결에 영유아를 참여시켜 문제행동을 감소시키는 과정을 포함한다(Watson & Ecken, 2003).

발달적 훈육은 온정, 보육, 신뢰에 기반한 교사–학생 관계 형성을 강조한다. 교사는 학생들을 개별적으로 이해하고 그들을 존중하며 염려하는 태도를 보여야 한다. 이상적인 성인–아동 관계는 상호 존중과 협동을 바탕으로 하며, 이러한 관계 속에서 영유아는 자발적으로 행동을 조절할 가능성이 높아진다(추병완·최윤정·이영문, 2020).

문제행동을 가진 영유아는 타인을 신뢰하지 못하는 경우가 많다. 마치 교사나 또래에게 부정적인 이미지를 주고 싶어 하고 누군가가 자신에게 다가오는 것을 거부하는 것처럼 보이기도 한다. 그러나 모든 영유아는 애정 어린 보살핌과 신뢰 있는 관계를 필요로 하며 이는 안정적인 삶을 살아가는 데 필수적이다.

처음에는 교사의 접근에 부정적인 반응을 보일 수 있지만, 발달적 훈육은 영유아의 감정, 인격, 역사를 수용하며 무조건적인 지지를 제공할 것을 강조한다. 이는 부적절한 행동을 수용하는 것이 아니라 영유아의 내면을 존중하는 태도를 의미한다. 보상과 처벌로 통제하기보다는 영유아가 스스로 자율성을 키울 수 있도록 돕는 데 중점을 두는 것이다.

발달적 훈육에서는 문제행동을 불신과 기술 부족의 결과로 이해한다. 따라서 교사는 '영유아가 왜 그렇게 행동했을까?'를 고민하며, 이를 학습의 기회로 전환할 방법을 모색해야 한다. 교사의 고민은 '어떻게 영유아와 함께 이 문제를 해결할 수 있을까?', '어떻게 이 상황을 영유아들이 학습하도록 도움을 주는 기회로 만들까?' 하는 것이며, 문제행동을 해결하기 위해서 영유아와 대화, 의논, 협상이 필수적이다(Kaiser & Rasminsky, 2012).

교사는 연구자처럼 영유아의 행동을 면밀히 관찰하고 자료를 수집하여 상황을 평가한 후 영유아에게 적합한 개입 전략을 적용한다. 이를 통해 영유아의 자율성 발달과 긍정적인 사회적 행동을 촉진한다(Watson & Ecken, 2003). 발달적 훈육은 간접적이고 사전 예방적인 통제를 중시하며, 보상과 칭찬의 활용에는 신중한 입장을 취한다. 보상을 약속하여 바람직한 행동을 유도하는 것은 자율성을 저해할 수 있기 때문이다. 대신 다양한 형태의 격려를 권장하는데, 예를 들어 행동의 서술, 긍정적 영향을 지적하기, 성찰 기회 제공 등이 포함된다. 조작적이지 않은 칭찬은 허용되며, 자연적 결과와 논리적 결과를 활용한 지도 방법을 강조한다.

발달적 훈육의 구체적인 전략은 교사가 영유아를 좋아한다는 것을 영유아가 알게 하면서 신뢰감을 갖도록 하는 방법이다(Kaiser & Rasminsky, 2012).

■ 조건 없이 좋아해 주기

"선생님은 네가 정말 좋아. 네가 어떤 행동을 하더라도 선생님은 너를 정말 좋아해."

■ 영유아와 함께 비밀 신호 정하기

"선생님이 너에게 친구를 때리지 말고 말로 이야기하는 게 좋다고 말하고 싶을 때 어떤 비밀 신호를 하면 좋을까?"

■ 자기대화를 하도록 도와주기

"너무 화가 났을 때는 네가 너한테 이야기하는 것도 아주 좋은 방법이야."

■ 영유아의 상황을 공감해 주기

"네가 아주 화가 났을 거라고 생각해. 친구가 놀리는 것 같으니까 화가 난 거지?"

(2) 무승부법

무승부법(No–Lose Method)은 Gordon(2003)의 교사역할훈련(TET : Teacher Effectiveness Training)에 기반한 접근법으로, 상호 존중과 개방적 의사소통을 바탕으로 갈등을 해결하는 방법이다. 이 방법은 교사와 영유아 모두의 요구를 고려하여 힘의 대립 없이 서로 만족할 수 있는 해결책을 찾는 것을 목표로 한다. 무승부법은 단순히 문제행동을 억제하거나 수정하는 것에 그치지 않고, 영유아가 자율성을 키우고 긍정적인 관계를 형성하도록 돕는다.

영유아와 성인 간의 갈등 상황에서 교사가 자신의 권위를 사용하여 문제를 해결하려 하면 교사가 이기고 영유아는 지는 결과를 초래할 수 있다. 반대로 영유아가 이기고 교사가 지는 상황에서는 영유아의 욕구는 충족될 수 있지만 바람직한 행동을 학습할 기회를 잃게 된다. 이러한 대립 구도를 피하기 위해 Gordon(2003)은 영유아와 성인 모두가 이기거나 지는 상황 없이 상호 존중과 협력을 통해 문제를 해결할 수 있는 무승부법을 제안하였다.

Gordon은 영유아를 훈육하는 방법으로 개방적 의사소통을 기반으로 문제의 소지자에 따라 적절한 기법을 사용할 것을 제안하였다. 문제가 교사에게 있는 경우 나–메시지(I–message)를 활용하여 자신의 감정과 욕구를 솔직하게 전달하며, 문제가 영유아에게 있을 경우 적극적 경청(active listening)을 통해 영유아의 감정과 욕구를 존중하고 공감한다.

■ 개방적인 의사소통

영유아의 감정을 통제하는 것을 돕고 행동의 악화를 예방하는 방법(WEVAS

: 폭력적이고 공격적인 상태에서 효과적으로 조치하기)은 다음의 과정을 통해 이루어진다(Butchard & Spencler, 2000).

- 개방적인 태도 : 정중한 말이나 질문 "선생님이 도와줄까?"
- 개방형 질문 : 정보에 대한 순수한 질문 "무슨 일이 일어났어?", "어떤 마음이야?"
- 확인하며 이해하기 쉽게 다른 말로 표현하기 : 영유아의 메시지에 응답해주기
- 재구성하기 : 사건의 긍정적인 면을 보여주기
- 영유아의 목소리 인식하기 : 영유아의 작거나 큰 목소리를 인식하면서 교사의 목소리를 정상적인 수준으로 만들어서 영유아가 따라 하도록 하기

■ 나-메시지

나-메시지는 교사의 감정과 욕구를 명확히 전달하는 비판단적 의사소통 기법으로, 문제가 교사에게 있을 때 사용된다(Gordon, 2000). 이는 영유아가 자신의 행동을 스스로 인식하고 조절할 수 있도록 돕는다.

- 행동을 묘사하기 : "네가 장난감을 던졌어."
- 교사의 감정 설명하기 : "나는 다른 친구들이 다칠까 봐 걱정돼."
- 행동의 영향 설명하기 : "친구들이 안전하게 놀 수 없어."
- 기대 말하기 : "다음에는 장난감을 조심히 다뤘으면 좋겠어."

■ 적극적인 경청

적극적 경청은 문제가 영유아에게 있을 때 사용하는 기법으로, 영유아가 자신의 감정을 표현할 수 있도록 돕고 영유아의 말을 경청하며 공감하는 과정이다. 영유아의 감정을 충분히 수용하고 적극적으로 경청하여 영유아가 자신의 감정을 더 명확하게 이해하도록 돕는다.

- 영유아의 감정을 되풀이하며 확인한다. 예 "네가 장난감을 뺏겨서 속상했구나."
- 영유아가 문제를 해결할 수 있도록 격려한다.
- 영유아의 감정이 안정될 때까지 함께 머문다.

무승부법의 장점은 영유아가 문제해결 과정에 적극적으로 참여하면서 자신과 타인의 욕구를 균형 있게 고려하는 능력을 키울 수 있다는 점이다. 이를 통해 영유아는 충동적 반응을 줄이고 사회적 기술과 협력 능력을 발달시킬 수 있다. 또한 교사는 영유아와의 긍정적인 관계를 유지하면서 문제행동을 해결할 수 있는 기회를 제공한다.

(3) 협력적 문제해결

협력적 문제해결(CPS : Collaborative Problem Solving)은 Greene(2008)에 의해 개발된 방법으로, 발달적 훈육과 유사하다. 이 접근법은 긍정적인 교사-영유아 관계를 중시하며 교사와 영유아의 대화를 통해 문제행동의 원인과 해결책을 찾을 수 있다고 믿는다. 문제행동을 보이는 영유아는 종종 타인이 자신에게 어떤 행동을 하면 좋을지 기대하지만 이를 실행할 인지적 기술이 부족한 경우가 많다. 따라서 교사의 역할은 이러한 행동의 원인을 찾아내고 영유아가 부족한 기술을 습득할 수 있도록 돕는 것이다.

협력적 문제해결은 영유아가 흥분한 상태가 아니라 평온한 상태일 때, 문제행동이 일어나기 전에 사용하는 것이 가장 효과적이다. 교사는 미리 영유아의 문제상황과 부족한 기술을 파악하고, 문제행동이 발생하는 상황을 분석한 후 영유아와 함께 협력적 문제해결의 3단계를 진행한다(Greene, 2008).

■ 1단계 : 공감하기

첫 번째 단계는 영유아의 관심을 이해하고 영유아의 관점에서 사물을 바라보는 것이다. 교사는 화를 내거나 혼내려는 태도가 아니라 영유아의 감정에 관심을 가지고 있음을 보여주어야 한다. 영유아의 생각을 명확히 하고 적극적인 경청을 통해 영유아가 더 말하고 싶은 것을 표현할 기회를 준다. 예를 들어, "요즘 친구들 때문에 화가 많이 난 것 같은데 무슨 일이 있었니?"라고 질문하면서 영유아의 마음을 공감하고 정리해 준다.

■ 2단계 : 문제 정의하기

두 번째 단계에서 교사는 자신의 관점을 영유아에게 설명하여 영유아의 행동이 타인에게 미칠 수 있는 영향을 이해하도록 돕는다. 또한 교사의 역할이 전체 영유아들의 안전과 학습을 보장하는 것임을 전달한다. 예를 들어, "우리는 교실에서 안전하고 즐겁게 지내야 해. 네가 다른 친구를 때리면 맞은 친구는 여기가 위험하다고 느끼고 즐겁지 않을 수도 있어. 말을 하지 않고 때리면 다른 친구들은 네가 왜 화가 났는지 모를 수도 있어."라고 설명하며 상황을 정의한다.

■ 3단계 : 협력 요청하기

세 번째 단계에서는 영유아에게 문제를 다시 정리해 주고 함께 해결책을 찾도록 협력을 요청한다. 영유아가 해결책을 제시하도록 제안하고 적절하지 않은 해결책이 나오면 교사가 새로운 제안을 하여 서로 동의할 수 있는 방법을 찾는다. 예를 들어, "선생님은 네가 친구에게 화가 났을 때 친구들을 때리지 않고 선생님에게 도와달라고 했으면 좋겠어. 어떤 방법이 있을까?"라고 제안하며 계획을 세운다.

〈표 6-1〉 협력적 문제해결 단계

단 계	상호작용
1단계 공감하기	손가락을 자꾸 빨아서 갈라지고 피까지 나니까 많이 아프지? ㅇㅇ이도 그러고 싶지 않을 텐데 마음대로 안 돼서 속상할 거야.
2단계 문제 정의하기	그런데 계속 이렇게 손가락을 빨면 더 아파져서 하면 안 될 것 같아. 그건 ㅇㅇ이도 알지?
3단계 협력 요청하기	ㅇㅇ이는 어떻게 해보면 좋겠어? ㅇㅇ이 생각을 들어보고 선생님이 도와줄 수 있는 건 도와줄게. 우리 같이 해결해 보자.

협력적 문제해결은 영유아의 자율성과 사회적 기술을 키우는 데 효과적이며 감정조절능력을 발달시키는 데 기여한다(Greene, 2014). 연구에 따르면, 협력적 문제해결은 영유아가 자신의 감정을 조절하고 충동을 통제하는 능력을 향상시킬 뿐만 아니라 타인의 관점을 이해하고 공감할 수 있는 기회를 제공한다. 이러한 과정은 영유아의 사회적 상호작용과 학습 태도를 긍정적으로 변화시킨다.

협력적 문제해결의 교육적 효과는 OECD(2017) 보고서에서도 강조되었다. 협력적 문제해결 능력은 21세기 핵심 역량으로 평가되며, 이러한 능력은 사회적 상호작용 및 집단 내 협력을 통해 강화될 수 있다. 이는 영유아교육 환경에서 중요한 교육 목표로 자리 잡고 있다.

협력적인 문제해결은 영유아의 문제해결 능력과 자율성을 강화하고 타인의 감정을 이해하는 능력을 키우는 데 도움을 준다. 또한 사회적 기술과 협력적 태도를 학습할 기회를 제공하며 교사와 영유아 간의 긍정적인 관계 형성에도 기여한다. 이 접근법은 영유아의 감정조절과 사회적 기술 발달을 촉진하는 교육적 도구로 평가받는다.

(4) 자연적이고 논리적인 결과

자연적이고 논리적인 결과(Natural and Logical Consequences)는 Dreikurs(1964)에 의해 발전된 지도전략으로, 영유아의 행동에 따른 결과를 경험하게 하여 행동의 책임을 스스로 인식하고 수정할 수 있도록 돕는 접근법이다. 이 방법은 영유아의 행동에 대해 인위적인 처벌을 가하는 대신, 행동과 결과 사이의 자연스러운 인과관계를 경험하게 함으로써 학습을 촉진한다. 교사는 영유아가 행동과 그에 따른 결과를 연결지어 사고할 수 있도록 지도한다(Kaiser & Rasminsky, 2012). Dreikurs는 벌 대신에 '자연적 결과'나 '논리적 결과'를 통해 영유아 스스로 책임을 지게 해야 한다고 보았다.

▪ 자연적 결과

자연적 결과는 성인의 개입 없이 자신의 행동에 대한 자연적이고 직접적인 결과를 직면하는 과정을 의미한다. 예를 들어, 영유아가 코트를 입지 않고 밖에 나가려고 할 때 춥다는 것을 직접 경험하도록 하거나, 장난감을 정리하지 않으면 다음 놀이시간에 정리된 장난감을 사용할 수 없게 한다. 이러한 자연적 결과는 영유아가 행동의 의미를 깨닫고 자발적으로 책임감 있는 행동을 하도록 돕는다. 그러나 영유아의 안전과 관련된 경우, 다른 사람에게 피해를 주는 행동, 연습의 시간을 갖는 경우, 아이가 결과를 별것 아니라고 여기는 경우는 자연적 결과를 적용하는 것이 효과적이지 않다.

▪ 논리적 결과

논리적인 결과는 영유아의 행동과 연관된 구체적이고 합리적인 결과를 교사가 설정하여 제공하는 방법이다. 논리적 결과는 영유아의 행동을 수정하고 규칙을 명확히 이해하도록 돕는다. 논리적 결과에는 연습, 복구, 일시적 권리 상실의 세 가지 유형이 있다(오혜원, 2013).

연습은 영유아가 배워야 할 규칙을 연습시키는 것이다. 이때 칭찬을 해주면 바람직한 행동을 정확하게 이해하게 된다. 예를 들어, 뛰지 않기로 한 교실에서 뛴 경우 다시 걸어오도록 하는 것이 연습이다. 영유아가 걸어오면 교사는 "정말 멋지게 잘 걸었다! 바로 그렇게 하는 거야!"라고 칭찬해 준다.

복구는 연습이 가능하지 않을 때 문제행동으로 일어난 결과를 개선하거나 손상된 것을 복구하는 것이다. 예를 들어, 책상에 낙서를 한 영유아에게 스스로 낙서를 지우도록 하는 것이다.

일시적 권리 상실은 어떠한 행동에는 권리와 책임이 모두 존재하고, 권리를 가지려면 책임을 져야 한다는 것을 알도록 하는 것이다. 약속된 규칙을 어길 경우 자신이 가지고 있는 권리를 일시적으로 누리지 모소하게 한다. 예를 들어, 모래를 던지는 영유아에게 모래를 던지면 안 된다는 것을 경고하고 잠시 모래 놀이를 할 수 없도록 한 후 다시 약속을 잘 지킬 수 있다고 약속이 되면 놀도록 허락하는 것이다.

논리적 결과가 벌과 다른 점은 벌은 교사가 권위적으로 복종을 요구하지만 논리적 결과는 합의를 하고 선택의 여지가 있다(유선희, 2019). 논리적 결과는 그 행동의 책임이 영유아 자신에게 있다는 것을 알게 하여 책임감을 부여하는 것으로 교사는 화를 내거나 이를 즐겨서는 안 되며 침착하고 단호하게 말하여야 한다.

2 행동수정 전략

(1) 정적 강화

정적 강화(positive reinforcement)는 바람직한 행동을 강화하고 촉진하기 위해 사용되는 기법이다. 영유아가 적절한 행동을 했을 때 보상이나 긍정적인 결과를 제공하여 그 행동의 빈도를 증가시킨다. 이 접근법은 문제행동을 예방하고 긍정적인 행동을 촉진하는 데 효과적이다. 보상은 물질적인 것(예 스티커, 상장)일 수도 있고, 사회적인 인정(예 칭찬, 격려)일 수도 있다. 중요한 점은 보상이 영유아에게 의미가 있으며 동기를 부여할 수 있어야 한다는 것이다.

정적 강화를 효과적으로 사용하기 위해서는 즉각성(행동 직후 보상 제공), 일관성(지속적인 강화 적용), 구체성(구체적이고 명확한 칭찬), 개인화(영유아의 특성, 흥미, 필요에 맞는 보상 선택)의 네 가지 원칙을 지켜야 한다.

그러나 정적 강화는 주의 깊게 사용해야 한다. 영유아들이 내적 동기보다는 외부 보상에 의존하게 되면 보상이 중단되었을 때 행동의 지속성이 떨어질 수 있다. 언어적 보상은 정보를 제공하는 방식으로 활용될 때 긍정적인 효과를 나타내지만, 물질적 보상은 내적 동기를 약화시킬 수 있다(Kaiser & Rasminsky, 2012).

특히 문제행동을 가진 영유아의 경우 정적 강화가 의도하지 않은 결과를 초래할 수 있다. 예를 들어, 칭찬을 받은 직후 부적절한 행동을 보일 수도 있지만, 이러한 반응 때문에 정적 강화를 중단해서는 안 된다. 문제행동을 보이는 영유아들은 부정적인 행동에 대해서는 주목을 많이 받아본 반면, 긍정적인 행동에 대해서는 관심을 별로 받아본 적이 없다. 이로 인해 긍정적 관심이 비난처럼 느껴질 수도 있다. 따라서 교사는 영유아가 긍정적인 행동을 배우고 강화할 수 있도록 일관되게 지지해야 한다.

영유아에게 언어적인 정적 강화는 칭찬을 통해 이루어진다. 칭찬은 판단이나 결과보다는 행동과 과정을 강조하여 내적 동기, 자율성, 자아존중감을 향상시키는 데 집중해야 한다. 언어적 강화를 사용할 때 교사는 다음을 유의해야 한다(Dweck, 2007).

- 영유아의 활동이나 행동에서 일반적인 것보다 특별한 결과에 초점을 둔다.
- 과정을 강조하고 영유아에게 실수도 학습의 일부분이라는 것을 알려준다.
- 영유아의 바람직한 행동이 다른 친구들에게 어떤 영향을 주는지 설명한다.
- 정직하고 진실된 방식으로 직접적인 피드백을 제공한다.
- 자연스러운 목소리를 사용하고 영유아들의 성향에 따라 열정적으로 말하거나 조용히 격려한다.

- 다른 영유아와 비교하지 않는다.
- 영유아가 스스로 자신의 행동과 성취를 자랑스럽게 느낄 수 있도록 돕는다.

(2) 소거

소거(extinction)는 이미 형성된 조건반응에 강화를 제공하지 않아 조건반응의 강도를 점차 감소시키거나 소멸시키는 과정이다. 바람직하지 않은 행동에 대해 강화 요인을 제거하거나 무시함으로써 행동의 빈도와 강도를 감소시키는 전략을 의미한다.

예를 들어, 영유아가 놀잇감을 정리할 때마다 과도한 소리를 내며 주목을 끌려고 할 때 교사가 "○○아, 그렇게 하지 말자."라고 주의를 주면 교사의 반응 자체가 영유아에게 관심이라는 강화 요인이 될 수 있다. 이 경우 영유아는 주의를 끌기 위해 같은 행동을 반복할 가능성이 높다. 이럴 때 교사가 해당 행동을 무시하면 영유아는 더 이상 주의를 얻지 못하게 되어 행동이 점차 사라지게 된다. 이러한 과정을 소거라고 한다.

소거를 적용할 때 기억해야 할 점은 행동이 감소되기 전에 일시적으로 증가할 수 있다는 것이다. 이러한 현상을 소거폭발(extinction burst)이라고 한다. 소거폭발은 영유아가 이전에 받던 관심이 사라진 것에 대한 반응으로 일시적으로 행동의 강도가 증가하는 것이다. 그러나 교사가 계속 무시를 유지하면 결국 그 행동은 감소하거나 사라지게 된다(Martin & Pear, 2012).

소거 전략을 사용할 때 교사는 영유아의 행동에 반응하지 않고 무시하는 것이기 때문에 영유아가 애정 철회로 오해할 가능성이 있다. 따라서 소거는 바람직한 대안행동에 대한 정적 강화와 함께 이루어져야 한다. 이를 통해 영유아가 긍정적인 행동을 학습할 수 있도록 돕는 것이 중요하다.

(3) 타임아웃

타임아웃(time-out)은 사회학습이론과 행동주의에 기반한 전략으로, 영유아를 그룹에서 제외시키거나 교실 내 조용한 공간 또는 '생각하는 의자'와 같은 특정 장소에 앉게 하여 문제행동을 중단시키는 방법이다.

타임아웃에 대한 찬반 논쟁은 지속되고 있다. 찬성하는 입장에서는 타임아웃이 영유아가 스스로 감정을 조절하고 행동을 통제하는 데 도움을 준다고 주장한다. 또한 공격적인 행동을 예방하고 다른 영유아의 권리와 안전을 보호할 수 있다는 점을 강조한다. 미국영유아교육협회(NAEYC, 1996)는 타임아웃을 최후의 수단으로 사용하되 영유아에게 굴욕감을 주지 말고 안전한 환경에서 진정할 수 있도록 해야 한다고 권고한다.

그러나 타임아웃에 대한 반대 의견도 존재한다. Katz(1984)는 타임아웃이 영유아를 혼란스럽게 하고 행동의 원인과 결과 간의 연결을 이해하지 못하게 만든다고 주장했다. 영유아는 타임아웃의 이유를 명확하게 인식하지 못할 수 있으며, 이는 가르침 없는 처벌로 작용할 위험이 있다.

타임아웃의 문제점(Schreiber, 1999)은 다음과 같다.

- 외적 통제가 내적 통제 능력을 방해하고 영유아가 자신을 쓸모없는 사람으로 느끼게 할 수 있다.
- 영유아의 개인적 욕구를 충족시키지 못해 대안적 책략 발달을 저해한다.
- 자기 가치와 자기 확신의 발달을 저해하고 영유아를 문제아로 낙인찍을 위험이 있다.
- 행동과 결과 간의 관계를 이해하기 어렵게 하며 혼란과 당혹감을 유발한다.
- 사회적 관계에서 소외감을 느끼게 하고 교육적 가치를 약화시킬 수 있다.

타임아웃을 반대하는 입장에서는 '긍정적 타임아웃' 혹은 '타임어웨이(time-away)'와 같은 대안적 방법을 제안한다. 이는 영유아를 완전히 활동에서 배제하지 않고 흥분된 감정을 가라앉히고 진정시킬 수 있는 기회를 제공하는 방식이다. 교사는 영유아에게 '진정시키기'의 시작을 제안하는데 어떤 방법으로 할지는 스스로 찾게 한다. 깊게 숨쉬기, 10까지 수 세기, 덜 자극적인 활동으로 옮겨가기 등을 할 수 있다.

긍정적 타임아웃에는 비난이나 수치심이 없다. 긍정적 타임아웃에서는 마음을 안정시키고 기분을 전환할 수 있는 공간을 조성하여 이 공간에 '진정하는 곳'이나 '기분 전환하는 곳' 또는 '평화의 섬'처럼 목적에 맞는 이름을 붙인다. 긍정적 타임아웃 공간을 만들고 이름을 붙이고 선택하는 과정에서 영유아들은 주인의식을 가지게 된다(심태은, 2016).

이러한 상황, 활동, 자극단계를 자기주도적으로 변화시켜 자신의 감정을 스스로 다스릴 수 있도록 해주며 문제가 있는 관계를 회복할 수 있도록 도와준다. '진정시키기'를 사용할 때는 다음을 유의해야 한다(Kaiser & Rasminsky, 2012).

- 영유아가 안전한 장소에서 감정을 진정시킬 기회를 갖도록 한다.
- 영유아가 자신의 감정을 인식하고 다시 준비가 되었을 때를 판단하도록 가르친다.
- 학급의 다른 영유아들은 활동을 계속 유지할 수 있도록 한다.
- 타임어웨이는 영유아의 감정조절과 사회적 관계 회복을 지원하는 보다 긍정적이고 교육적인 접근법으로 평가받고 있다.

3 흥분한 영유아 통제하기

공격적인 행동을 하는 영유아가 지나치게 흥분하면 교사의 말이 잘 전달되지 않는다. 이처럼 감정이 폭발한 상태에서는 주변 사람을 때리거나 더 공격적인 행동을 보일 수 있다. 이러한 상황에서는 영유아가 화를 가라앉히도록 돕고, 교사는 침착함을 유지해야 한다. 영유아에게 적절한 지원을 제공하면 이후 관계가 더욱 긍정적으로 발전할 수 있다(Kaiser & Rasminsky, 2012).

■ 흥분한 영유아에게 집중하기

흥분한 영유아는 주변의 다른 영유아들에게 위협이 될 수 있으므로 안전을 위해 위험한 물건을 치우고 주변 영유아들이 구경하지 않도록 환경을 조성해야 한다. 가능하면 다른 영유아들이 흥분한 영유아를 구경하지 않도록 하는 것이 좋다.

■ 비언어적인 기술 사용하기

흥분한 영유아에게 질문하거나 말을 많이 하면 오히려 더 흥분할 수 있다. 영유아가 진정할 때까지 질문을 자제하고 편안한 자세와 얼굴 표정을 유지하며 신뢰와 관심을 담은 행동을 보여준다. 교사의 자세가 위협적으로 보이지 않도록 허리에 손을 얹거나 너무 가까이 서는 행동은 피해야 한다.

■ 영유아와 심리적 거리 두기

영유아가 흥분하면 교사도 쉽게 영향을 받아 흥분할 수 있다. 이때 교사는 감정을 통제하고 침착함을 유지해야 한다. 깊게 숨을 쉬거나 숫자를 세는 방법, 편안한 상황을 상상하거나 자기 대화를 통해 평정을 유지할 수 있다.

■ 안정적인 공간과 L-자세

민감하게 반응하므로 적절한 공간을 유지하고 L-자세를 취하는 것이 효과적이다(Butchard & Spencler, 2000). L-자세는 교사가 영유아의 얼굴을 정면으로 마주하지 않고 옆으로 서는 자세를 말한다. 어깨를 영유아에게 수직으로 보이게 하고 발을 약간 벌린 후 앞쪽 어깨를 영유아에게 45도 각도로 기울인다. 이때 머리는 세우고 입과 눈은 편안하게 유지하며 등을 곧게 펴는 것이 중요하다. 영유아가 너무 흥분했을 때는 눈을 맞추기보다 다른 곳에 시선을 두는 것이 효과적이다.

■ 긍정적이고 제안적인 어휘 사용

영유아가 약간 진정한 후에는 감정을 인정하고 긍정적인 언어를 사용한다. '그러나' 대신 '그리고'를, '너는' 대신 '우리는'을 사용하며, '해야 한다'보다는 '할 수 있다'는 표현으로 영유아를 격려한다. 이러한 언어적 접근은 영유아가 더욱 빨리 안정을 되찾는 데 도움이 된다.

■ 안정한 후 영유아의 이야기 경청

영유아가 충분히 진정한 후에는 영유아의 이야기를 들어주는 시간이 필요하다. 교사는 영유아와 조용한 공간에서 어떤 일이 있었는지, 어떤 감정을 느꼈는지, 앞으로 어떻게 행동하는 것이 좋은지에 대해 질문하며 영유아의 말을 경청한다. 이 과정을 통해 영유아는 감정을 표현하고 교사와 신뢰 관계를 강화할 수 있다.

토론해 보세요

▶ **친구와 함께 나-메시지를 연습해 보세요.**
교실에서 놀잇감을 자주 던지는 영유아에게 '나-메시지'로 대화를 해보세요.

학습정리

1. 교사는 문제행동 영유아를 지도할 수 있는 다양한 전략을 알고 적용할 수 있어야 하며 한 가지 전략이 아니라 다양한 전략을 함께 사용할 수 있어야 한다.
2. 발달적 훈육은 애착이론에 근거하여 문제행동 영유아들과 따뜻하고 지지적인 관계를 형성하고 의미 있는 기술을 제공하여 문제행동을 중단시키는 과정을 갖는다.
3. 무승부법은 영유아의 성인과의 갈등 상황에서 영유아와 성인이 모두 지거나 이기는 것 없이 힘으로 대립하지 않고 문제를 해결하는 방법으로 개방적 의사소통, 나-메시지, 적극적인 경청이 중심이 된다.
4. 협력적 문제해결은 긍정적인 교수-영유아 관계를 강조하고 교사와 영유아와의 대화를 통해 문제행동을 함께 해결해 가는 과정으로 공감하기, 문제 정의하기, 협력 요청하기로 구성된다.
5. 자연적이고 논리적인 결과는 영유아의 행동으로 결과가 생겼을 때 그 결과를 인식할 수 있도록 도와주는 방법으로 자연적 결과와 논리적 결과로 구분된다.
6. 정적 강화는 문제행동 지도에서 가장 많이 사용하는 방법으로 긍정적인 행동을 했을 때 실제적인 보상을 주는 방법이다.
7. 소거는 바람직하지 않은 행동에 대해 강화 요인을 제거하거나 무시함으로써 행동의 빈도와 강도를 감소시키는 전략으로 정적 강화와 함께 사용한다.
8. 타임아웃은 영유아를 그룹에서 제외하는 행동주의적 방법이지만 영유아에게는 적합하지 않으므로 시간을 주고 진정시키는 대안적 방법을 사용하는 것이 좋다.
9. 지나치게 흥분한 영유아를 대할 때는 더욱 침착한 자세로 흥분한 영유아에게 집중하고 언어보다는 비언어적인 의사소통을 하며 심리적으로 거리를 두고 L-자세를 취하며 긍정적이고 제안적인 어휘를 사용한다.

PART Ⅲ

문제행동 지도의 실제

제7장 기본생활습관 관련 문제행동 지도

제8장 사회성 관련 문제행동 지도

제9장 정서 관련 문제행동 지도

제10장 언어 관련 문제행동 지도

제11장 인지 관련 문제행동 지도

제12장 발달장애 및 행동장애

제7장
기본생활습관 관련 문제행동 지도

제 7 장

기본생활습관 관련 문제행동 지도

개요

기본생활습관은 영유아의 식사, 청결, 수면과 관련된 습관이다. 본 장에서는 이러한 기본생활습관과 관련된 문제행동의 원인과 지도 방법에 대해 알아보고자 한다. 식사습관에서는 비만과 편식의 문제, 수면습관에서는 영유아기에 일어날 수 있는 일반적인 수면문제, 청결습관에서는 씻기와 양치질 관련 문제들을 구체적으로 알아볼 것이다.

학습목표

- 기본생활습관과 관련된 영유아의 문제행동을 이해할 수 있다.
- 수면습관과 관련된 영유아 문제행동의 특성과 지도 방법을 알 수 있다.
- 식사습관과 관련된 영유아 문제행동의 특성과 지도 방법을 알 수 있다.
- 청결습관과 관련된 영유아 문제행동의 특성과 지도 방법을 알 수 있다.

주요 용어

기본생활습관(fundamental habits)
비만(obesity)
편식(imbalanced diet)
야뇨증(enuresis)
야경증(night terror)
몽유병(nightwalking)
악몽(nightmare)

우리 아이 어떻게 도와줄까?

3세반 교사인 바연 선생님은 하은이 때문에 점심시간마다 고민이 많다. 하은이는 점심시간에 아무것도 먹으려고 하지 않는다. 밥을 한 숟가락 입에 물면 점심시간이 끝날 때까지 계속 입에 넣고 있다. 반찬은 아무것도 먹지 않으려고 하고 밥도 처음 한 숟가락만 먹고는 더 이상 먹지 않는다.

바연 선생님은 하은이가 먹지 않으려는 원인을 파악하고 지도할 방법을 찾느라 고민이 깊어졌다.

연령 : 3세
가족관계 : 엄마, 아빠

교사 관찰	• 급식 시간에 하은이가 잘 먹지 않는 빈도와 패턴은 어떠한가? • 급식 시간 전에 하은이의 선행사건은 어떠한가? • 잘 먹지 않을 때 교사가 먹여주면 하은이는 어떤 반응을 보이는가?
학부모 상담질문	• 집에서는 잘 먹나요? • 하은이가 좋아하는 반찬은 무엇인가요? • 집에서는 밥을 혼자 먹나요? 아니면 먹여주시나요? • 밥을 잘 먹지 않을 때는 어떻게 먹이려고 노력하시나요?

1 기본생활습관의 이해

(1) 기본생활습관의 개념 및 중요성

기본생활습관이란 사회라는 공동체에서 건강하고 행복한 구성원으로 살아가기 위해 필요한 것으로 정해진 규칙을 지키고 공동체 구성원이 공유하는 행위의 기준과 도덕적 가치를 내면화하는 것(교육부·보건복지부, 2013)으로 영유아가 건강을 유지하고 사회관계를 유지하기 위해 기본적으로 몸에 익히고 지켜야 할 생활태도를 의미한다(보건복지부·육아정책연구소, 2013).

이순형 등(2013)은 기본생활습관이란 유아기에 몸으로 익혀야 할 습관 중의 하나로 습관과 전통의 형태로 이어져 내려온 사회규범과 원리에 따라 행동하여 이를 습관화하는 것을 말하는 것이라고 하였다. 즉, 기본생활습관은 유아가 사회인으로서 원만한 사회생활을 하기 위해 기본적으로 지켜야 할 행동들을 몸으로 익혀 습관화하는 것을 일컫는 것이다.

영유아기는 발달이나 성숙이 급속하게 진행되며 일상생활의 기본습관과 태도가 형성되는 중요한 시기로 이 시기에 형성된 기본생활습관은 이후의 신체발달, 지적 발달, 인격 형성과 사회성 발달에 중요한 역할을 한다. 또한 이 시기에 형성된 기본생활습관과 태도는 이후에도 쉽게 변하기가 힘들고, 잘못 형성된 습관은 또 다른 나쁜 습관을 형성할 가능성이 있다(보건복지부·육아정책연구소, 2013).

김지은(2015)은 기본생활습관은 도덕성 가치관 인격 형성의 기초가 되기 때문에 교육에 있어서 매우 중요하다고 볼 수 있고 개인적·사회적 차원에서의 도덕성 가치관 인격 형성의 바탕이 되기 때문에 기본생활습관 형성에 있어서 효율적임과 동시에 중요함을 강조하였다. 즉, 기본생활습관은 습득력이 빠르고 가소성이 풍부한 유아기에 올바르게 형성될 수 있도록 해야 하며 유아기의 발달적 측면과 인격 형성에 있어서도 매우 중요한 역할을 한다.

(2) 기본생활습관의 내용

국립교육평가원(1995)에서는 기본생활습관을 청결, 질서, 예절, 절제의 네 가지 하위영역으로 구분하였는데, 구체적인 내용을 살펴보면 〈표 7-1〉과 같다(송진옥, 2017).

〈표 7-1〉 기본생활습관의 영역

기본생활습관의 영역	내 용
청 결	• 건강 유지와 유아 스스로 신체 청결과 주변 청결을 유지하는 것 • 몸과 주변을 깨끗이 하기, 바른 식생활하기, 건강한 일상생활하기
질 서	• 공공 생활의 출발점과 사회를 유지시키는 데 기본이 되는 개념 • 약속이나 규칙 지키기, 차례 지키기, 교통 규칙 지키기 등
예 절	• 다른 사람에게 사랑, 공경, 이해, 존중을 행동을 통해 표현하는 것 • 친구, 어른께 예의 바르게 행동하기, 식사예절 지키기, 친구들과 사이좋게 지내기, 바르고 고운 말 쓰기 등
절 제	• 자신의 행동과 생각을 알맞게 조절하는 것 • 물건 아껴쓰기, 나의 감정 조절하기, 나와 다른 사람의 감정 알고 표현하기, 안전하게 놀이하기, 절약하는 태도 기르기 등

(3) 기본생활습관의 지도 방법

올바른 기본생활습관의 형성을 위해서 교사는 다양한 방법으로 올바른 지도를 하여야 한다. 기본생활습관은 영유아기의 중요한 교육내용으로 다루어져야 하고, 교사는 영유아가 일상생활 속에서 바람직한 생활습관을 형성할 수 있도록 지도해야 하며, 기관에서뿐만 아니라 가정과의 연계도 중요하므로 부모와 지속적으로 연락을 해야 한다. 올바른 생활습관을 형성하는 데 오랜 시간이 걸리거나 어려움이 있는 영유아의 경우에는 더 많은 관심과 지도가 요구된다. 즉, 유아교육기관에서 적절한 효과를 볼 수 있도록 지속적이고 반복적이며, 일관성 있게 지도하여 제대로 습관화될 수 있도록 해야 한다(이영경, 2021).

본 장에서는 수면습관, 식사습관, 청결습관으로 나누어서 관련된 내용을 살펴보고자 한다.

2 수면습관

(1) 수면의 의미

수면은 인간의 기본적인 욕구로 생존에 필요한 에너지를 만드는 행위이다. 수면시간 동안 대뇌활동이 활성화되고 성장호르몬의 80%가 분비되기 때문에 수면이 부족하면 집중력 부족, 과잉행동과 같은 다양한 문제행동을 일으킬 수 있다(Sadeh et al., 2002)

좋은 잠은 수면의 양과 질 모두를 의미한다. 수면은 얼마나 오랫동안 수면을 취했는가 하는 수면의 양과 얼마나 깊은 수면을 취했는가 하는 수면의 질을 함께 고려해야 한다. 수면은 신경활동이 활발하게 이루어지는 시간으로 회복활동, 기억강화활동, 뇌 청소와 신경화학적 차원의 독소 제거 활동, 인지 기능 유지 및 보수 활동 등이 활발하게 이루어지는 시간이다. 수면이 부족하면 면역체계가 약화되기 때문에 감기 같은 질병에 걸릴 가능성이 높아진다. 또한 식욕을 억제하는 렙틴 호르몬이 적게 분비되어 체중이 늘어나게 된다(Huffington, 2016)

김윤희(2015)는 충분한 수면은 건강에 중요하며 기억과 학습에 중요한 역할을 도와 수면의 질은 매우 중요하다고 설명하였다. 낮 동안의 활동과 더불어 밤에 적절한 수면과 휴식을 취하지 못하면 집중력에 장애가 생기고 판단력 저하로 불안정하고 일상생활을 하는 데 지장을 초래한다. 장기간의 수면 부족으로 만성적인 피로에 시달리며 신체의 회복과 통합적 능력의 약화, 기억력의 손상, 피해의식, 주의력 장애 등의 스트레스가 증가한다고 설명하였다.

(2) 유아기 수면 특징

수면습관은 해가 뜨고 지는 자연 리듬과의 조화를 갖는 것이 중요하고 영유아에 따라 개인차가 있으나 일반적으로 2~3세 유아는 하루에 12~15시간,

4~5세 유아는 10~12시간의 수면이 필요하다(정미라·배소연·이영미, 2002).

영유아마다 생활 리듬이 다르기 때문에 잠자는 횟수와 시간은 차이가 많이 난다. 따라서 잠자는 횟수와 시간을 다른 아이와 비교하기보다는 한 번을 자더라도 푹 잘 수 있도록 배려해야 한다.

연령에 따른 영유아의 적당한 수면시간은 〈표 7-2〉와 같다.

〈표 7-2〉 영유아의 수면시간

연 령	낮잠 횟수	총 낮잠시간	밤잠시간	총 수면시간
생후 3개월	3회	5~6시간	10~11시간	15시간 이상
생후 6개월	2회	3~4시간	10~11시간	14~15시간
돌 전후	2회	2~3시간	11~12시간	13~14시간
만 2세	1회	1~2시간	11~12시간	13시간
만 3세	1회	1시간 내외	11시간	12시간
만 4세	1회	30분 내외	10~11시간	11시간
만 5세	1회	30분 내외	9~9.5시간	10시간

(3) 수면습관 문제

유아들이 건강한 수면을 취하지 못하면 성장발육이 늦어지거나 비만한 체질이 되기 쉽고 면역기능도 약해지기 쉽다. 그뿐만 아니라 집중력이나 기억력도 떨어지며 정서적으로 초조해하거나 불안감을 느껴 공격적인 성격이 나타날 수 있다. 밤에 수면을 잘 취하지 못하는 유아일수록 학교 성적이 좋지 않을 가능성이 높다(Pagel, 2014). 유아기에 수면은 성장, 뇌 발육, 면역기능, 그리고 감성을 형성하는 데 매우 중요한 역할을 한다. 성장호르몬은 깊은 잠을 자는 첫 단계, 즉 잠들고 나서 1시간 정도가 지난 뒤에 가장 많이 분비된다. 키가 작고 집중력이 떨어지며 주의력이 산만한 아이들의 40~50%가 수면 장애를 호소하고 있다(한진규, 2016).

유아기에 수면과 관련하여 나타나는 문제는 잠자리에 들지 않으려고 하거나 밤에 자주 깨는 것이다. 5세 유아의 약 25%는 어떤 형태로든 수면 장애를 가지고 있다(Mindell, 1993). 유아의 수면부족은 짜증, 과잉행동 등의 행동문제와 학업 수행에서의 결손, 창의성 부족과 같은 인지적 결함을 가져올 수 있다(Stores, 2001). 유아의 경우 불면증이나 기면증은 드물며, 주로 잠이 들기까지가 어려운 경우가 대부분이다. 특히 유아의 약 20% 정도가 잠에서 쉽게 깨어나는 어려움을 겪고 있다. 또한 늦게까지 잠을 안 자려고 버티는 유아들도 있다. 유아가 잠든 후에 엄마가 자신을 떼어놓고 어디로 도망가거나 소중한 것이 사라져 버릴지도 모른다는 불안 때문에 잠에 들지 못하는 것이다. 수면 장애는 부모들이 심각한 병으로 생각하기 쉬우나 대개 일시적인 현상이며 나이가 들면서 점차 호전된다. 그러나 이러한 문제들이 장기적으로 지속되거나 증상이 심한 경우에는 아이뿐만 아니라 가족 모두가 고통스럽기 때문에 상담을 받도록 한다.

이처럼 유아의 수면 문제는 수면 부족 문제로 이어져 불안과 행동문제를 초래할 수 있고, 유아기의 수면 문제 경험은 이후 성인이 되어서도 만성피로에 시달릴 확률이 높다고 설명(유수옥·조유나, 2014)하고 있어 올바른 수면습관을 가질 수 있도록 도와주어야 한다. 잘못된 수면습관은 지적, 사회·정서적, 신체적으로 온전한 인간발달의 걸림돌로 작용하여 전인적 인간발달의 중요한 시기인 유아기 자체의 큰 문제가 될 수 있다(이정숙·김성재, 2009).

■ 야뇨증(enuresis)

정상적으로 소변을 가리는 시기는 2~3세인데 5세 이상의 유아가 일주일에 2회 이상 소변을 실수하고 이 증상이 3개월 이상 지속되었을 때 야뇨증이라고 본다. 소아 야뇨증은 우리나라 유치원, 초등학교 남자 어린이의 15%, 여자 어린이의 10%에서 나타나며, 중학생의 경우 1% 이하에서 관찰되고, 성인의 경우 약

0.5% 정도에서 발견되는 것으로 알려져 있다(국가건강정보포털, health.mw.go.kr).

■ 악몽(nightmare)

4~6세경 상상력이 풍부하고 환경에 민감한 나이가 되면 일상생활에서 일어나는 여러 현상에 대한 공포감이 생기게 된다. 흔히 귀신, 괴물, 도깨비에 대한 공포가 시작되는 시기가 바로 이 시기로 낮에 겪었던 불안한 일이 꿈으로 재현된다. 잘 자던 유아가 갑자기 운다거나 소리를 지르며 칭얼거리는데 대부분의 경우에는 깨어나지 않고 엄마가 다독거리거나 안아주면 다시 잠이 든다. 깨어난 당시에 혹은 다음날 아침에 어젯밤 무서운 꿈을 꾼 것을 기억한다. 악몽은 정상 유아에서도 흔히 관찰되며 모든 연령에서 나타나며 대개 수면 후반기에 나타난다. 가끔 악몽을 꾸는 경우는 유아에게 흔히 있는 현상이므로 걱정할 필요는 없다. 그러나 계속적으로 매일 밤 악몽에 시달려 자주 깨고 보챌 때는 유아의 심리적 불안 요인을 찾아 해결하여야 한다.

■ 야경증(night terror)

야경증은 수면 중에 갑자기 일어나서 강한 발성과 동작, 고도의 자율신경 반응을 동반하는 심한 공포와 공황상태를 보이는 증상이다. 수면 중 경악장애라고도 한다. 수면의 처음 1/3 부분에서 공포에 질린 비명과 함께 잠에서 깨어나 일어나 앉으며 깨어나면 보통 그 상황을 기억하지 못한다. 소아의 1~6% 정도가 경험하는 것으로 알려져 있고 남자아이에게 더 흔하게 나타난다(서울대학교병원 의학정보). 악몽인 경우 부모가 옆에서 토닥거리거나 껴안고 잠시 다독거려 주면 다시 잠들고, 공포의 정도도 야경증만큼 심하지 않지만 야경증인 경우 유아는 악몽보다 한 단계 더욱 심각한 수준으로 놀라는 행동을 보인다. 꿈의 내용 때문에 자다가 비명을 지르고 깨어나서 맥박도 빨라지고, 동공도 확대되며, 땀을 흘리고, 호흡도 거칠어지는 등 공포발작을 일으킨다. 악몽의 경우에는 유아가 꿈 내용을 기억해 내지만 야경증인 경우 지난 밤 일을 전혀 기억해 내지 못한다. 야경증은 4~12세의 1~6%에서 발생하는데, 대부분의 경우에는 사춘기가 되면 자연적으로 사라진다.

■ 몽유병(nightwalking)

5~12세 중 15%에서 볼 수 있는 흔한 증세로 나이가 들면서 점차 줄어 성인 0.5%에서 몽유 증세를 보인다. 성인의 경우 심각한 정신과적 문제가 있을 수 있으나 소아의 경우는 흔한 증세이며 어른이 되면서 자연히 사라지므로 크게 걱정할 문제는 아니다. 전형적인 증상은 갑자기 잠자리에서 일어나 눈동자는 멍한 상태이거나 눈을 감은 상태에서 이불자락을 끌어당기는 등의 목적 없는 행동을 반복하는 것이다. 때로는 멍한 상태에서 상당히 복잡한 일도 한다. 예를 들어, 잘 자던 유아가 갑자기 잠자리에서 일어나 멍한 상태에서 소꿉놀이를 하고 TV를 켜서 본다든지 하는 행동을 하며 부모가 말을 걸면 몇 마디 대답도 한다. 즉, 멍하니 목적 없는 행동을 하는데 이때 옆에서 흔들어 깨우려 해도 잘 안 되고 몇 분 지나면 자연히 제자리로 돌아가 잔다. 아침에 깨어 어제 있었던 일에 대하여 물어보면 유아는 전혀 기억을 못 한다.

(4) 수면습관 문제의 지도

- 가정 또는 학교로부터의 환경적인 스트레스나 심리적인 문제가 원인이라면 담임 교사, 의사 등 관련 전문가들과 상의하여 원인을 찾아야 한다.
- 부모와 함께 잘 때 TV를 틀어놓거나 불을 켜놓고 재우지 않는다.
- 수면을 방해하는 빛을 차단하고 아침이 되면 햇빛을 충분히 쬐게 하여 호르몬 분비를 원활하게 해준다.
- 부드러운 촉감의 침구나 잠옷, 조명, 안고 자는 인형 등을 준비해서 기분 좋은 감각을 느낄 수 있도록 한다.
- 유아가 졸려하는 때를 잘 잡아서 바로 그때 잠을 재운다.

- 잠을 잘 때쯤 되면 유아에게 잠을 잘 시간이라는 것을 알리고 그 시간에 잠을 잘 준비를 하도록 습관을 들인다. 이때 예쁜 잠옷을 입히거나 이 닦기, 책 읽어주기 등의 방법으로 수면을 유도하면 좋다(잠자리 의식).
- 잠자는 시간이나 장소를 일정하게 해준다.
- 늦게 귀가한 부모가 자는 유아를 깨우지 말아야 한다.
- 잠을 자기 전에 따뜻한 목욕이나 가벼운 운동을 시켜도 좋다.
- 수면 장애를 겪고 있는 유아의 경우 높은 수준의 우울증 발생 빈도를 보인다는 점을 고려하여 우울증 검사를 받도록 한다.
- 수면 장애가 극히 심각한 경우에는 최후의 수단으로 약물 치료 등의 의료적 도움을 받도록 한다.

3 식사습관

(1) 식습관의 개념

식습관이란 음식의 기호, 음식에 대한 태도, 식사태도 등을 포함하는 것이다. 식습관은 어떤 특정한 장소에서 가장 적절한 형태의 식품을 섭취할 수 있도록 학습과정을 통해 습득한 식생활 행동의 체계에 의해 의식적이기보다 거의 자동적으로 반복되는 것이다(복혜자, 2002).

식생활 행동은 식품을 취급하는 여러 가지 행동, 즉 먹는 행위와 이들 행동을 추진하는 능력 등의 형성이나 어느 집단의 구성원이 향유하는 식생활의 방식과 내용을 의미(김두례, 2001)하는 것으로 유아기에 올바른 식습관 형성을 통해 유아들이 충분한 영양공급을 이루고 올바른 발달에 도달할 수 있도록 노력해야 한다.

(2) 식습관의 중요성

유아기는 지속적인 성장과 활동량이 증가하면서 영양 섭취가 매우 중요한 시기이다. 유아에게 필요한 에너지 요구량은 나이, 성별, 신체크기, 신체발달, 기초대사량, 활동량 등에 의해 결정되는데 일반적으로 1~2세에는 1,000kcal, 3~5세에는 1,400kcal를 필요로 한다. 유아가 섭취해야 하는 영양소의 절대량은 성인에 비해 적지만, 체중 1kg당 필요량은 성인에 비해서 훨씬 많다(권정윤 외, 2013).

식습관은 하루아침에 이루어지는 것이 아니라 서서히 습관화되며, 특히 질병에 걸렸을 때 가장 큰 어려움을 겪게 되므로 바람직하지 못한 식습관을 변경하려는 시도는 필요하다(최정화, 2011). 균형 잡힌 영양 섭취를 통하여 올바른 식습관이 형성된다면 유아들은 각종 질병에 대한 저항력이 높아질 뿐만 아니라 원만한 성격의 소유자가 될 수 있다(신은수 외, 2012). 건강한 식습관 형성은 일생 동안의 적절한 성장과 발달을 돕고 건강을 증진시키며, 영양결핍, 빈혈과 같은 건강문제의 발생을 예방해 주어 평생 건강의 기초가 되고(국민건강보험공단, 2012), 식습관이 잘 형성되어 있고 아침 식사 횟수가 많을수록 유아의 문제행동이 낮았다(황혜정, 2016).

(3) 식습관 문제

식습관과 관련된 문제는 정상 영유아의 25~35%에서 나타날 만큼 흔한 문제이다. 유아들이 음식을 거부하는 증상은 연령별로 다소 차이가 있으나 대부분 고개 돌리기, 음식 물고 있기, 구역질, 뱉어내기, 음식을 던지거나 밀어내기, 30분 이상의 지나치게 긴 식사 시간, 울고 보채기 등이 대표적이다. 이러한 행동의 원인은 유아들이 적은 식욕을 갖고 있기도 하지만 음식을 거부하는 행동을 조장하거나 강화시키는 양육자의 잘못된 행동 등의 외부적인 원인들이 대부분이다. 유아가 또래보다 작을 것에 대한 지나친 우려, 이유기의 적절치 못한 이

행(모유에서 젖병 수유로의 이행, 젖병에서 고형식으로 이행), 먹기 힘든 원인이 될 만한 기질적 질환을 앓고 난 후, 심한 사레가 걸렸거나 아픈 경험을 했던 것들이 흔한 외부적인 원인들이다. 양육자의 잘못된 섭식 행동들을 유형별로 정리해 보면 유아가 깨어 있는 상태에서는 안 먹거나 적게 먹기 때문에 주로 졸릴 때 수유하는 경우, 유아의 의사와 상관없이 배고픔을 느낄 수 없을 정도로 하루 종일 따라 다니면서 이런저런 음식을 시도하는 경우, 강제로 입을 벌리게 하거나 강압적인 먹이기를 하는 경우, 유아의 감정이나 배고픔보다는 정확한 식사 간격과 계획에 의해 먹이는 경우, 음식 자체에 대한 즐거움보다는 다른 것들로 흥미를 유도하여 먹이는 경우, 유아가 거부 의사를 보여도 지속적으로 식사 시간을 30분 이상 지루하게 끄는 경우 등이 대표적이다(이지현, 2000).

유아기에 식습관과 관련되어 대표적으로 나타나는 문제행동은 편식과 비만이다.

■ 편식

편식은 음식에 대한 기호가 강하기 때문에 식사의 내용이 한쪽으로 치우치는 식생활방법이다. 의학적으로는 영양의 균형이 깨져 발육이나 건강에 영향을 주는 경우에 문제가 된다(두산세계대백과, 2020). 그러나 보통은 생선을 싫어하면 고기를 좋아하고 삶은 당근은 안 먹지만 이것을 잘게 썰어 다른 재료와 섞으면 먹는다든지, 또는 영양소의 부족이 간식으로 보충되든지 하므로 지나치게 신경을 쓸 필요가 없는 경우가 많다. 일반적으로 음식에 대한 선호가 있는 것이 당연하므로 무리하게 교정할 필요는 없다. 편식의 원인 중 하나는 알레르기에 대한 잠재적 방위반응으로, 락토스 분해효소가 없는 경우 우유를 마시면 설사를 일으키기 때문에 먹지 않을 수 있다.

유아들이 먹기 싫어하는 식품은 채소 및 과일류, 어육류, 곡류의 순으로 나타난다. 특히 채소 및 과일류 중 모든 종류의 채소와 콩, 과일의 순으로 싫어한다고 보고되었다(오유진·장유경, 2006).

푸드 네오포비아는 새로운 음식에 대해 거부감을 느끼는 것으로 생후 6~7개월에 시작하여 2.5세경에 가장 높다. 이 시기에 다양한 음식을 접하지 않으면 성인까지 유지될 수 있다. 어릴 때부터 과자에는 익숙하지만 채소를 먹어본 경험이 부족하기 때문에 채소의 쓴맛을 본능적으로 독성을 가진 식품이라고 느끼게 되어 더욱 거부하게 된다. 유아들은 새로운 음식을 여러 번 거부할 수 있으므로 몇 번 주고 포기하지 말고 8번 이상 반복해서 주는 것이 중요하다(EBS 아이의 밥상 제작팀, 2010).

유아들에게 음식을 보상으로 사용하는 것은 좋은 방법이 아니며 골고루 먹어야 하는 필요성에 대해 이야기해 주고 식재료에 대해 익숙하게 하는 요리활동이나 재배활동을 통해 익숙해질 수 있게 도와주어야 한다.

★ 참고 동영상 ★

EBS 다큐 프라임 – 아이의 밥상 1부 '편식의 비밀'

교사를 위한 tip **푸드브릿지로 편식습관 고치기**

푸드브릿지란?

같은 재료를 이용해 단계별로 다양한 음식을 제공하여 싫어하는 음식을 친숙하게 만드는 방법을 의미한다.

1단계–친해지기

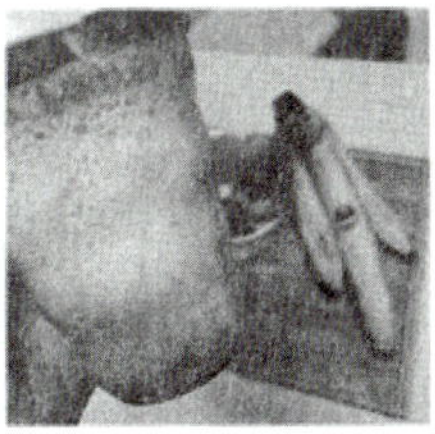

2단계–간접 노출

3단계–소극적 노출

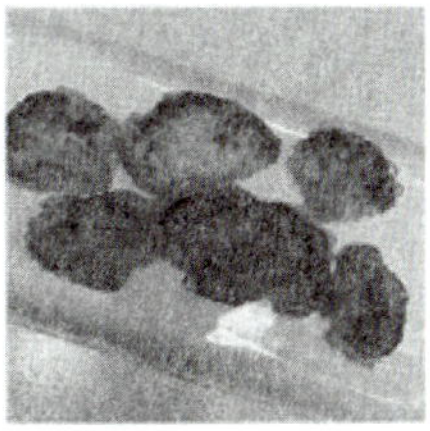

4단계–적극적 노출

출처 : 공직신문(2023. 2. 21). https://www.ndnnews.co.kr/news/articleView.html?idxno=416064

■ 비만

비만이란 단지 체중이 많이 나가는 것을 말하는 것이 아니라 지방세포의 수가 증가하거나 크기가 커져 피하층과 체조직에 과도한 양의 지방이 축적되어 있는 상태를 말한다. 정상적으로 신체 지방의 양이 증가하는 시기인 1세 이전, 5~6세, 사춘기에 열량의 과도한 섭취와 운동 부족 등으로 인한 에너지 소비의 불균형이 초래되면 잉여 열량이 체지방으로 축적되므로 소아 비만이 가장 많이 발생하게 된다.

소아 비만은 영아기, 5~7세, 사춘기에 가장 많이 발생하며, 50% 이상이 6세 이전에 시작된다. 생후 1년에 체지방률이 25~26%까지 증가하므로 토실토실하게 보여 비만처럼 보이지만 첫돌이 지나면 대부분 정상 체형으로 된다. 그러나 너무 살찐 아이의 경우 유아 비만으로 진행되기도 한다. 1세부터 6세까지는 체중에 비해 키가 상대적으로 빠르게 성장하므로 정상 체형으로 되지만, 3세경부터는 비만에 주의하여야 한다. 6세부터는 체중이 키보다 빠르게 증가하다가 다시 체지방이 증가하므로 4세에서 11세 사이에 시작된 비만의 대부분이 성인 비만으로 진행하여 고도비만으로 되는 경우가 많기 때문에 주의할 필요가 있다(국가건강정보포털, health.mw.go.kr).

영아기에는 자신에게 필요한 양을 스스로 계측할 수 있는 1인분 계측능력이 있으나 만 3세 정도가 되면 사라진다. 3~4세에 위가 커지면 주변 영향을 받게 되어 주는 만큼 먹게 되고 알록달록하거나 먹음직스러운 것에 식욕을 느끼게 된다(EBS 아이의 밥상 제작팀, 2010).

유아기에 임상적인 문제가 되는 섭식장애를 진단하기는 어렵지만 Wolfson은 다음의 진단기준 중 이상행동이 적어도 한 가지 이상 해당되는 경우라고 보고 있다(이지현, 2000).

첫째, 음식 거부가 1개월 이상 지속되는 경우

둘째, 음식 거부의 원인이 되는 기질적 질환의 증거가 없거나 기질적 질환에 대한 약물 치료에 반응이 없는 경우

셋째, 증상의 시작이 2세 이전이고 발현이 6세 이전인 경우
넷째, 부모의 비정상적인 섭식 행동이 있거나 먹기 전 구역질을 하는 경우

영유아기에 나타나는 섭식장애로는 이식증(pica)과 반추 장애(rumination disorder), 급식 장애(feeding disorder)가 있다(Gimpel & Holland, 2007).

- 이식증 : 1개월 이상 비영양적 물질을 지속적으로 먹는 경우
- 반추 장애 : 정상적으로 기능하는 기간 후에 적어도 1개월 동안 음식물의 반복적인 역류와 되씹기 행동이 있는 경우
- 급식 장애 : 위장 장애와 같은 의학적인 원인이 없는데도 지속적으로 적절하게 먹지 못하는 것으로 적어도 1개월 이상 심각한 체중 획득의 실패 또는 체중 감소가 함께 나타나는 경우

★ 참고 동영상 ★
EBS 다큐 프라임 – 아이의 밥상 2부 '과식의 비밀'

(4) 식습관 문제의 지도

- 유아의 음식에 대한 자율성을 좀 더 존중하고 일단 유아가 음식을 거부하는 신호를 보내면 멈추고 유아의 신호에 맞추어 다음 식사를 권한다.
- 식사 시간이 30~40분 정도라는 것을 미리 알려주고 불필요하게 길게 끌지 않도록 한다.
- 유아가 혼자 밥을 먹도록 하지 않고 함께 상호작용을 하면서 먹도록 한다.
- 먹는 행동과 관련되어 직접적인 상이나 벌은 지양하고 유아의 노력에 대해서 칭찬해 준다.
- 유아가 먹기에 간이 너무 센 것은 아닌지 살펴본다.

- 씹는 느낌을 느낄 수 있도록 씹는 소리, 씹는 방법을 즐겁게 경험하도록 도와준다.
- 입술이나 혀에 음식의 감각을 천천히 느낄 수 있도록 도와준다.
- 식욕은 시각적 자극의 영향을 많이 받으므로 유아가 좋아할 수 있는 식탁의 분위기나 식기를 준비한다.
- 음식을 너무 많이 담아주면 부담을 느낄 수 있으므로 조금만 담아주고 경험해 볼 수 있도록 한다.
- 식물재배활동이나 요리활동에 참여하여 식재료에 대해 익숙해질 수 있도록 한다.
- 삼키는 데 어려움을 느끼거나 씹기 어려워하는 유아는 이유식과 같은 음식을 주면서 고형식으로 전환시킨다.

4 청결습관

(1) 청결의 개념 및 중요성

청결은 주변의 더러워진 환경을 스스로 정리정돈하고 청소하며 깨끗해진 환경을 지속해서 유지하고 발전시키는 것이며, 정리와 청소의 지속적인 활동을 이룬 결과로 주변에 먼지, 쓰레기 등 더러움이 없고 깨끗해진 환경에 대한 결함이나 문제점을 한눈에 발견할 수 있도록 하는 것이다(이영경, 2021).

청결은 건강과 관계가 깊고 유아가 자기 스스로 몸을 깨끗하게 할 수 있는 것으로 유아가 자기 자신과 주변 환경을 깨끗하게 유지시키는 것을 말한다.

(2) 청결의 교육내용

청결의 내용으로는 손 씻기, 이 닦기, 목욕하기, 옷 갈아입기와 같은 자기 몸에 대한 청결과 정리하기, 휴지 아무 데나 버리지 않기, 공공 시설물 깨끗이 사용하기와 같은 주변 환경에 대한 청결로 나뉜다. 청결한 생활을 하는 것은 다른 사람에게 피해를 주지 않기 위해서 중요할 뿐만 아니라 감기나 눈병 등 계절의 유행성 질병을 예방하는 차원에서도 꼭 필요하다.

유아교육기관에서는 청결에 대한 교육을 제공하여 올바른 습관을 형성하는 데 도움을 주는 것이 필요하며, 양치질하기, 손과 신체 청결에 대한 인식이 중요하므로 가정과 연계하여 교사는 유아에게 적극적으로 교육을 제공하여 올바른 태도를 형성하도록 해야 한다(김은지 외, 2018).

청결의 교육내용으로는 신체 청결, 의복 청결, 생활환경 청결, 공동체생활 청결의 네 가지로 구분된다(이영경, 2021).

신체 청결은 신체의 일부분인 손과 발의 청결 도구와 청결 방법, 세수와 양치질을 올바르게 하는 방법, 머리 감기에 대한 필요성에 대한 내용이 포함된다. **의복 청결**은 속옷을 갈아입어야 하는 이유, 양말 갈아신기, 겉옷의 필요성과 입는 방법, 외투 입기에 대한 내용이 포함된다. **생활환경 청결**은 자기의 옷과 가방, 신발 정리의 필요성, 장난감의 정리정돈에 대한 필요성, 이불과 베개의 정리정돈에 대한 내용이 포함된다. **공동체생활 청결**은 나의 학용품 정리의 필요성, 장난감 정리정돈의 필요성과 중요성, 교실 청결의 필요성, 분리수거의 중요성과 필요성을 알고 혼자 있는 공간이 아닌 공동체 공간에서 함께 협동하여 청결을 유지하는 내용을 포함한다.

(3) 청결습관의 지도

청결습관은 영유아의 건강과도 직결되기 때문에 신경을 써야 하지만 수면습관, 식습관이나 대소변습관에 비해서 습관 들이기가 훨씬 어렵다. 아이가 배가 고프면 밥을 먹고 싶다는 욕구를 느끼고 졸리면 자야겠다는 욕구를 스스로 느끼는 것에 비해서 '청결'은 유아가 스스로 욕구를 느끼지 못하고 잘 씻지 않았다고 해서 크게 불편함을 느끼지 못하기 때문이다. 따라서 청결습관은 대부분 교사나 부모의 요구에 의해서 시작을 하게 된다.

청결을 지도할 때에는 설명식 방법, 시범식 방법, 활동식 방법으로 유아가 설명을 듣고 직접 시연해 보며, 연계된 활동을 통해 흥미를 갖고 청결에 대해 학습하고 인지할 수 있도록 한다. 유아 스스로 씻어야겠다는 필요성을 느끼지 못하기 때문에 청결습관은 꾸준히 인지시키면서 지도해 나가야 하는 습관이고 어려서부터 몸에 배게 하는 것이 그 무엇보다도 중요하다.

(4) 청결습관 문제

■ 씻지 않으려는 유아

영유아는 왕성한 호기심과 활동력으로 흙장난이나 물놀이 등의 놀이에 흥미를 갖는 시기이므로 영유아들이 쉽게 더러워지는 것이 보통(보건복지부·육아정책연구소, 2013)이며, 대부분의 영유아는 손 씻기, 세수하기를 즐겁게 받아들이지만 유아에 따라서는 씻는 것을 귀찮아하고 씻지 않으려고 한다.

다른 유아들에 비해 특히 지저분하거나 씻지 않으려는 문제가 장기적으로 지속된다면 이 또한 문제행동으로 생각할 수 있으며 정확한 원인 파악을 근거로 교사의 적절한 지도가 요구된다. 유아가 손을 씻지 않으려는 이유를 안다면 유아를 이해하고 도와줄 수가 있다. 손을 씻는 것이 귀찮아서일 수도 있지만 손 씻는 것이 어려워서일 수도 있다. 세면대의 높이가 유아에게 맞지 않아서 발을 들어야 하고 수도꼭지도 잘 닿지 않아 어려울 수 있으며 물은 틀어도 수압조절이 어려워 잘못하면 다 튀어서 옷이 젖을 수도 있고 그것을 물장난한다고 오해받을 수도 있다. 또한 물은 너무 빨리 나오고 비누는 너무 미끄러워서 손에 잡히지도 않고 자꾸 빠져 떨어뜨리기도 한다. 비눗물이 안 나올 때까지 씻어야 하는데 씻으면 씻을수록 더 거품이 나기도 한다.

손 씻기와 마찬가지로 목욕 또한 하지 않으려 하여 지저분하거나 심지어 냄새가 나는 경우도 있다. 잘 씻지 않으려고 하는 유아에게는 무엇보다도 머리와 몸을 깨끗이 하는 것이 건강을 위해서 중요하다는 것을 알려주고 목욕이 무섭고 힘든 경험이 아닌 즐거운 경험이 될 수 있도록 해주어야 한다. 청결습관은 한 번 또는 몇 번으로 되는 것이 아니므로 일상생활 중이나 활동을 통해서 꾸준히 지도하고 습관화될 수 있도록 하여야 한다.

영유아의 연령에 따른 청결습관 지도 방법은 다음과 같다.

〈표 7-3〉 연령별 청결습관 지도 방법

연 령	지도 방법
0~2세	• 더러운 것을 만지거나 식사 전후로 손을 닦아주어 물과 친해지게 함 • 규칙적으로 손과 얼굴, 몸을 씻어주어 언제 씻는 것인지를 알려줌
3세	• 스스로 씻는 것을 시도하도록 격려하고 칭찬해 줌 • 뒷마무리는 교사가 해주는 것이 좋음
4~5세	• 서툴더라도 혼자서 닦게 하는 것이 좋지만, 뒷마무리는 교사가 해주는 것이 좋음

출처 : 보건복지부 · 육아정책연구소(2013). 영유아 문제행동지도 프로그램 개발.

■ 이를 닦지 않으려는 유아

양치질은 하루에 세 번 이상 해야 할 만큼 중요하지만 양치질을 하기 싫어하는 유아들의 경우에 세 번이나 이를 닦는 것은 너무나 힘이 든다. 치아는 음식물을 잘게 부수어 주고 음식물을 통하여 충분한 영양을 섭취할 수 있도록 하는 중요한 역할을 한다. 건강을 유지하기 위해서는 건강한 치아를 가지고 있어야 하는데 이를 위해서는 충치가 생기지 않도록 미리 예방하는 것이 중요하다. 유치가 손상되더라도 영구치가 나면 괜찮을 것이라고 생각하여 유치 관리를 소홀히 하는 경우가 있는데 유치 관리를 잘못하면 영구치 손상과 치열의 비정상 등의 문제가 생길 수도 있다(보건복지부·육아정책연구소, 2013).

유아들뿐만 아니라 성인들 중에서도 양치질을 하기 싫어하고 게을리하는 사람들이 많다. 이는 어려서부터 습관형성이 잘 되지 않았기 때문이다. 유아들이 이를 닦기 싫어하는 원인은 다르고 또 원인이 한 가지가 아니므로 이를 파악하기는 쉽지 않다. 손 씻기를 싫어하는 이유처럼 세면대가 높고 불편해서일 수도 있고, 그냥 귀찮아서일 수도 있고, 깨끗이 닦아야 한다는 생각으로 교사나 엄마가 너무 아프게 닦아주는 경우도 있다. 그러나 대부분은 양치질의 중요성을 잘 몰라서 하루 정도 안 닦아도 괜찮을 것이라고 생각하기 때문이다.

양치질을 해야 하는 이유를 안다면 굳이 말하지 않아도 유아는 스스로 양치질을 하게 된다. 그러므로 이를 닦지 않으면 어떤 일이 생기는지 이야기를 해주고 관련된 그림책을 읽어주거나 의사가 기관으로 와서 직접 설명해 주는 것이 효과적이다. 유아가 이를 잘 닦도록 하기 위해서는 교사가 너무 어렸을 때부터 칫솔질을 시키려는 욕심을 버리고 즐겁게 할 수 있는 환경을 만들어 주는 것이 중요하다.

영유아의 연령에 따른 이 닦기 지도 방법은 다음과 같다.

〈표 7-4〉 연령별 이 닦기 지도 방법

연 령	지도 방법
0세	• 영아는 자기 자신이 칫솔질을 할 수 없으므로 성인이 해주어야 하는데, 아기의 몸을 안전하게 붙잡고 집게손가락에 젖은 천이나 가제를 싸서 하루에 한 번 정도 이와 잇몸을 닦아줌 • 치아가 많이 돋으면 부드러운 소형 칫솔을 사용하고 치약은 사용하지 않는 것이 좋음
1세	• 영아용 칫솔을 쥐어주고 양치질 놀이를 할 수 있도록 하는데 마무리 칫솔질은 교사가 해주어야 함 • 매일 규칙적인 칫솔질 과정을 반복해 주는 것은 좋은 구강 습관을 키워줌
2~3세	• 칫솔질을 한 후 뱉도록 하며, 이것이 가능하면 치약을 사용하는 것이 좋음 • 유아 혼자서도 닦을 수 있게 되지만 깊은 안쪽까지는 손이 미치지 않으므로 마무리는 교사가 해주도록 함
3~5세	• 유아가 스스로 이를 닦을 수 있는 기회를 주고 칫솔질의 요령을 설명해 주고 매일 규칙적으로 닦을 수 있도록 지도함 • 유아 자신의 칫솔을 보관할 장소를 마련하여 칫솔 관리를 지도하고 식사 후나 취침 전에 반드시 양치질을 하도록 하며 하루 3회 이 닦는 습관을 길러주도록 함 • 불소치약을 사용하기 시작하는 것이 좋지만 아직까지는 뱉는 능력이 어른보다 미숙하여 삼키게 될 수 있으므로 소량 사용하도록 함

출처 : 보건복지부 · 육아정책연구소(2013). 영유아 문제행동지도 프로그램 개발.

■ 지나치게 청결한 유아

유아가 손을 너무 자주 씻거나 또래 친구들이 더럽다고 생각하고 실외놀이 시 옷이나 신발에 흙이 묻거나 더러워질까 봐 제대로 움직이거나 놀지를 못하는 경우가 있다. 유아에 따라서는 지나치게 청결한 행동을 일시적으로 보일 수 있는데 장기화되지 않는다면 크게 걱정할 필요는 없지만 유아가 스트레스를 심하게 받고 일상적인 활동을 하지 못한다면 이를 문제행동으로 생각해야 한다.

지나치게 청결에 신경을 쓰는 유아의 경우에는 부모의 양육태도와 밀접한 관련이 있을 수 있으므로 교사는 유아 문제행동의 양상과 원인을 잘 살필 필요가 있다. 부모가 너무 청결한 생활을 하는 경우에 유아들은 그것을 보고 모방하게 되며, 옷이 더러워졌을 때 유아를 혼낸다거나 바로바로 옷을 갈아입혀 주는 경우에도 유아는 지나치게 청결하려고 한다.

손을 안 씻는 것도 문제지만 너무 자주 씻는 것도 문제가 될 수 있다. 손을 너무 자주 씻으면 손이 틀 수 있고 오히려 면역력을 약화시키며, 손이 더러워질까 봐 제대로 집중해서 무언가를 할 수가 없게 된다. 또한 어느 정도의 더러움이 늘 존재할 수밖에 없는 환경 속에서 건강을 지켜나가기 위해서는 오히려 무균무결함이 도움이 되지 않는다는 것을 인식시킬 필요가 있다(보건복지부·육아정책연구소, 2013). 그렇다고 손을 자주 씻고 청결한 유아에게 갑자기 손을 씻지 말라고 하는 것도 스트레스가 될 수 있으므로 교사가 적절한 모델링을 보여주어 손 씻기를 편안하게 받아들이도록 하고 유아가 손으로 즐겁게 할 수 있는 놀이를 교사와 같이 할 수 있는 기회를 마련해 준다. 교실에서 같이 물감놀이를 하는 것도 좋고 실외에서 같이 모래놀이를 하면서 모래성을 쌓는 것도 좋은 방법이다.

(5) 청결습관 문제의 지도

- 성인의 관점에서 강제적이고 지시적인 청결 지도를 하기보다는 영유아에게 청결해야 하는 이유를 설명하여 청결에 관심을 가질 수 있도록 동기를 부여한다.
- 관련 자료를 활용하여 씻어야 하는 이유를 과학적으로 설명해 유아의 이해를 돕는다.
- 영유아의 개인적 발달수준을 고려하여 지도해야 한다. 영아의 경우는 교사가 씻겨주지만, 2세경부터 스스로 해보도록 시도를 격려하며 3세 이후에는 유아가 먼저 해볼 수 있는 기회를 주고 이후 교사가 도움을 주는 것이 적절하다.
- 억지로 씻기거나 씻게 하면 청결에 대한 거부감을 가질 수 있으며 물이나 비누 등에 대해 두려움이나 공포감을 갖게 될 수 있으므로 씻는 행위를 즐거운 놀이로 여길 수 있도록 한다.
- 하루의 일과가 진행되는 동안에 규칙적으로 씻는 경험을 제공해 준다. 실외놀이 후, 식사 전후나 대소변 후에는 손을 씻도록 하고 식사 후에는 이를 닦도록 하는데 어떤 예외를 허용하지 않고 일관성 있게 지도하는 것이 중요하다.
- 영유아에게 청결습관에 대해서 알려줄 때에는 긍정적이고 명확한 언어로 한다. 하지 말아야 할 행동이 너무 많거나 명령조의 말을 들으면 영유아는 하기 싫어진다.
- 무섭거나 공포심을 느낄 수 있도록 지도해서는 안 된다. 이런 경우에 유아는 지나치게 자주 씻어서 피부가 건조해지거나 결벽증에 걸릴 수도 있다.
- 지나치게 청결습관을 강조하면 유아가 청결함에 집착하고 놀이 자체를 거부할 수도 있으므로 스트레스 받지 않고 편안하게 받아들일 수 있도록 한다.

교사를 위한 tip 기본생활습관 관련 그림책

<table>
<tr><th>분 류</th><th>그림책</th><th>내 용</th><th>저자, 출판사</th></tr>
<tr><td rowspan="2">수면습관</td><td>
</td><td>아기 곰을 통해 다양한 동물들의 잠자는 모습을 볼 수 있으며, 바른 잠자는 습관을 길러주는 데 도움이 되는 그림책이다.</td><td>마야 지음,
김영상 그림,
이룸아이</td></tr>
<tr><td>
</td><td>낮잠 자는 것보다 세상이 더 궁금하고, 더 알고 싶은 아이들의 마음이 담긴 이야기로 낮잠을 자기 싫어 우는 애널리즈를 위해 온 동네 어른들이, 온 동네가 나서서 애널리즈를 키우는 이야기이다.</td><td>크리스 그라번스타인 지음,
레오 에스피노사 그림,
우리동네 책공장</td></tr>
<tr><td rowspan="2">식사습관</td><td>
</td><td>매너는 우리 모두를 기분 좋게 하는 습관으로 함께 살아가는 사람들을 위해 배려와 애정을 나누는 일이다. 이 책에서는 식습관과 관련된 다양한 매너를 소개하고 있다.</td><td>정진이 지음,
국민지 그림,
더큰</td></tr>
<tr><td>
</td><td>인스턴트 음식에 길들어진 유아들이 몸에 좋은 음식을 꺼린다고 한다. 편식하는 유아를 위한 그림책으로 영양가 있는 다양한 음식을 먹을 수 있도록 도와준다.</td><td>로렌 차일드 지음,
국민서관</td></tr>
</table>

청결습관		최강 청결 히어로 '비누맨'과 함께 손바닥에 사는 우글우글 세균 덩어리 '때마왕'을 물리치고 1년 내내 튼튼하고 건강하게 지내는 방법을 소개하여 스스로 손 씻기를 도와주는 그림책이다.	우에타니 부부 지음, 전예원 옮김, 아이세움
	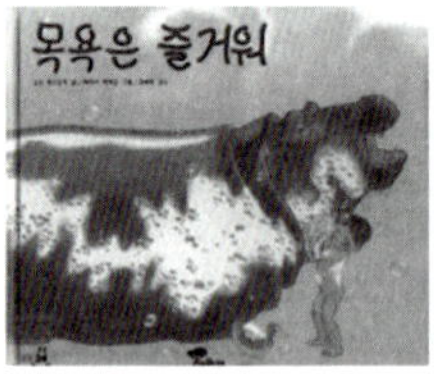	목욕을 싫어하는 유아들에게 읽어주면 좋은 그림책이다. 혼자 목욕을 시작할 만한 유아에게 목욕하는 방법을 소개해 주고 목욕의 즐거움을 알려주고 있다.	코코 마스오카 지음, 한림출판사
		올바른 습관을 길러주기 위한 그림책으로 양치질이 자신의 건강과 다른 사람에 대한 예의를 지키는 일이라는 것을 알려주고 있다.	이지현 지음, 시공주니어

토론해 보세요

▶ **기본생활습관 문제행동 유아의 동영상을 보고 원인과 해결 방법을 논의해 보세요.**

※ 참고 동영상 : EBS 다큐프라임 아이의 밥상

– 문제행동의 유형

– 원인 분석

– 해결 방법

학습정리

1. 수면은 인간에게 생존에 필요한 에너지를 주며 수면이 부족하면 집중력 부족, 과잉행동과 같은 문제행동을 일으킬 수 있다.
2. 영유아들은 수면과 관련된 문제를 가지고 있는 경우들이 있으며 야뇨증, 악몽, 야경증, 몽유병과 같은 문제들이 나타날 수 있다.
3. 수면과 관련된 문제를 해결하기 위해서는 스트레스 요인들을 제거해 주고 일정한 잠자리 의식과 습관을 길러주며 깜깜한 상태에서 잠을 자고 아침에는 햇빛을 충분히 쬘 수 있도록 한다.
4. 식사습관이 잘 형성되고 아침 식사를 잘하는 영유아들이 문제행동을 덜 보인다.
5. 영유아기에 나타나는 대표적인 식습관 문제는 편식과 비만으로 유전적인 문제도 있지만 환경적인 영향을 많이 받으므로 이러한 부분에서 환경적 요인들을 파악하여 원인을 제거할 필요가 있다.
6. 식습관 문제를 해결하기 위해 음식에 대한 자율성을 존중하고 함께 즐겁게 밥을 먹는 습관을 들이고 정해진 시간과 장소를 일정하게 하며 음식의 질감과 식감에 대한 다양한 경험을 하도록 한다.
7. 손 씻기와 양치질하기와 같은 청결습관은 영유아의 건강과도 직결되기 때문에 중요하지만 다른 습관에 비해서 습관 들이기가 훨씬 어려우므로 꾸준히 지도하는 것이 중요하다.
8. 청결습관은 교사의 지도뿐만 아니라 부모와의 상담을 통해 바람직한 지도 방법을 공유하고 일관된 방법으로 지도해야 한다.

제8장

사회성 관련 문제행동

1. 사회성 발달의 이해
2. 공격성
3. 또래 괴롭힘
4. 고립행동

제 8 장

사회성 관련 문제행동 지도

개요

사회성 관련 문제행동은 영유아가 교사, 다른 성인, 또래 친구들과 긍정적인 관계를 형성하는 데 어려움을 주는 행동이다. 이러한 문제행동은 영유아의 사회적 발달에 부정적인 영향을 미칠 수 있으며, 특히 또래 집단 내에서의 상호작용을 방해하고, 그로 인해 영유아가 고립되거나 불안감을 느낄 수 있다. 본 장에서는 사회성 관련 문제행동 중 대표적인 공격성, 괴롭히기, 고립행동에 대해 자세히 살펴보고, 각 문제행동이 나타나는 원인과 이를 효과적으로 지도할 수 있는 방법을 논의할 것이다.

학습목표

- 영유아기의 사회성 발달 특성을 이해할 수 있다.
- 공격성과 관련된 유아 문제행동의 특성과 지도 방법을 알 수 있다.
- 괴롭히기와 관련된 유아 문제행동의 특성과 지도 방법을 알 수 있다.
- 고립행동과 관련된 유아 문제행동의 특성과 지도 방법을 알 수 있다.

주요 용어

공격성(aggression)
괴롭히기(bullying)
고립행동(behaviors of the socially withdrawn)

우리 아이 어떻게 도와줄까?

4세반 교사인 사연 선생님은 같은 반 친구들을 밀치거나 때리는 하진이의 행동 때문에 매일 어려움을 겪고 있다. 친구들과 함께하는 놀이 상황에서 사소한 갈등이 생길 때마다 하진이는 신체적으로 대응하거나 소리를 질러 자신의 의사를 관철시키려 했다. 이러한 행동이 반복되면서 친구들이 하진이와의 놀이를 피하려는 모습을 보였고, 사연 선생님은 하진이의 행동 원인을 파악하고 지도할 방법을 찾는 데 고민이 깊어졌다.

연령 : 4.5세
가족관계 : 엄마, 아빠, 여동생

교사 관찰	• 하진이가 또래 친구들과 놀이 상황에서 갈등을 겪는 빈도와 패턴은 어떠한가? • 하진이가 공격적인 행동을 보이기 전의 선행사건은 어떠한가? • 하진이가 특정 놀이나 활동에서 더 자주 신체적 반응을 보이는가? • 교실 환경에서 하진이가 집중하는 시간과 관심을 보이는 활동은 무엇인가?
학부모 상담질문	• 하진이가 몇 시에 자고 몇 시에 일어나나요? • 동생하고 놀이할 때는 어떤가요? • 부모님께서는 하진이를 훈육할 때 주로 어떤 방식을 사용하시나요?

1 사회성 발달의 이해

사회성이란 한 개인의 사회 적응 정도 또는 대인관계의 원만성을 의미한다. 애착이 특정한 사람과의 친밀감을 뜻한다면 사회성은 보다 다양한 사람과의 긍정적인 관계 형성을 의미한다(보건복지부 · 육아정책연구소, 2013).

교사들이 사회성과 관련된 문제행동 지도에 더 집중하는 이유는 사회성 발달이 타인과의 관계를 통해 이루어지기 때문이다. 사회성 발달이 지연된 영유아는 또래와의 관계를 통해 바람직한 사회적 행동을 모델링하고 학습하며 연습할 기회가 필요하다. 그러나 사회성에 문제가 있는 영유아는 또래 집단에 쉽게 포함되지 못할 가능성이 크며, 이로 인해 좌절이나 분노 반응을 보이게 되어 문제행동이 더욱 심화될 수 있다. 이러한 이유로 사회성 문제행동은 교사와 가정의 긴밀한 협력과 적극적인 지원이 요구된다. 본 장에서는 공격성, 또래 괴롭힘, 고립행동과 관련되어 나타나는 문제행동에 대해 살펴보고자 한다.

(1) 영아기

영아는 다른 사람과의 **애착 형성**이 중요한 발달 과업이다. 안정 애착이 형성되지 않으면 사회성 문제행동이 발생할 가능성이 매우 높다. 이는 학령기 이후뿐만 아니라 성인이 되어서도 지속될 수 있다. 따라서 교사는 영아가 안정 애착을 형성할 수 있도록 민감하고 수용적인 태도로 상호작용해야 한다.

영아는 자기중심적인 시기이기 때문에 타인에게 관심은 있지만 사이좋게 놀거나 자신의 물건을 양보하는 것이 쉽지 않다. 공동의 목표를 가지고 함께 놀이하는 것은 어려우므로 교사는 각 영아의 욕구를 충족시키는 데 집중해야 한다. 이 시기에는 평행놀이가 일반적이며, 협동놀이는 어렵기 때문에 교사는 영아의 놀이에 적극적으로 참여하여 사회적 기술의 모델을 제공해야 한다. 또한 너무 높은 수준의 사회적 기대를 요구하지 않도록 주의해야 한다.

영아기 사회성 발달은 자신에 대한 인식에서부터 시작된다. 교사는 민감하고 반응적인 태도를 통해 영아가 자신에 대해 긍정적으로 인식하고 사회적으로 적절한 행동을 알고 조절할 수 있도록 돕는 역할을 해야 한다.

- 자신의 정서 인식 및 다른 사람의 입장이나 감정을 이해하기 어려움
- 사회적 기대에 부합하는 행동이 무엇인지 정확히 알지 못함

- 정서조절능력이 미숙하여 신체적 공격성이나 물리적 공격성이 두드러짐
- 스트레스에 쉽게 반응함

(2) 유아기

유아기 사회성 발달의 핵심 과제는 **또래 수용**이다. 유아는 또래 집단에서 사회적으로 수용되는 행동을 하면서 긍정적인 경험을 쌓아야 한다. 그러나 연령이 어릴수록 자기중심성이 남아 있어 교사의 적절한 지도와 또래와의 경험을 통해 탈중심화가 이루어져야 한다.

3세 유아는 자기중심성이 강하여 사회적으로 수용되는 행동과 반응에 대해 지속적인 지도가 필요하다. 이 시기에는 병행놀이가 주로 나타나며, 협동놀이보다는 개인놀이의 특성이 두드러진다.

4세 유아는 사회적 욕구가 커지지만 여전히 탈중심화가 완전하지 않아 자신의 행동이 타인에게 미치는 영향을 정확히 알지 못한다. 성역할에 대한 인식이 강화되면서 '남자끼리', '여자끼리'라는 구분을 하기도 한다. 이 시기에는 역할놀이와 협력적 놀이가 증가하지만 갈등 상황에서 자기중심적인 반응이 나타나기도 한다.

5세 유아는 탈중심화가 이루어지면서 타인의 감정과 생각을 이해하고 배려하는 행동이 증가한다. 협동놀이가 활성화되며 규칙을 중요시하는 특징이 나타난다. 이러한 특징 때문에 규칙을 지키지 않는 또래에 대해 강하게 반응하여 갈등이 발생하는 경우도 많다.

- 또래와의 관계에서 협력과 타협을 어려워함
- 자기중심적 사고로 인해 배타적 행동(예 친구 배제, 소문 퍼뜨리기)이 나타남
- 갈등 상황에서 신체적 또는 언어적 공격성을 보임
- 규칙 위반에 대해 과도하게 반응하여 충돌이 발생함

2 공격성

(1) 공격성의 이해

공격성은 특정한 다른 사람이나 대상을 향해 해를 입히거나 두려움을 주려는 의도를 가진 행동을 의미하며 해당 행동이 공격적인 의도를 가지고 있다는 것에 모두가 동의할 수 있는 경우를 말한다(Show, Giliom, & Giovannelli, 2000).

공격성은 그 형태에 따라 외현적 공격성과 관계적 공격성으로 나눌 수 있다. 외현적 공격성은 신체적 또는 언어적으로 직접적인 위협이나 해를 가하는 행동을 포함하며, 관계적 공격성은 다른 사람과의 관계를 훼손하거나 배제하는 방식으로 나타난다(Crick & Grotpeter, 1995).

또한 공격성은 기능에 따라 반응적 공격성과 주도적 공격성으로 구분된다. 반응적 공격성은 영유아가 자신이 위협받거나 도전받았다고 느낄 때 방어적으로 나타나는 공격성을 말하며, 주도적 공격성은 특정 목표를 달성하거나 자신이 원하는 것을 얻기 위해 의도적으로 계획된 공격적 행동을 포함한다(Vitaro, Brendgen, & Tremblay, 2002).

공격성의 유형을 이해하는 것은 이를 효과적으로 지도하기 위해 필수적이다. 외현적 공격성은 자기조절 기술을 향상시키고 대안을 제시하는 훈련이 필요하며, 관계적 공격성은 공감능력과 긍정적 의사소통 기술을 기르는 활동이 효과적이다. 반응적 공격성은 감정조절 방법과 갈등 상황에서의 대처 기술을 지도해야 하며, 주도적 공격성은 문제해결 과정에서 비폭력적인 방법을 선택하도록 돕는 지도가 요구된다. 이를 통해 영유아의 공격적 행동을 개선하고 긍정적인 사회적 관계 형성을 지원할 수 있다.

〈표 8-1〉 공격성의 유형

구 분	유 형	행동 특성	지도 방법
형 태	외현적 공격성	– 타인에게 직접 신체적 또는 언어적 공격을 행하여 손상을 입히는 행동 – 남아들에게 더 많이 나타남	– 자기조절 기술 향상
	관계적 공격성	– 사회적 관계를 해칠 목적으로 타인을 비방하거나 나쁜 소문을 퍼트리고 우정을 철회하는 등의 행동 – 여아들에게 더 많이 나타나는 경향	– 공감능력 향상 – 긍정적 의사소통 기술
기 능	반응적 공격성	– 위협이나 두려움을 느끼게 한 대상에 대한 적대적이고 분노적인 반응 – 방어적인 성격	– 감정조절 방법 – 갈등 상황 대처 기술
	주도적 공격성	– 공격행동을 통해 구체적인 보상을 획득하려는 수단적 성격 – 목표지향적 특성	– 문제해결의 올바른 방법

(2) 공격성의 원인

영유아의 공격성은 단일한 요인이 아닌 다양한 요인들이 복합적으로 작용하여 나타날 수 있다. 이 요인들은 크게 개인적 요인, 가족 환경, 외부 환경 요인으로 구분할 수 있다(Kail, 2007; Reebye, 2005).

① 발달적 맥락 이해하기

영유아기의 공격성은 종종 발달 과정에서 자연스럽게 나타나는 행동으로, 연령에 따라 다른 형태로 표현된다. 2세경에는 자율성을 형성하는 과정에서 소유권 주장이 강해지며 "내 거야!"와 같은 언어적 갈등이 빈번하다. 이러한 갈등은 타인과의 협력보다는 독립성을 강조하는 발달적 특성과 관련이 있다.

3~4세경에는 자기중심적 사고가 두드러지며 자신의 요구가 충족되지 않을 때 신체적 또는 언어적 공격성을 보일 수 있다. 이 시기 영유아는 타인의 감정을 이해하거나 공감하는 능력이 아직 충분히 발달하지 않았기 때문에 갈등 상

황에서 비폭력적인 대안을 찾기 어렵다.

또한 5세 이후에는 사회적 관계를 맺는 기술이 발달하면서 관계적 공격성이 증가할 수 있다. 배제적 언어 사용이나 소문 퍼뜨리기와 같은 행동은 또래 관계를 유지하거나 통제하려는 과정에서 발생할 수 있다.

② 개인적 요인

영유아의 기질은 공격성에 중요한 영향을 미친다. 기질적으로 까다롭거나 예민한 영유아는 부정적인 감정, 특히 분노를 조절하는 데 어려움을 겪는다. 또한 인지적 능력이 부족하여 타인의 의도를 제대로 이해하지 못하는 경우 상대의 행동이나 언어를 오해하고 공격적으로 반응할 가능성이 높아진다.

수면의 양과 질은 공격성에 중요한 영향을 미친다. 수면 부족은 정서적 불안정과 자기조절능력 저하를 초래하여 공격적인 행동을 유발할 수 있다. 특히 밤에 충분한 수면을 취하지 못하거나 수면 중 자주 깨는 경우 영유아는 낮 동안 더 짜증을 내거나 충동적으로 반응할 가능성이 높다.

③ 가족 환경

영유아의 공격성에 큰 영향을 미친다. 부모 간의 갈등이나 가정 내 폭력은 영유아가 공격적 행동을 학습하고 모방하게 만드는 주요 요인이다. 예를 들어, 부모가 신체적 체벌을 사용하는 경우, 이는 영유아에게 올바른 행동을 가르치기보다는 힘을 사용하여 문제를 해결하는 방식을 학습시키게 된다. 또한 부모의 양육태도가 방임적이거나 일관성이 없는 경우, 영유아는 분노와 좌절감을 경험하며 이는 공격적인 행동으로 이어질 수 있다. 반대로 지나치게 통제적이고 체벌 중심적인 양육태도는 영유아의 공격성을 더욱 심화시킨다. 가정 내에서 안정적인 애착 관계가 형성되지 못한 경우, 영유아는 정서를 조절하는 데 어려움을 겪으며 이러한 정서적 불안정성이 공격적 행동을 유발할 수 있다.

④ 외부 환경 요인

공격성에 영향을 미치는 대표적인 외부 환경은 폭력적인 미디어 콘텐츠에의 반복적인 노출이다. 영유아는 이러한 미디어에서 본 폭력적인 행동을 모방하며 공격적 행동을 보일 가능성이 높아진다. 미디어에서 반복적으로 나타나는 폭력은 공격성을 정상적이고 허용 가능한 행동으로 잘못 인식하게 만들 수 있다. 또한 공격적인 또래와의 상호작용은 영유아의 공격적 행동을 촉진하고 강화하는 요인으로 작용한다.

이처럼 영유아의 공격성은 개인, 가족, 그리고 외부 환경 요인의 상호작용에 의해 나타나며, 이를 이해하는 것은 문제행동을 예방하고 적절히 지도하기 위한 중요한 출발점이 된다.

(3) 공격성 지도 시 비효과적인 방법

공격적 행동을 지도할 때 흔히 하는 방법 중 비효과적일뿐더러 공격성을 강화하는 방법은 신체적 처벌, 무시하기, 대치하기, 비일관적 태도이다(Kostelnik et. al., 2015).

① 신체적 처벌

영유아가 잘못된 행동을 했을 때 신체적 처벌을 가하면, 영유아는 "때리면 안 된다"는 규범을 배우는 것이 아니라 "어떻게 때려야 더 아프게 할 수 있는지" 또는 "어디를 때려야 더 효과적인지"를 학습하게 된다. 이는 힘이 있는 사람이 약한 사람을 지배하거나 통제하기 위해 공격성을 사용할 수 있다고 믿게 만들어, 결과적으로 영유아의 공격성이 더욱 증가할 수 있다. 신체적 처벌은 영유아에게 자기 보호와 복수심을 자극하며 더 강해져야 한다는 생각을 심어준다. 이로 인해 처벌을 피하려는 전략으로 성인의 시야에서 벗어난 장소에서 또래 친구를 공격하거나 은밀하게 해를 가하는 행동이 나타날 가능성도 높아진다.

② 무시하기

공격적인 행동을 소거하기 위해 교사가 영유아의 행동을 무시하면 공격 영유아와 피해 영유아 모두 공격적인 행동이 보상을 가져온다고 여기게 된다. 이러한 행동은 공격성을 감소시키기는커녕 집단 전체에 공격적 행동이 확산되도록 만든다. 힘이 강한 개체가 원하는 것을 획득하는 것은 생명체의 본성에 가까운 행동이다. 말로 설득하고 자기주장을 하는 것은 고도의 이성적인 행위이다. 영유아들 사이에 일어나는 공격성을 무시하면 공격적 행동의 빈도가 증가하며 다른 영유아들이 이를 모방할 가능성이 높아진다.

③ 대치하기

대치하기는 공격성을 느낀 영유아가 그 감정을 원래 대상이 아닌 다른 곳으로 옮겨 표현하도록 유도하는 방법이다. 예를 들어, 친구에게 공격성을 보이는 영유아에게 인형이나 점토를 때리게 하는 것이다. 이는 영유아의 감정을 해소할 수 있을 것처럼 보이지만 실제로는 문제를 해결하거나 감정을 적절히 다루는 방법을 배우지 못하게 한다. 이로 인해 영유아는 좌절하거나 적대적인 태도를 강화할 수 있다. 더 나아가 분노 감정이 인형 같은 안전한 대상으로 대치되는 것을 배우면 점차 약한 대상(예 다른 아동, 애완동물, 어린 동생)으로 옮겨질 위험이 있다.

④ 비일관적 태도

영유아의 공격적인 행동에 대해 성인이 일관성 없이 대응하면 영유아는 혼란을 느끼며 공격적 행동을 반복하게 된다. 예를 들어, 교사가 특정 영유아에게는 엄격히 반응하면서 다른 영유아에게는 마주치기를 피하거나 어느 날은 규칙을 엄격히 적용하고 다음 날은 이를 무시하면, 영유아는 자신의 행동이 어떤 결과를 가져올지 예측할 수 없다. 이러한 비일관성은 영유아로 하여금 계속 시도해 보며 반응을 시험하도록 만든다.

(4) 공격성 지도 방법

① 공격성에 대한 즉각적 대응

공격적인 행동은 본능에 가까운 반응이므로 사회적으로 적절한 행동을 가르치기 위해서는 공격성에 대한 적극적이고 즉각적인 대응이 필요하다. 영유아가 공격적 행동이 자신의 욕구를 충족시켜 줄 수 없다는 것을 인식하도록 하는 것이 중요하다. 교사는 공격적 행동이 발생했을 때 반드시 즉각적으로 대응하여 이 행동이 정당화될 수 없다는 점을 분명히 해야 한다. 이를 통해 교실 전체가 폭력은 절대 용납되지 않는다는 분위기를 인식하도록 한다. “절대로 다른 사람을 때리면 안 돼”, “우리 반에 폭력은 없어”와 같은 명확한 선언은 강력한 메시지를 전달한다. 이는 공포 분위기를 조성하는 것이 아니라 누구도 서로를 공격할 수 없고, 누군가가 공격을 받는다면 교사는 강력하게 대응할 것임을 분명히 하는 것이다. 이러한 교사의 태도와 학급의 분위기는 공격적 행동은 자신에게 도움이 되는 행동이 아니며 이를 통해 무엇이든 얻을 수 없다는 것을 알 수 있게 한다.

② 대안행동에 대한 지도와 강화

공격적 행동을 보이는 대부분의 영유아는 어떠한 행동이 사회적으로 적절한 행동인지를 정확하게 알지 못하는 경우가 많다. 또한 공격적 행동을 보이고 난 후 긍정적이지 않더라도 또래와 교사에게 관심을 끌기 때문에 이를 계속하는 경우도 많다. 처음에는 또래를 살짝 때리고 상대의 반응을 일으키다가 점점 반응이 없어지면 더 큰 반응을 일으키기 위해 더 세게 때리거나 침을 뱉기도 한다.

교사는 공격성을 보이는 영유아의 욕구를 파악하여 사회적으로 적절한 행동을 직접적으로 가르쳐야 한다. “화가 날 때는 숨을 크게 세 번 쉬는 거야”, “친구가 너를 불편하게 하면 때리지 말고 하지 말라고 크게 소리쳐. 그런데도 친구가 계속 불편하게 하면 선생님에게 꼭 이야기해. 선생님이 해결해 줄게”와 같이 구체적으로 대안행동을 이야기한다. 영유아가 대안으로 제시한 사회적으로 적절한 행동을 했을 때는 강력하게 칭찬을 함으로써 대안행동을 계속 강화한다. 또한 영유아가 공격적 행동을 했을 때 피해 영유아보다 공격한 영유아에게 먼저 말을 걸거나 둘만 다른 공간으로 가서 이야기를 나누는 경우가 있다. 교사는 훈육을 한다고 생각하지만 영유아는 공격적 행동이 교사의 관심을 이끌어 낸다고 생각하여 공격성이 더욱 강화될 수 있다. 교사는 문제가 일어났을 때 공격한 영유아보다 피해 영유아에게 먼저 관심을 보이고 괜찮은지 확인을 한 후 공격적 행동을 한 영유아와 이야기를 나누도록 한다.

③ 또래와의 긍정적 관계 형성을 위한 노력

다른 영유아들도 공격적 행동을 하는 영유아와 함께 놀이하는 것은 쉽지 않다. 공격적 행동을 보이는 영유아와 또래가 긍정적 관계를 형성하도록 돕는 것이 중요하다. 교사는 문제행동 영유아와의 신뢰 관계를 형성하여 안정감을 제공하고 또래와의 평화로운 놀이 경험을 지원해야 한다. 또래에게 문제행동 영유아가 노력하고 변화하고 있다는 점을 공유하여 유능한 또래가 긍정적인 사회적 모델이 될 수 있도록 돕는다.

④ 공격성 지도 시 유의점

- 친사회적 행동을 직접적으로 보여주고 연습시켜야 한다.
- 장난감 칼이나 총과 같은 폭력적 놀잇감 사용을 제한하고 대안을 제시한다.
- 공감능력 향상을 위한 역할극과 상호작용을 활용한다.
- 규칙을 최소화하여 좌절감을 줄이고 영유아가 성공적인 사회적 경험을 쌓도록 돕는다.

⑤ 갈등 중재하기

갈등은 사회적 관계에서 자연스럽게 발생하는 현상이며 이를 해결하는 과정

을 통해 사회적 기술이 학습된다. 교사는 갈등 상황에서 영유아들이 스스로 문제를 해결할 기회를 제공하면서 필요시 중재자로서 개입해야 한다. 특히 공격적인 행동이 발생했을 때는 교사가 즉각 개입하여 문제 인식과 해결 과정을 함께 지도해야 하며, 이때 중요한 것은 교사가 갈등 해결책을 제시하는 것이 아니라 갈등 중재의 과정을 학습하도록 하는 것이다. 이 과정에서 교사는 해결책을 제시하는 것이 아니라 영유아가 자기주장, 협상, 설득과 같은 의사소통 능력과 정서 이해, 타인 조망 능력을 연습할 수 있도록 돕는다. 교사의 평화적이고 이성적인 태도는 영유아가 사회적 행동을 학습하는 중요한 모델이 된다. 이 과정에서 영유아는 어떠한 방식으로 자신의 요구를 전달하는지, 갈등이 일어났을 때 어떠한 방식으로 상대를 대해야 하는지를 배울 수 있다.

〈표 8-2〉 **갈등 중재 단계**

단 계		중재 내용
1단계	중재 과정 시작하기	중재자의 역할을 맡고 사물, 영역, 권리에 대해 중립적 입장을 취한다.
2단계	각 영유아의 관점을 분명히 하기	각 영유아의 관점에서 갈등을 분명히 한다.
3단계	요약하기	분쟁을 중립적으로 정의한다. 각 영유아가 문제와 해결 방법에 책임이 있다는 것을 분명히 한다.
4단계	대안 찾기	해당 영유아와 주변 영유아들에게 대안을 제시해 보도록 한다.
5단계	해결책에 동의하기	서로 만족할 수 있는 행동 계획을 만들도록 한다.
6단계	문제해결 과정 강화하기	노력해서 서로 만족할 수 있는 해결 방안을 만들어 낸 것에 대해 칭찬한다.
7단계	실행하기	영유아가 동의한 것을 실행하도록 돕는다.

출처 : Kostelnik, Whiren, Soderman, & Gregory(2015).

3 또래 괴롭힘

(1) 또래 괴롭힘 행동 이해

괴롭히기는 공격적 행동의 한 형태이다. Olweus(1991)는 또래 괴롭힘을 '한 명 또는 여러 명이 부정적인 행동을 반복적으로 가하여 오랜 기간 동안 괴롭히는 행위'라고 정의하였다. 또래 괴롭힘은 다른 공격적 행동과 구별되는데, 괴롭히는 사람이 의도적으로 해를 가하려 하고 이러한 행동이 반복적으로 발생하며 힘의 불균형으로 인해 피해 아동이 스스로를 방어하지 못하게 된다는 점에서 차이가 있다.

괴롭히기의 유형은 신체적 괴롭히기, 언어적 괴롭히기, 관계적·심리적 괴롭히기, 성희롱이나 사이버 괴롭히기로 구분할 수 있다(Kaiser & Rasminsky, 2012).

〈표 8-3〉 괴롭히기의 유형

유 형	특 징
신체적 괴롭히기	– 때리거나 발로 차기, 밀기, 물건 빼앗기와 같이 물리적인 형태 – 남아에게 많이 나타남
언어적 괴롭히기	– 이름 부르기, 모욕하기, 조롱하기, 위협하기, 비웃기, 놀리기와 같은 것으로 가장 일반적인 괴롭히기 형태 – 나이, 성별과는 별개로 어린 유아에게도 나타남
관계적 · 심리적 괴롭히기	– 3세부터 시작되며 집단이나 경기에서 제외시키기, 험담하기, 소문 퍼뜨리기, 상대에게 거짓말하기와 같이 타인을 통제하거나 피해를 입히는 관계에서 사용 – 남아와 여아 모두 마음을 상하게 하는 형태로 나타남 – 능숙한 사회적 기술을 가지고 있어서 인기가 있는 유아가 가해자
성희롱이나 사이버 괴롭히기	– 유아보다는 더 큰 아동에게 나타남 – 남아와 여아 모두에게 일반적으로 일어날 수 있음 – 디지털 매체의 보급으로 인해 사이버 괴롭히기 증가

(2) 또래 괴롭힘 행동의 영향과 지도 방법

3세 유아조차도 또래 괴롭힘의 특징을 명확하게 인식할 수 있다. '○○이가 일부러 그랬어요'와 같이 고의성을 지적하거나 '○○이는 더 크고 힘이 세요'라는 표현을 통해 힘의 불균형을 인식하며, '○○이가 계속 불편하게 해요'와 같은 말을 통해 괴롭힘의 반복성을 구분하여 이해한다. 또래 괴롭힘은 괴롭히는 유아, 피해 유아, 그리고 이를 지켜보는 유아 모두에게 부정적인 영향을 미친다.

① 괴롭힘 피해 유아

또래 괴롭힘의 피해자는 또래가 놀리거나 신체적 공격을 할 때 효과적으로 반응하지 못하는 유아들이 대상인 경우가 많다. 이들은 언어 능력이 제한적이고 사회적 기술이 부족하며 사회적으로 고립되어 있거나 신체적으로 허약한 경우가 많다. 또한 자아존중감이 낮은 특징을 보인다(Olweus, 1993).

조심스럽고 조용한 성향의 수동적 피해자의 경우 부모와의 불안정한 애착, 분리불안 문제, 환경 탐색에 대한 두려움이 나타날 수 있으며, 가족이 과잉보호적이거나 권위적인 훈육을 하는 경향이 이러한 문제를 심화시킬 수 있다(Card & Hodges, 2008).

반면 유발적 피해자는 쉽게 울거나 방어적으로 행동하고 화를 내며 고의적이지 않은 행동이나 놀림을 공격으로 오해하여 공격적으로 반응하는 경향이 있다. 이들의 부적절한 반응은 가해 아동의 행동을 강화하여 괴롭힘이 지속되도록 만들기도 한다(Kostelnik et al., 2009).

피해 아동은 낮은 유능감과 자아가치감을 갖게 되며 불안, 우울, 집중력 저하, 신체 증상 등을 보일 수 있고, 장기적으로 지속될 가능성이 높으므로 조기 개입과 지원이 필요하다.

피해 유아 지도 방법은 다음과 같다.

- 단호하게 반응할 수 있는 자기주장 기술을 직접적으로 가르친다.
- 부족한 사회적 기술을 파악하여 이를 훈련한다.
- 소그룹활동과 또래 교수 방법을 활용하여 협력 기술을 습득하도록 한다.
- 모델이 될 수 있는 친구를 만들어주기 위한 전략을 사용한다.
- 자아존중감을 가질 수 있도록 강점을 찾아 격려하고 공식적인 긍정적 상호작용을 강화한다.
- 책임감을 부여하고 성공의 기회를 주어 내적 통제 능력을 높인다.
- 불편한 감정과 사건을 반드시 교사에게 이야기하도록 한다.
- 교사와 부모가 도와줄 수 있다는 것을 강력하게 전달한다.

② 괴롭힘 행위 유아

또래 괴롭힘의 행위 유아는 두려움이 없고 강압적이며 충동적이다. 이들은 폭력에 대해 긍정적인 인식을 가지고 있으며 자신의 힘과 지위를 통해 자아존중감이 높다고 여기는 경향이 있다. 일부 행위 유아들은 열등감과 불안정감을 숨기기 위해 타인을 지배하고 통제하려는 공격성을 사용하기도 한다(Kostelnik et al., 2015).

이들은 사회적 기술과 사교성을 갖추고 있지만 공감능력과 감정이입이 부족하다(Kaiser & Rasminsky, 2012). 이러한 행동의 원인은 공격적이고 억압적인 양육태도 또는 지나치게 허용적인 양육환경에 의해 형성될 수 있다. 또한 개인적인 분노나 혼란스러운 감정을 타인을 통제하는 방식으로 해소하려는 경향도 있다.

괴롭힘 행동이 교정되지 않으면 학업 실패, 비행, 폭력 범죄로 이어질 위험이 크며, 성인이 되어서도 이러한 문제가 지속될 가능성이 매우 높다(Kostelnik et al., 2015).

또래를 괴롭히는 유아의 지도 방법은 다음과 같다.

- '괴롭힘은 절대 용납되지 않는다'는 명확한 메시지를 전달한다.
- 상대방의 마음을 이해하고 공감할 수 있도록 지도한다.
- 하지 말아야 할 행동을 구체적으로 알려주고 지킬 수 있는 규칙을 제시한다.
- 분노와 충동을 조절하는 방법을 가르친다.
- 기관과 가정이 연계하여 일관성 있는 지도를 제공한다.
- 괴롭히는 유아와 대화할 때는 존중과 요청의 말투를 사용하여 인격적으로 대우한다.
- 유아의 관점을 이해는 하지만 행동에 대해 승인하지 않아야 한다.
- 부정적인 힘과 지배력을 긍정적인 리더십으로 전환할 수 있도록 지도한다.

③ 학급의 다른 유아

괴롭힘 상황에서 방관자는 직접 가해하거나 피해를 입지는 않지만 목격자로서 상황에 영향을 받는다. 이들은 상황을 보고 불안, 두려움, 무기력, 분노 등의 감정을 느끼며 죄책감을 가지기도 한다(Beaudoin & Taylor, 2004). 때로는 행위자의 행동을 지지하거나 묵인하면서 괴롭힘을 강화하는 역할을 하기도 한다.

Salmivalli(2001)는 방관자를 다음과 같이 구분했다. 소수의 괴롭힘을 부추기는 '강화자'와 행위자를 도와주는 '조력자'가 있고, 대다수는 상황을 외면하는 '방관자'(12~54%)와 피해자를 도와주는 '방어자'(17~20%)가 있다. 방관자는 괴롭힘의 지속 여부를 결정짓는 중요한 역할을 하므로 학급의 유아들이 방관하지 않고 괴롭히기 행동이 나쁘다는 것을 인식하여 적극적인 방어자가 될 수 있도록 지도해야 한다.

학급의 다른 유아의 지도 방법은 다음과 같다.

- 괴롭힘의 정의와 심각성에 대해 학급에서 논의한다.
- 괴롭힘 예방을 위한 규칙을 정하고 모두가 책임을 가진다는 점을 강조한다.

- 고자질과 괴롭힘 신고의 차이를 명확히 구분하도록 가르친다.
- 괴롭힘 상황에서 동참을 거절하고 피해자를 도우며 성인에게 알리는 구체적인 방법을 가르친다.
- 목격자가 피해자를 지지하고 도울 수 있도록 구체적인 역할을 연습한다.

4 고립행동

고립행동은 내재화 행동 문제의 대표적인 사례이다. 내재화 행동을 보이는 유아들은 조용하고 겉으로 큰 문제가 드러나지 않아 교사나 가족이 문제를 인지하지 못할 수 있다. 이로 인해 적절한 지원을 받지 못하고 방임될 경우 내재화 행동이 심각해질 수 있다(Christensen, Young, & Marchant, 2007).

그렇기에 유아기에 나타나는 내재화 문제의 경우 심각한 문제행동이 아니더라도 경계선에 해당하는 의심 행동을 보이는 유아에 대해서 적극적인 개입이 필요하다.

(1) 고립행동의 이해

친구 관계 연구에 따르면, 유아의 사회적 관계는 세 가지 유형으로 구분된다. 첫째, 친구 관계가 원활하고 긍정적인 상호작용을 보이는 '인기아'가 있다. 둘째, 또래 관계 형성에 어려움을 겪고 자주 배척당하는 '배척아'가 있다. 셋째, 친구의 선택을 받지 못하면서 배척도 당하지 않는 '고립아'가 있다. 고립아는 성인과의 접촉에 익숙하고 또래와의 상호작용 경험이 부족하여 사회적 기술을 충분히 익히지 못한 경우가 많다(정계숙·황영미, 1999).

고립행동은 또래와의 상호작용을 회피하거나 어려움을 겪는 행동을 의미한다. 사회적 위축행동을 보이는 유아들은 또래와의 상호작용에서 소극적인 태도를 보이고 공격적인 행동은 않는다. 사회적 발달이 정상적이지 못하다는 하나의 신호이고 부적절한 또래 상호작용과 사회적 기술의 결함에서 비롯된다. 소극적이고 부끄럼을 많이 타고 사회적 상황에 대한 불안과 두려움, 대인관계의 도피, 사회적 기술의 결손, 또래들로부터의 배척 등이 나타난다(장혜림, 2001).

사회적 위축 및 고립유아는 크게 세 가지 유형으로 구분할 수 있으며 유형에 따라 지도 방법이 달라져야 한다(Harrist, Zaia, Bates, Dodge, & Pettit, 1997).

〈표 8-4〉 사회적 위축 및 고립유아 유형

유 형	특 성	교사의 지도
비사교적 행동 (Unsociable)	– 혼자 있는 것을 선호 – 사회적 기술이 부족하지 않음 – 또래와 어울리려는 욕구가 낮음	– 개인의 성향을 존중 – 사회적 참여를 유도하는 그룹활동이나 협동 과제 제공
소극적-불안행동 (Passive-Anxious)	– 또래와 어울리고 싶은 욕구는 높음 – 사회적 상호작용에 대한 두려움과 불안 – 수줍음이 많고 쉽게 긴장하고 위축	– 사회적 기술을 직접 가르침 – 역할놀이, 또래 모델링 – 교사의 지지와 격려
적극적-고립행동 (Active-Isolate)	– 사회적 상호작용을 시도 – 부적절한 행동이나 사회적 기술 부족 – 또래에게 거부당하거나 따돌림	– 문제점을 함께 분석 – 문제해결 전략을 직접 교수, 사회적 기술 훈련 – 또래와의 협력 과제 제공

특히 적극적 고립 유형 유아는 적절하지 못한 상호작용을 하여 또래들에 의해 따돌림을 당한다. 함께 놀고 싶은 높은 접근 동기를 가지고 있지만 자신과 기꺼이 놀아주는 또래를 찾기 어렵다(서경희, 2019). 이러한 행동을 하는 유아는 또래와의 상호작용에 적극적이지만 공격성이 강하고 갈등 상황에서 잘 대처하지 못한다. 신체적·언어적인 폭력이나 저항과 같은 행동 특성을 나타내며 인기아동처럼 또래에 대한 접근 행동은 빈번하나 대부분 거부당하고 때때로 상대방이 적극적이거나 자기주장을 강하게 표현하지 않는데도 먼저 싸움을 걸기도 한다(Coie & Kupersmidt, 1983). 자기 지향적 과잉행동이나 부적응 행동으로

사회적 상호작용이 저해되며 또래와의 관계에서 자기주장이 받아들여지지 않을 때 공격적인 행동을 하기도 한다.

(2) 고립행동의 원인

고립행동의 원인에는 유아의 기질적 요인이 있다. 친구 관계를 형성하려면 한 사람이 다가가고 다른 사람이 반응해야 한다. 이 과정에서 미소 짓기, 질문하기, 초대하기 또는 요청하기와 같은 상호작용이 필요하다(Kostelnik, Whiren, Soderman, & Gregory, 2009). 그러나 기질적으로 지나치게 수줍거나 불안감이 높은 유아들은 거부당할 것을 두려워해 이러한 상호작용을 회피하고 스스로를 고립시키는 경향이 있다.

또한 적절한 사회적 기술을 학습하지 못한 경우에도 친구 관계에서 어떤 행동을 해야 할지 몰라 고립되기 쉽다. 사회적 기술은 자연스럽게 습득되는 것이 아니라 다양한 경험과 안내를 통해 학습된다. 사회적 경험이 부족한 유아들은 적절한 행동을 몰라 또래에게 배척당하거나 회피될 수 있다.

다른 유아들의 사회적 단서를 잘 읽지 못하거나 상황을 이해하지 못하는 것도 고립행동의 원인이 된다. 예를 들어, 농담을 진지하게 받아들이거나 지나치게 민감하게 반응하는 경우 또래 관계에서 어려움을 겪을 수 있다.

(3) 고립행동의 지도

유아가 보이는 고립행동의 원인을 파악하고 그 원인에 대한 지원을 하는 것은 문제행동 지도의 기본이 된다. 여기서는 일반적인 고립유아를 위한 사회적 상호작용 증진을 위한 방법을 제안한다(Kostelnik et al., 2009; 2015).

▪ 목표행동 설정과 강화

목표행동을 설정하고 이를 강화해 주는 것은 사회적으로 고립된 유아를 도와줄 수 있는 가장 강력한 중재방법으로, 보상을 사용하여 바람직한 행동을 계속하거나 한 번에 조금씩 하도록 하는 것이다. 교사는 유아에게 목표행동을 정해주고 이 행동을 잘할 때마다 긍정적인 피드백을 해준다.

▪ 모델링

모델링은 사회적 기술을 행동으로 보여주고 학습시키는 방법이다. 손인형과 소품을 사용해서 친구 관계 기술을 시범 보이고 이에 대해 이야기를 나눌 수 있다. 또한 교사와 유아가 다른 유아의 놀이를 관찰하면서 교사가 유아에게 다른 유아의 효과적인 행동을 지적해 주고 관찰할 수 있도록 하는 것도 좋다.

▪ 극화활동

극화활동은 재미있고 교육적이다. 친구 관계와 관련된 시나리오로 극화활동을 하면서 문제해결과 관련된 말을 하거나 친구 사이에서 하는 행동을 연습하게 된다. 극화활동이 끝난 후 이에 대한 평가를 하면서 자연스럽게 연기를 하면서 느낀 감정이나 반응에 대해 이야기를 나누는 것도 도움이 된다.

▪ 또래 짝짓기

친구를 잘 사귈 수 있는 사회적으로 유능한 유아를 고립유아와 짝을 지어주어 적절한 행동을 연습할 수 있도록 한다. 억지로 짝을 지어주는 것이 아니라 서로에게 책을 읽어주거나 게임에 참여하거나 하는 것과 같이 짝으로 해야 하는 특별한 과제를 제시하는 것이 좋다.

▪ 협력적인 활동과 놀이

협력을 필요로 하는 소집단 활동을 하도록 하여 유아들이 협동적인 상호작용을 할 수 있도록 한다. 이러한 소집단 활동은 고립유아에게 안정감을 주고 쉽게 집단에 참여할 수 있게 해준다.

교사를 위한 tip 사회성 관련 문제행동 지도에 도움 되는 그림책

분 류	그림책	내 용	저자, 출판사
공격성		가시를 날카롭게 세워야 자신이 다치지 않는다고 생각해서 모두에게 거칠게 소리치고, 화내는 가시 소년이 친구를 만드는 그림책이다.	다그마 H. 뮐러 지음, 하이케 헤롤드 그림, 큰나
		친구와 싸우고 스스로 화해하는 아이들의 솔직한 모습이 담긴 그림책이다. 친한 친구와 싸우고 화해하는 마음의 변화를 통해 친구와 놀고 싶은 자신을 돌아볼 수 있다.	이토 히데오 그림, 시바타 아이코 글, 시공주니어
		언제, 왜, 어떻게 사과를 해야 하는지 다양한 예시를 통해 알려주는 그림책으로, '좋은 사과'와 '나쁜 사과'를 구체적으로 보여준다.	댜시마 타로 지음, 윤구병 옮김, 비룡소
괴롭히기		친구를 생각하지 않고 자기 마음대로 행동하는 아이의 이야기로 나만 즐겁다고 마음대로 행동하면 친구와 사이좋게 지낼 수 없다는 것을 잘 보여주는 그림책이다.	최형미 글, 그림, 키즈엠

		자기중심적인 주인공 귀뚜라미가 여러 친구들을 통해서 자신과 친구들의 다름을 깨닫는 이야기로, 상대방의 입장에서 생각하는 것의 중요성을 알려주는 그림책이다.	수산나 이세른 글, 밀렌 리고디 그림, 세상모든책
		자신을 괴롭히는 아이들 때문에 상처받는 주인공의 마음을 들여다볼 수 있는 이야기로, 어떻게 해야 할지를 고민하는 마음을 잘 보여주는 그림책이다.	아멜리 자보 글, 아니크 마송 그림, 책읽는곰
고립행동		이사 온 첫날, 아무도 생각하지 못한 아주 특별한 방법으로 친구를 사귀는 아이를 통해 친구라는 관계를 맺는 데에는 오랜 시간과 정성이 걸리는 일이고 친구가 소중하다는 것을 알려주는 그림책이다.	노튼 저스터 글, 브라이언 카라스 그림, 책과콩나무
		비를 싫어하고 혼자서 책 보는 걸 좋아하는 오리가 비를 좋아하고 돌아다니는 걸 좋아하는 개구리를 만나 친구가 되어가는 과정을 그린 그림책이다.	스티브 스몰 글, 그림, 봄의정원

토론해 보세요

▶ **사회성 관련 문제행동 유아의 동영상을 보고 원인과 해결 방법을 논의해 보세요.**

– 문제행동의 유형

– 원인 분석

– 해결 방법

학습정리

1. 공격성은 다른 사람에게 해를 입히려는 의도를 가진 사람의 행동으로 사람이나 목표물을 향해 심리적 혹은 신체적으로 해를 입히려는 의도된 행동을 의미한다.
2. 공격성은 기질적으로 까다롭거나 과도하게 정서적인 경우, 주의력이 부족한 경우 나타날 수 있으며 가정 내에서 공격성에 대한 경험이 있거나 공격적 행동이 잘못되었다는 것을 모르는 경우에도 나타날 수 있다.
3. 공격성을 지도하기 위해서는 신체적 처벌, 무시하기, 대치하기, 비일관성은 부적절한 방법이며 모델링, 강화, 직접적 교수의 방법을 사용하는 것이 좋다.
4. 또래 괴롭힘은 공격적 행동의 특정 형태이며 한 사람이나 여러 사람의 부정적인 행동에 노출되어 오랫동안 반복적으로 괴롭힘을 당하는 행동이다.
5. 또래 괴롭힘은 피해자와 공격자뿐만 아니라 목격자에게도 부정적인 영향을 미치므로 교실 전체 유아를 대상으로 예방할 수 있도록 지도해야 한다.
6. 고립행동은 집단에 참여하려 하지 않고 혼자 고립되어 있는 경우로 또래와의 경험이 부족하거나 상호작용의 방법을 알지 못할 때 나타난다.
7. 고립행동을 지도하기 위해서는 모델링, 형성하기, 또래 짝짓기, 사회적 행동 역할놀이, 협력적인 활동과 놀이를 지원하는 방법을 사용하는 것이 필요하다.

제9장

정서 관련 문제행동 지도

제 9 장

정서 관련 문제행동 지도

개요

정서 관련 문제행동은 영유아의 기질 및 초기 애착과 관련이 있다. 영유아의 정서적 안정감은 매우 중요하기 때문에 정서적 문제는 다른 문제행동을 일으킬 수 있다. 본 장에서는 정서 관련 문제행동들인 분노 폭발, 분리불안, 자위행동에 대해서 살펴보고 그 특징과 지도 방법에 대해 알아볼 것이다.

학습목표

- 정서와 관련된 영유아의 문제행동을 이해할 수 있다.
- 분노 폭발과 관련된 문제행동의 특성과 지도 방법을 알 수 있다.
- 분리불안과 관련된 영아 문제행동의 특성과 지도 방법을 알 수 있다.
- 자위행동과 관련된 유아 문제행동의 특성과 지도 방법을 알 수 있다.

주요 용어

정서(emotion)
분리불안(separation anxiety)
자위행동(masturbation)

우리 아이 어떻게 도와줄까?

5세반 교사인 아연 선생님은 친구들과 같이 놀지 않고 혼자 있는 시간이 많은 소진이 때문에 고민이다. 혼자 놀이하다 자신의 성기를 만지기도 하는데 다가가서 물어보지는 못하고 같이 놀자고 하면 선생님과 잘 노는데 놀이시간마다 소진이와만 시간을 보낼 수도 없고 몰래 자위행동을 하는 소진이를 어떻게 지도해야 할지 아연 선생님의 고민은 점점 깊어지고 있다.

연령 : 5세
가족관계 : 엄마, 아빠, 여동생

교사 관찰	• 자위행동을 하는 소진이의 빈도와 패턴은 어떠한가? • 자위행동을 하기 전 소진이의 선행사건은 어떠한가? • 소진이가 좋아하는 놀이는 어떤 것인가?
학부모 상담질문	• 집에서 혹시 자위행동을 한 적이 있나요? • 하원 후에는 주로 어떻게 시간을 보내고 있나요? • 집에서 소진이는 혼자 놀이를 하나요?/ 부모님과 함께 놀이를 하나요? • 소진이는 동생에 대해서 질투심을 느끼나요?

1 정서발달의 이해

정서의 정의는 학자마다 다르지만 사람의 마음에 일어나는 여러 가지 감정 또는 감정을 불러일으키는 기분이나 분위기를 뜻한다(국립국어원 표준국어대사전, 2018). 정서는 특정 장면을 유발하는 생리적 각성, 느낌, 인지 과정 및 행동 등 신체적·정신적 변화의 복합적 형태이고 분노, 공포, 환희와 같이 보다 분화된 기분 상태로서 개인이 관여하고 있는 특정 상황에서의 대인관계를 시작하고 규정하고 유지하거나 종결짓는 데 있어서 결정적인 역할 수행을 가능하게 한다 (보건복지부 · 육아정책연구소, 2013).

정서 관련 문제행동을 일으키는 원인에는 여러 가지가 있을 수 있는데 일반적으로 영유아의 기질, 지능, 그 외 개인적인 취약성과 부모의 양육방식, 우울이나 불안과 같은 부모의 정신병리, 부부갈등, 가족의 구조적 결손, 빈곤과 같은 환경적인 요인으로 나누어 생각할 수 있다.

정서 관련 문제행동은 원만한 인간관계를 유지하는 데 방해요소가 되고 이후의 성격발달에도 영향을 미치기 때문에 중요하게 생각해야 하며 문제행동을 수정하기 위해서는 문제행동임을 인식하고 원인을 파악하는 것이 중요하다.

(1) 영아기

영아기에는 다양한 정서를 발달하기 시작하면서 표현할 수 있다. 연령이 증가하면서 정서는 점차 분화되어 가고 복잡하게 발달되어 간다. 기본적인 정서는 출생 시부터 나타나지만 당황, 수치, 죄책감, 질투, 자긍심과 같은 2차 정서는 인지발달과 더불어 발달하게 된다. 다양한 정서의 종류와 분화는 |그림 9-1|과 같다.

4~8개월에는 행복, 흥분, 기쁨, 공포 등의 정서가 발달하기 시작하고, 8~12개월에는 두려움과 불안을 표현하거나 분노를 표출하기도 한다. 13~18개월에는 긍정적인 자존감을 발달시키고 심한 분노를 표현하기도 하고, 19~24개월에는 자의식이 발달하면서 죄책감, 당황함, 수치심, 자부심과 같은 복잡한 정서가 표출되기도 한다. 2세경에는 분노가 최고조에 달하게 되어 이 시기에는 화가 나면 분노의 감정을 떼쓰기로 표현하기도 한다(서명원 외, 2018).

	정서			
기본정서 (1차 정서)	**기쁨**	**슬픔**	**분노**	**공포 혹은 놀람**
복합정서 (2차 정서)	행복감 환희 흐뭇함 만족 즐거움 고무됨 자긍심	낙담 불행 고뇌 비탄 실의 수치심 죄책감	좌절 질투 혐오 성가심 격분 지루함 저항	조심성 불안 의심 우려 당황 괴로움

|그림 9-1| 정서범주에 따른 정서의 종류

출처 : 이옥임 · 권덕수 · 이선영(2025).

정서 관련 문제행동은 영아기부터 시작되고, 영아가 성장함에 따라 자연스럽게 해결되기도 하지만 시간이 지남에 따라 더욱 심각해지고 빈번해질 수도 있기 때문에 문제행동이 보인다면 부모나 교사의 적절한 개입이 필요하다.

(2) 유아기

유아기의 정서는 거의 성인 수준으로 분화하고 발달하게 된다. 유아기에는 자기 정서를 인식하는 능력뿐만 아니라 타인의 정서도 분명히 변별할 수 있는 능력으로 발달하게 된다.

3세가 되면 시각적인 것에 두려움을 나타내게 되고 기쁨, 슬픔, 분노, 놀람과 같은 정서를 야기하는 상황 간의 관계를 이해하기 시작하고, 4세 유아는 청각적인 것에 대해 무서워하는 양상을 보이기도 하며, 5세가 되면 상상력이 발달하면서 공포심을 나타내는데 이러한 정서를 언어적인 반응으로 나타낸다(서명원 외, 2018).

정서발달 문제행동은 자신이나 친구들에게 피해를 주고, 나중에 사회적 문제를 일으키거나 학습 실패에 영향을 미칠 수 있으며 유아가 자신의 생활을 원만히 이끌어가지 못하게 한다(Barbara, Judy, 2013, 보건복지부·육아정책연구소, 2013 재인용). 유아기 정서의 발달은 보람 있고 행복한 생활을 영위하도록 하며 사회적 발달의 기초가 되기 때문에 중요(박나영, 2012)하고, 정서적인 문제를 갖게 된다면 이후에 원만한 인간관계를 유지하기 힘들기 때문에 적절한 지도가 필요하다.

정서 관련 문제행동을 지도하기 위해서는 영유아의 개인적 기질에 대해 이해하는 것이 선행되어야 한다. 이후에는 영유아의 스트레스 원인을 찾고 이를 해결하기 위한 방법을 계획하도록 한다. 영유아의 정서 관련 문제행동을 잘 지도하기 위해서는 부모 및 영유아와의 신뢰 관계가 뒷받침되어야 하고, 추후 필요시에는 전문가의 상담으로 연계가 될 수도 있다(보건복지부·육아정책연구소, 2013).

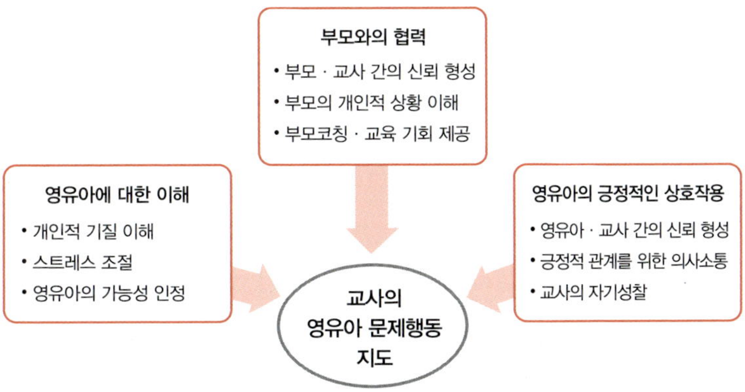

|그림 9-2| 교사의 영유아 정서 관련 문제행동 지도

본 장에서는 정서 관련 문제행동인 분노 폭발, 분리불안과 자위행동에 대해서 살펴보고자 한다.

2 분노 폭발

(1) 분노 폭발에 대한 이해

분노 폭발은 사소한 행동에도 쉽게 화를 내거나 감정을 폭발(예 울음, 떼 등)하는 것이다. 18개월부터 3세 정도까지는 사소한 일에도 화를 잘 낸다. 이 시기는 제1반항기로 독립심과 자아의식이 싹트고 스스로 감정을 통제하기 어렵기 때문이다. 그러나 점차 성장하면서 언어로 자신의 의사를 표현해야 하고 화를 덜 내야 한다. 5세 정도가 되면 공연히 화를 내는 경우가 나타나지 않으며 화를 낸다고 해도 울고불고하지는 않는다(서명원 외, 2018).

언어가 미숙한 영아가 화를 내거나 분노가 폭발하는 경우에는 큰 문제가 아니지만 언어로 자신의 생각과 의사를 표현할 수 있고 자신의 분노를 이해할 수 있음에도 조절이 되지 않는 경우에는 정서와 관련된 문제행동으로 이해해야 한다.

(2) 분노 폭발의 원인

부모의 잘못된 양육방법에서 비롯된 것일 수 있다. 부모가 영유아의 부당한 요구에 처음에는 거부하다가 아이가 울고 화를 내면 뜻을 받아주는 일관성 없는 양육행동을 보일 때 영유아는 분노를 폭발할 수 있다(서명원 외, 2018). 즉, 분노 폭발 후 부모 또는 양육자의 관심을 받거나 자신의 요구가 받아들여지는 경험이 반복되면서 분노 폭발 행동이 강화되고 지속된 것이다(보건복지부·육아정책연구소, 2013).

영유아의 회복탄력성이 낮은 경우이다. 화, 슬픔, 짜증 등의 부정적인 감정에 머물러 있다가도 이러한 감정에서 벗어나서 안정적인 내면의 상태를 되찾는 것을 정서조절능력이라 하며, 이는 영유아의 회복탄력성과도 관계가 있다. 회복탄력성이 낮은 영유아의 경우에는 정서조절에 있어 어려움이 있어 부정적인 감정에서 쉽게 벗어나지 못한다(이하원·이신혜·이지연, 2021).

(3) 분노 폭발의 지도 방법

영유아가 화를 내고 분노 폭발하는 경우와 그에 따른 원인을 주의 깊게 관찰할 필요가 있다. 화를 낼 수밖에 없는 경우에 내는 것은 문제행동이라고 볼 수 없으나 하루에도 여러 번 반복적으로 화를 내는 경우에는 다음과 같은 지도 방법으로 지도가 필요하다(보건복지부·육아정책연구소, 2013, 서명원 외, 2018).

■ 모델링

교사는 어떠한 경우에도 영유아에게 화내는 모습을 보이지 않도록 한다. 화가 나는 상황에서도 화를 내기보다는 어떻게 하는 것이 바람직한 방법인지 설명을 해주고 교사의 방법으로 영유아가 모델링할 수 있도록 한다.

■ 일관성 있는 양육태도

영유아가 화를 태고 분노를 폭발시킨다고 부당한 요구를 들어주면 폭발하는 것이 습관화될 수 있다. 가정에서 부모가 일관성 없는 양육태도로 했다고 하더라도 교사는 흔들리지 않고 영유아의 행동에 대해서 단호하게 지도할 필요가 있다. 해도 되는 행동과 해서는 안 되는 행동을 규칙으로 정하고 그 규칙에 있어서는 어떠한 경우에도 예외가 있어서는 안 된다.

■ 바람직한 의사소통 기술 활용

영유아가 자신이 나타내는 정서 표현에 이름을 붙일 수 있도록 상황별로 개입해서 이야기를 나누거나, 그림책에서 나타나는 인물들의 정서 표현을 보고 정서를 변별해 이야기를 나누도록 한다.

영유아가 상황에 따른 적절한 정서 표현을 했을 때 공감해 주고 정서 표현이 적절했음을 격려하도록 한다. 영유아의 의견을 존중하고 나-전달법과 같은 효율적인 대화기술을 알려주는 방법도 좋다.

3 분리불안

(1) 분리불안의 이해

영아들은 양육자와 지속적인 사랑의 감정인 애착을 형성하게 되고 애착 대상자가 없어지면 분리불안을 나타낸다. 영아들의 분리불안은 대개 6~8개월에 나타나기 시작하여 10~12개월에 가장 심하게 된다. 만 2세 이상이 되면서 애착 대상자가 주변의 여러 사람으로 많아지게 되고 분리불안도 점차 감소하지만 낯선 상황에서 불안함을 가질 수 있다(조운주·최일선, 2013). 어느 정도의 분리불안이 있는 것은 발달적으로 자연스러운 것이며 새로운 환경에 적응할 때 나타나는 행동이다. 그러나 이러한 분리불안의 정도가 지나치게 높아서 적응이 되지 않거나 일상생활에 지장을 준다면 병리적 상태로 보아야 한다.

분리불안 장애(separation anxiety disorder)란 집 또는 애착 대상과 분리되는 상황에 대해 발달수준에 비해 부적절하게 심한 수준의 공포, 불안 반응을 보여 적응상의 문제가 초래되는 경우를 말한다. 여기에는 분리에 대한 극도의 고통감뿐만 아니라 분리 상황에서 애착 대상에게 죽음이나 안위에 위협이 되는 불행한 사건이 초래될 것에 대한 걱정, 또는 미아가 되거나 납치를 당하는 등 자신에게 위험한 사건이 발생해 애착 대상과 이별할 것에 대한 걱정 등이 포함된다. 또한 등원 시 애착 대상과 분리되는 다양한 활동이나 상황을 거부하고, 애착 대상과 분리되는 악몽을 반복적으로 꾸기도 하며, 분리되는 상황 또는 분리가 예상되는 상황에서 다양한 신체 증상을 반복적으로 보이기도 한다(이원혜, 2014).

연령이나 상황에 따라 분리불안의 증상은 변화하기도 한다. 어릴수록 분리불안 증상으로 인한 등원 거부는 물론이고 기관과 관련된 자극에 대한 회피 반응(예 소풍, 견학을 가지 않으려 함)도 흔하다. 이러한 등원 거부는 저조한 학업 성취, 또래 관계로부터의 고립 등을 초래할 수 있다. 시간이 지나면 이러한 일상적인 분리 상황에서의 회피 행동이 좋아지지만 새로운 기관이나 새로운 반에 진학할 때 보통 증상이 심해진다. 분리불안 증상은 애착 대상의 생활을 지나치게 침범하고 방해하기도 한다. 예를 들어, 분리불안 장애를 보이는 유아 중에는 집 안에서도 엄마가 다른 활동을 하지 않고 자기 옆에 붙어 있어 달라고 요구한다거나 직장에 있는 엄마에게 5분에 한 번씩 전화를 거는 등 자신에게 끊임없이 주의를 기울일 것을 요구하기도 한다.

다양한 분리 상황에서 극도의 공포, 불안 반응을 보인다는 점에 주목해 DSM-III(American Psychiatric Association, 1980)에서 분리불안 장애라 명명했다. DSM-IV(American Psychiatric Association, 2000)에서는 흔히 유아기, 소아기, 청소년기에 처음으로 진단되는 장애의 범주 아래 분리불안 장애를 포함시키고, 발병 연령을 만 18세 이전으로 제한하였다(이원혜, 2014).

(2) 분리불안의 원인

분리불안은 기질적인 측면에서 부모에게 분리불안이나 불안장애, 우울증이 있는 경우에 자녀에게도 많이 나타나는 경향이 있으며 수동적이고 부끄러움이 많고 새로운 상황을 회피하려는 여아에게 나타날 가능성이 높다. 또한 부모가 새로운 환경에 잘 적응하지 못하고 변화를 두려워하는 성격이라면 유아도 영향을 받을 수 있다(권정윤 외, 2013).

부모의 양육태도와 관련하여 불안정 애착유형을 가진 경우, 지나친 애정과 과잉보호를 받은 유아, 부모의 불화가 있는 경우에 분리불안이 나타날 가능성이 높다(조운주·최일선, 2013).

환경적인 측면에서 부모의 입원, 별거와 같이 분리에 대한 부정적인 경험이 있는 경우에 분리불안이 나타나기도 한다. 일상생활에서의 스트레스 사건 경험이 분리불안 장애의 유발 및 증상 악화에 영향을 미치며, 특히 상실과 관련된

경험이 그렇다. 유아의 경우 사별, 질병, 전학, 부모의 이혼, 자연 재해 등으로 인해 애착 대상을 상실했거나 상실할 뻔한 경험, 성인의 경우에는 부모로부터 독립, 실연, 사별 등의 경험이 포함된다(이원혜, 2014).

(3) 분리불안의 지도 방법

■ 가정과의 연계

분리불안의 원인은 가정 내에서 찾아야 하는 경우가 많으므로 가정과의 연계를 통해 문제의 원인을 파악해야 한다. 또한 부모가 자신을 찾으러 오지 않을까 봐 불안하고 걱정하는 마음이 있으므로 대화를 통해 유아의 마음을 이해해 주고 “엄마는 꼭 집에 있을게. 그리고 ○시에 데리러 갈게.” 하고 안심시켜 주는 게 중요하며, 무엇보다도 약속한 것은 꼭 지키도록 한다. 교사는 부모에게 약속은 항상 지켜야 아이의 불안이 누그러질 수 있다는 것을 안내한다(서천석, 2014).

■ 모델링

분리불안을 가진 유아는 자신의 불안을 어떻게 다루어야 하는지에 대해 잘 모르는 경우가 많으므로 유아가 불안하거나 걱정스러운 마음을 표현할 때 이러한 감정을 어떻게 다루어야 하는지 구체적으로 안내해 준다. 교사 역시 불안함을 가지고 있음을 표현해 주고 “선생님은 걱정이 되면 이렇게 크게 숨을 쉬어. 그리고 좋은 생각을 해.”라고 말로 이야기하며 불안할 때 어떻게 하는지 모델링을 보여주도록 한다.

■ 또래 관계

분리불안을 가진 유아와 긍정적인 관계를 맺을 수 있는 또래를 만들어 준다. 이러한 짝활동은 기관에 대한 긍정적인 인식을 할 수 있게 해주고 불안을 다루는 또래 모델의 역할을 할 수 있게 해준다.

유아의 불안한 기질은 하루아침에 사라지지 않고 변화되는 데 상당히 오랜 시간이 필요하다는 것을 인정해야 한다. 초등학교 저학년 때까지 이어질 수도 있다고 생각하고 유아에게 안정감을 심어주기 위해 꾸준히 노력해야 한다(서천석, 2014).

DSM-5 분리불안 장애 진단기준

A. 집 또는 애착 대상과의 분리에 대한 불안이 발달수준에 부적절하게 과도한 정도로 나타나며, 다음 중 최소한 세 가지 이상의 상황에서 드러난다.
  (1) 집 또는 주된 애착 대상과 분리되거나 분리가 예상될 때 반복적으로 심한 불안을 느낀다.
  (2) 중요한 애착 대상을 상실하거나 그들에게 해로운 일(다치거나 죽을까 봐)이 일어날 것에 대해 지속적으로 과도하게 걱정한다.
  (3) 운 나쁜 사고(예 길 잃기, 납치, 사고, 질병)가 발생해 중요한 애착 대상과 분리될 것이라는 비현실적이고 지속적인 걱정을 한다.
  (4) 분리에 대한 불안 때문에 학교나 그 밖의 장소에 지속적으로 가기 싫어하거나 거부한다.
  (5) 혼자 있거나 중요한 애착 대상 없이 지내는 것에 대해 지속적이고 과도한 두려움을 느끼거나 거부한다.
  (6) 중요한 애착 대상이 가까이 있지 않은 상황이나 집을 떠나는 상황에서는 잠자기를 지속적으로 싫어하거나 거부한다.
  (7) 분리를 주제로 하는 악몽을 반복적으로 꾼다.
  (8) 중요한 애착 대상과의 분리가 예상될 때 반복적인 신체 증상(예 두통, 복통, 오심, 구토)을 호소한다.

B. 두려움, 불안, 회피가 아동과 청소년의 경우 최소 4주 이상, 성인의 경우 전형적으로 6개월 이상 지속된다.

C. 장해가 임상적으로 유의한 고통감을 초래하거나 사회적, 학업적, 직업적 또는 다른 중요한 영역에서 기능 손상을 초래한다.

D. 장해가 다른 정신 장애로 더 잘 설명되지 않는다. 예를 들어, 집을 떠나는 것에 대한 거부가 자폐스펙트럼 장애에서 보이는 변화에 대한 지나친 저항, 정신증적 장애에서 보이는 분리에 대한 망상 및 환각, 광장 공포증에서 보이는 믿을 만한 사람을 동반하지 않은 상태에서 외출을 거절하는 것, 범불안 장애에서 보이는 중요한 사람이 병에 걸리거나 위험에 빠지는 것에 대한 염려, 질병 불안 장애에서 보이는 병에 걸리는 것에 대한 염려 등으로 더 잘 설명되지 않는다.

출처 : American Psychiatric Association(2013).

4 자위행동

(1) 자위행동에 대한 이해

영유아는 성장하면서 성에 대해서 관심을 갖게 되고 이 과정에서 자연스럽게 성기를 만지며 자위행동을 하기도 한다. 팬티 속에 손을 넣어 성기를 직접 만지기도 하고 인형이나 베개, 담요 등의 물건에 성기를 비비기도 한다. 어떤 경우에는 앉을 때도 의자의 방향을 약간 돌려 모서리에 성기를 대고 앉아 비비는 행동을 하기도 한다(교육부, 2016).

자위행동은 어른스럽다거나 조용하여 눈에 잘 띄지 않는 영유아에게서 많이 나타난다. 이러한 행위는 정체성이 형성되는 시기에 흔히 발생하는 자신과 남을 구별하고 남자와 여자의 개념을 알아가는 과정이라 할 수 있다(서명원 외, 2018).

대부분의 경우에는 일시적으로 나타났다가 사라지니까 너무 걱정하지 않아도 된다. 그러나 자위행동을 오랜 기간 방치하거나 잘못 지도했을 경우에는 문제가 될 수도 있으므로 자세히 관찰하고 지도해야 한다.

(2) 자위행동의 원인

자위행동은 영유아가 신체를 탐색하다가 우연히 자신의 성기를 만지며 기분 좋음을 발견하게 되어 나타난다. 여러 가지 원인에서 할 수 있는데 목욕을 하면서 우연히 놀다가 나타나기도 하고, 가려워서 긁다가 자극이 되어 나타나기도 하며, 너무 꽉 끼는 바지를 입어 불편해서 만지다 나타나기도 한다.

심리적인 이유에서 나타나기도 하는데 불안하거나 스트레스를 받을 때, 우울할 때도 성기를 만짐으로써 안정감을 느껴서 자위행동을 하기도 한다.

양육자의 부적절한 양육행동으로 인한 정서적 결핍이 있을 때도 나타날 수 있다. 가정에 대한 불만으로 인한 정서적 결핍, 무료함, 허기 등의 정서를 느낄 때 우연히 신체 탐색으로 자신의 정서적 결핍감을 해소하기 위해 나타난다(이하원 외, 2021).

(3) 자위행동의 지도 방법

영유아가 자위행동을 한 것을 보았을 경우에는 절대로 그 자리에서 꾸짖거나 소리를 지르면 안 된다. 일시적으로 나타났다가 사라질 수도 있으므로 좀 더 시간을 갖고 지켜보다가 그래도 계속해서 반복된다면 왜 성기를 만지게 되었는지 영유아와 함께 이야기를 나누도록 한다. 영유아가 불편해하는 이유가 있다면 그 부분을 해결해 주도록 한다.

유아 자위행동은 발달의 과정에서 나타날 수 있는 자연스러운 행동이지만 지나치면 문제가 될 수 있으므로 원인에 따른 해결 방법을 찾아서 지도하도록 한다(구성애, 2003).

▪ 문제의 원인 파악

영유아가 성과 관련된 행동을 하게 되는 원인은 단순한 몸에 대한 호기심뿐만 아니라 성인이나 TV를 통해 성행위에 노출되었거나 성폭행을 당한 경우에도 나타날 수 있다. 어떤 이유로 자위행동을 하는지 주의 깊게 관찰할 필요가 있다. 영유아가 쾌감을 얻기 위해 자위행동을 하였을 경우에도 혼내기보다는 이해시키도록 한다.

■ 강화 방지

못하게 하거나 부정적인 단어를 사용하게 되면 유아는 계속해서 자위행위를 하게 된다. 자연스러운 자위행동에서 저항적인 자위행동으로 강화될 수 있기 때문에 공포감을 조성하거나 협박하지 않고 손으로 성기를 계속해서 만지면 세균이 들어가서 아파질 수도 있다고 언급하면서 몸의 소중함, 건강상의 문제를 자연스럽게 말하고 긍정적인 어휘를 사용하도록 한다.

■ 순간 유도

영유아가 자위를 할 때 깜짝 놀라 부정적인 반응을 보이며 차단해 버리면 더욱 스트레스가 될 수 있다. 영유아가 자위를 시작하려는 순간이 보일 때 다른 곳으로 관심을 돌리도록 한다. 영유아들은 심심하거나 스트레스를 받을 때 자위를 할 수 있으므로 이러한 상황이 되지 않도록 유의할 필요가 있다.

■ 놀이 제안

유아가 좋아할 만하고 몰두할 수 있는 운동이나 놀이를 제안하여 에너지를 발산할 수 있는 기회를 주는 것이 필요하다. 영유아가 평소 좋아하거나 관심 있는 놀이가 있다면 교사가 같이 놀이할 수 있도록 한다. 가능한 한 혼자 있는 시간을 줄이고 자위행동이 사라질 때까지 영유아와 함께 시간을 보내도록 한다.

위와 같은 방법으로 지도를 하였음에도 계속해서 자위행동을 하려고 하거나 사라지지 않는다면 심리상담센터 또는 소아정신과를 방문해서 전문가와 상담을 받아보는 방법도 필요하다. 자위행동은 오래 방치할수록 수정하는 데 오랜 시간이 걸린다.

교사를 위한 tip 정서 관련 문제행동 지도에 도움 되는 그림책

관련 정서	그림책	내 용	저자, 출판사
분노 폭발		쏘피가 화나서 혼자 해소하는 과정을 그린 책으로, 화를 풀고 편안하고 따뜻한 집으로 돌아가는 이야기이다.	몰리 뱅 지음, 이은화 옮김, 케이유니버스
		부모들이 무조건 나쁘다고 하는 화도 적당히 낼 줄 알아야 하며 부모가 아이를 이해하는 방법과 자신의 감정을 제대로 감지하고 표현하는 방법에 대해 알려준다.	카트린 돌토, 콜린 포르푸아레 지음, 조엘 부세 그림, 비룡소
분리불안		불리불안을 다룬 그림책으로, 분리불안을 올바르게 극복할 수 있는 방법을 환상적인 이야기로 제시하고 있다.	이재복 지음, 이재복 그림, 사계절
		분리불안에 대한 이야기를 담은 그림책으로, 무섭고 힘든 감정도 성장의 자연스러운 한 과정임을 깨닫게 해주는 그림책이다.	윤여림 지음, 안녕달 그림, 스콜라

<table>
<tr><td rowspan="2">두려움</td><td>
</td><td>빌리는 늘 걱정이 많아 주변을 둘러싸고 있는 모든 것들이 걱정의 근원이다. 할머니와 잠을 자게 된 어느 날 밤, 걱정 많은 빌리에게 할머니가 선물을 주면서 이야기가 시작된다.</td><td>앤서니 브라운 지음, 김경미 옮김, 비룡소</td></tr>
<tr><td>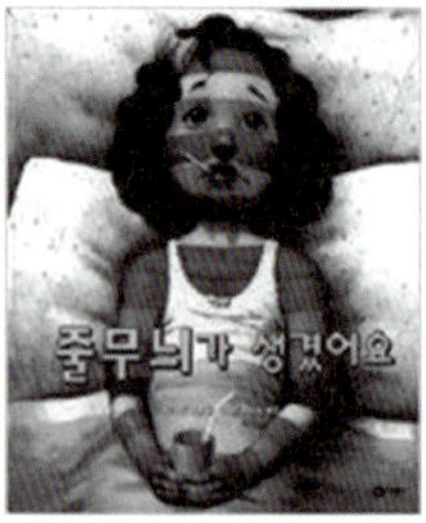
</td><td>친구들과 달라지는 것을 두려워하는 여자아이 카밀라의 이야기로 자기 표현이 서투른 유아들의 속마음을 재미나게 표현한 그림책이다.</td><td>데이빗 섀논 지음, 조세현 옮김, 비룡소</td></tr>
<tr><td rowspan="2">자위행동</td><td>
</td><td>아이의 나쁜 생활습관을 고칠 수 있는 이야기의 그림책으로, 우리 몸의 소중함에 대해서 함께 이야기 나눌 수 있다.</td><td>사이코 다카코 글, 그림, 애플비</td></tr>
<tr><td>
</td><td>유아 자위나 성적 놀이 시 대처방법과 내 몸의 소중함을 알게 해주는 그림책으로, 유아들이 좋아하는 캐릭터들이 나와 친근감을 느끼게 된다.</td><td>구성애, 조선학 지음, 조이랭 그림, 올리브앰엔비</td></tr>
</table>

학습정리

1. 분노 폭발은 사소한 행동에도 쉽게 화를 내거나 감정을 폭발(예 울음, 떼 등)하는 것이다. 18개월부터 3세 정도까지는 사소한 일에도 화를 잘 내는 제1반항기이다. 점차 성장하면서 언어로 자신의 의사를 표현해야 하고 화를 덜 낼 수 있어야 하는데 계속해서 화를 내고 분노가 폭발하는 경우에는 문제가 된다.
2. 분노 폭발을 지도하기 위해서는 모델링, 일관성 있는 양육태도, 바람직한 의사소통 기술을 활용할 수 있다.
3. 분리불안은 영아기에 형성된 애착 대상자와 분리되었을 때 불안해하는 행동으로, 발달적으로 자연스러운 행동이지만 이 정도가 지나쳐 적응이 되지 않거나 일상생활에 지장을 준다면 문제가 된다.
4. 분리불안은 기질적으로 수동적이고 부끄러움이 많고 불안증이 높은 유아에게 많이 나타나며 부모의 양육태도가 불안정 애착유형이나 과잉보호를 받은 경우, 부부의 불화가 있는 경우에 나타날 수 있다. 일상생활에서 상실과 관련된 스트레스 사건 경험이 있을 때 나타날 수 있다.
5. 분리불안을 지도하기 위해서는 가정과의 연계가 필수적이며 불안을 다루는 모델링, 긍정적인 또래 관계가 필요하다.
6. 유아들은 3~6세에 성적 관심이 크게 증가하고 자신과 타인의 몸에 관심을 갖고 탐색하고 호기심을 보이므로 자연스러운 자위행동이나 호기심 행동이 나타날 수 있다.
7. 자위행동은 강화를 방지하고 순간 다른 활동으로 유도하고 에너지를 발산할 수 있고 몰두 할 수 있는 다른 활동을 제안하여 그 정도를 줄일 수 있다.

제10장

언어 관련 문제행동 지도

1. 언어발달의 이해
2. 폭력적인 언어를 사용하는 유아
3. 말 더듬는 유아
4. 선택적 함구증

제 10 장

언어 관련 문제행동 지도

개요

언어는 영유아들이 또래 간의 사회적 관계를 형성하고 유지하는 데 중요한 역할을 한다. 그러나 언어와 관련된 문제가 발생하면, 영유아는 또래와의 의사소통에서 어려움을 겪게 되어 사회적 문제행동이 나타날 수 있다. 본 장에서는 언어와 관련된 문제행동인 폭력적인 언어를 사용하는 유아, 말을 더듬는 유아, 선택적 함묵증에 대해 살펴보고, 각 경우의 특징과 지도 방법에 대해 알아볼 것이다.

학습목표

- 영유아의 언어와 관련된 문제행동을 이해할 수 있다.
- 폭력적인 언어를 사용하는 유아의 문제행동의 특성, 원인, 지도 방법을 알 수 있다.
- 말을 더듬는 유아의 문제행동의 특성, 원인, 지도 방법을 알 수 있다.
- 선택적 함묵증과 관련된 유아 문제행동의 특성, 원인, 지도 방법을 알 수 있다.

주요 용어

언어(language)
구어(spoken language)
문어(written language)
선택적 함묵증(selective mutism)

우리 아이 어떻게 도와줄까?

4세반 교사인 지원 선생님은 수업 시간에 질문을 받거나 발표 상황에서 입을 꾹 다물고 말을 하지 않는 서연이의 행동 때문에 고민하고 있다. 서연이는 집에서는 활발하게 말하지만, 교실에서는 조용하고 위축된 모습을 보인다. 친구들이 말을 걸어도 고개만 끄덕이거나 손짓으로 의사소통을 하며, 말하기를 회피하는 모습을 보인다. 이러한 행동이 반복되면서 또래 관계 형성에 어려움을 겪게 되었다.

연령 : 4.5세
가족관계 : 엄마, 아빠, 여동생

교사 관찰	• 서연이가 소통하는 친구가 있는가? • 서연이가 비언어적인 방법으로 의사소통을 시도할 때 어떤 방식으로 표현하는가? • 서연이가 안정감을 보이는 상황이나 활동은 무엇인가?
학부모 질문	• 서연이는 집에서는 말을 잘 하나요? • 낯선 사람이나 새로운 상황에서 서연이는 어떤 반응을 보이나요? • 부모님께서는 서연이가 말을 하지 않을 때 어떻게 반응하시나요?

1 언어발달의 이해

언어발달은 영유아기의 중요한 발달 과제로, 특히 48개월경에 기본적인 문장 구성 능력과 의사소통 기술이 거의 완성된다. 그러나 이 시기에 언어발달이 지연되거나 미숙한 영유아는 자신의 생각과 감정을 적절히 표현하지 못해 좌절하거나 불안감을 느끼기 쉽다. 이러한 어려움은 또래와의 상호작용에서 오해나 갈등을 유발할 수 있으며, 결과적으로 사회적 고립이나 문제행동으로 이어질 위험이 있다. 따라서 언어와 관련된 문제행동은 조기 발견과 개별적인 언어 지원이 필요하며, 교사와 가정의 협력적 노력이 영유아의 언어발달을 촉진하는 데 중요한 역할을 한다. 영유아기 언어와 관련된 문제행동은 욕과 같은 폭력적인 언어를 사용하거나 말을 더듬는 행동이 가장 많이 나타나며 낯선 환경에서 말을 하지 않는 선택적 함구증과 같은 문제가 나타날 수 있다.

(1) 영아기

영아기의 언어발달은 신체발달과 밀접하게 연결되어 있으며, 특히 걸음마가 완성되는 18개월경에 급격한 변화를 보인다. 이 시기에는 수용언어가 표현언어보다 발달하여 영아는 말을 잘하는 것보다 얼마나 잘 이해하는지가 중요한 평가 기준이 된다. 따라서 교사는 영아가 주변의 언어 자극을 얼마나 잘 받아들이는지 세심하게 관찰하고 적절한 언어 자극을 제공해야 한다.

걸음마가 완성되면 명명 폭발기가 시작되는데, 이는 영아가 사물과 사람을 지칭하는 단어를 빠르게 습득하고 사용하는 시기이다. 그러나 신체발달이 늦어질 경우 언어발달도 지연될 가능성이 있으므로 영아의 신체 및 언어발달 상태를 함께 고려한 지원이 필요하다. 한편, 한 단어 시기 이후 언어 표현이 당분간 크게 증가하지 않는 경우도 흔히 나타나며, 이는 발달의 일시적 특성이므로 지나친 걱정보다는 지속적인 언어 자극과 상호작용을 통해 발달을 도와야 한다.

언어발달은 사회성 발달과도 밀접한 관련이 있다. 언어가 발달하지 않으면 자신의 욕구나 감정을 적절히 표현하기 어려워지고, 이로 인해 좌절이나 부정적 행동이 나타날 수 있다. 따라서 교사는 영아와의 상호작용에서 민감하고 반응적인 태도를 유지하며 언어적 표현을 격려하고 확장해 주는 역할을 해야 한다. 또한 영아가 언어를 통해 긍정적인 상호작용을 경험할 수 있도록 환경을 조성하고 언어발달을 촉진하는 다양한 기회를 제공해야 한다.

- 언어 표현의 지연이 있을 시 신체적 공격성이 나타날 수 있음
- 수용언어와 표현언어의 불균형으로 의사소통 오해가 발생함
- 한 단어 시기 이후 어휘 확장이 더디게 진행됨
- 의사소통 좌절로 정서적 불안과 과잉행동이 나타남

(2) 유아기

유아기 언어발달의 핵심 과제는 의사소통 능력의 확장이다. 유아는 언어를 통해 자신의 생각과 감정을 표현하고 타인의 말을 이해하는 능력을 발달시켜야 한다. 특히 36개월경에는 유아가 하는 말의 80% 이상을 알아들을 수 있어야 하며, 48개월에는 언어가 거의 완성되는 시기이다.

3세 유아는 짧고 단순한 문장을 사용하며 요구나 감정을 표현할 때 반복적이고 직설적인 언어를 주로 사용한다. 이 시기에는 표현이 서툴러 신체적 행동(예 물기, 밀기)으로 욕구를 전달하는 경우가 많다.

4세 유아는 어휘와 문장이 급격히 발달하여 의사소통이 활발해지지만 아직 논리적 사고가 미숙하여 설명이 어설프거나 자기중심적인 표현이 자주 나타난다. 상상놀이와 역할놀이에서 언어 사용이 증가하며 과장되거나 모방된 표현을 자주 사용한다.

5세 유아는 언어 표현이 세련되어지고 복잡한 문장 사용이 가능해진다. 타인의 감정과 생각을 언어로 이해하고 설명할 수 있는 능력이 발달하며 규칙을 설명하거나 협력하는 말이 자주 나타난다. 그러나 언어 규칙에 대한 민감도가 높아져 또래의 말실수나 규칙 위반에 강하게 반응하는 행동이 관찰되기도 한다.

- 신체발달(대근육 발달)과 발음이 관련되므로 신체발달 지연 시 발음상 문제가 있을 수 있음
- 언어발달은 완성이 되었으나 어휘력에서 개인차가 매우 큼
- 말더듬 현상이 일어날 수 있음

2 폭력적인 언어를 사용하는 유아

(1) 폭력적인 언어를 사용하는 유아의 이해

최근 2023년 학교폭력 실태조사(교육부, 2023) 결과에 따르면, 학교폭력 피해 유형 중 언어폭력(37.1%)이 가장 높은 비율을 차지하였다. 신체폭력(17.3%), 집단 따돌림(15.1%) 등이 그 뒤를 이었으며, 이는 언어폭력이 신체폭력보다 더 빈번하게 발생함을 보여준다.

이러한 언어폭력의 문제는 초·중·고등학교뿐만 아니라 유아기에도 나타나고 있다. 유아들은 욕설과 같은 폭력적인 언어를 사용하며 언어적 공격성을 드러내기도 한다. 그러나 이 시기의 유아들은 욕설을 일종의 '새로운 표현 방법' 또는 흥미로운 놀이의 일부로 받아들이는 경우가 많으며, 이를 심각한 문제로 인식하거나 죄의식을 느끼지 않는 경우가 대부분이다(서명원 외, 2014).

특히 자기 의사 표현이 미숙한 유아들은 자신의 감정이나 욕구를 표현하는 방법으로 강한 언어를 사용하며 또래에게 주목을 받거나 힘의 우위를 과시하려는 행동을 보이기도 한다. 따라서 유아기의 폭력적인 언어 사용은 단순한 장난으로 간과하기보다는 발달적 특성을 이해하고 조기 개입을 통해 긍정적인 의사소통 방식으로 전환할 수 있도록 지도해야 한다.

(2) 폭력적인 언어를 사용하는 원인

■ 감정 표현의 미숙 및 정서적 불안

유아는 자신의 감정이나 욕구를 언어로 적절히 표현하는 능력이 아직 발달 과정에 있다. 이로 인해 친구와의 다툼이나 불만이 생겼을 때 욕을 사용하여 화와 분노를 직접적으로 표출하려는 경향을 보인다. 욕설을 내뱉는 순간에는 일시적으로 시원함이나 해소감을 느끼고 때로는 흥분과 짜릿함을 경험하기도 한다. 이러한 감정적 반응은 욕설을 반복적으로 사용하는 동기가 될 수 있다.

■ 모방행동

가정 내에서 폭력적인 언어에 노출된 유아는 자연스럽게 이를 따라 하게 된다. 특히 손위 형제나 자매가 있는 경우 형제자매의 언어 습관을 모방하면서 욕이나 비속어를 사용하는 경향이 더 자주 나타난다. 또한 드라마, 영화, 유튜브와 같은 미디어에서 접한 강한 언어 표현을 흥미로운 말로 인식하거나 재미 요소로 받아들이면서 이를 반복적으로 사용하기도 한다.

■ 관심 끌기

유아는 처음에 욕을 사용했을 때 주변 성인이나 또래들이 보인 강한 반응을 통해 주목받을 수 있다는 사실을 학습한다. 상대의 반응이 부정적이더라도 유아는 관심을 끌고 싶은 목적을 달성했다고 인식하게 되며 이후에도 지속적으로 욕설을 사용하여 비슷한 반응을 유도하려는 경향을 보인다.

■ 또래 문화의 영향

또래 집단에서는 욕설이 친밀감을 형성하거나 유머를 표현하는 도구로 사용되는 경우가 있다. 유아는 이러한 집단의 언어적 규칙에 동조하며 폭력적인 언어를 놀이의 일부로 받아들일 수 있다. 이 과정에서 욕설이 사회적 상호작용의 일환으로 정착될 가능성이 높다.

(3) 폭력적인 언어를 사용하는 유아의 지도 방법

■ 감정조절과 의사소통 기술 연습

유아가 자신의 감정을 적절하게 표현할 수 있도록 다양한 감정 단어를 가르치고 상황에 맞는 표현을 연습시킨다. "나는 속상해", "그건 싫어"와 같은 부정적인 감정을 표현하는 구체적인 문장을 연습하게 한다. 깊게 숨 쉬기, 손으로 숫자를 세며 마음을 진정시키기 등 감정조절 전략을 제공하여 욕설 대신 긍정적인 표현을 사용할 수 있도록 돕는다.

또한 역할놀이나 극화활동을 활용하여 유아가 감정을 표현하고 의사소통을 연습할 기회를 제공한다. '친구에게 부탁하기'나 '기분 나쁜 일 말하기' 장면을 연출하여 바람직한 언어 표현을 연습하게 한다.

■ 가정과의 연계

가정 내 언어 환경을 점검하고 부모와 형제자매가 긍정적인 언어 모델이 되도록 한다. 손위 형제자매가 욕설을 사용할 경우 부모와 협력하여 언어 습관을 교정하도록 한다.

미디어를 통한 욕설 노출을 줄이고 유아가 시청하는 프로그램과 콘텐츠를 점검하여 긍정적인 언어 표현을 사용하는 프로그램을 추천한다. 유아교육기관이 협력하여 유아에게 일관된 언어 교육을 제공할 수 있도록 교육 자료와 정보도 공유한다.

■ 무시하기(소거법)와 강화하기

욕설 사용이 주목을 끌기 위한 행동일 경우 의식적으로 무시하고 과잉반응을 피한다. 욕설에 대해 일절 반응하지 않으면서 욕설을 사용하지 않고 바람직하게 표현할 때만 즉각적인 칭찬과 보상을 통해 긍정적인 행동을 강화한다. 유아가 욕을 하지 않고 "나는 속상해"라고 말했을 때 "화가 난 기분을 말로 잘 표현했구나!"와 같이 구체적인 칭찬을 제공하여 긍정적인 행동을 강화한다.

■ 모델링 제공

교사와 부모는 유아가 모방할 수 있는 긍정적인 언어 사용의 모델이 되어야 한다. 교사가 평소에 차분하고 존중하는 말투를 사용하면 유아도 이를 따라 하게 된다. 일상적인 상황에서 "나는 지금 화가 났어. 조금만 후에 이야기하자", "네가 그렇게 말해줘서 참 기분이 좋다"와 같은 문장을 자주 사용하여 바람직한 언어 표현을 자연스럽게 습득하도록 한다.

또래 관계에서도 긍정적인 언어 사용을 모델링할 수 있도록 상호작용을 지도한다.

■ 일관된 규칙 설정과 강화

학급 내에서 바람직한 언어 사용과 관련된 사회적 분위기를 조성한다. 교사는 말에는 힘이 있다는 것을 지속적으로 강조하고 "친구에게 기분 좋은 말을 해요", "나쁜 말은 하지 않아요"와 같은 규칙을 유아들과 함께 정하고 시각적으로 게시해 상기시킨다. 놀이 중 규칙을 어긴 경우 "우리 규칙 다시 한번 볼까?"와 같이 자연스럽게 규칙을 떠올리게 하여 유아가 자발적으로 규칙을 지키는 습관을 형성하도록 돕는다.

3 말 더듬는 유아

(1) 말 더듬는 유아의 이해

말더듬은 유아가 말을 할 때 소리를 반복하거나 늘이거나 막히는 현상이 나타나는 것을 의미한다. 이는 의사소통 과정에서 자연스럽게 발생할 수 있는 발달적 특성이지만, 지속되거나 심화될 경우 유아의 정서적 불안과 사회적 상호작용에 영향을 줄 수 있다.

유아기는 언어발달이 급격하게 이루어지는 시기로, 특히 2세에서 5세 사이에 말더듬 현상이 가장 흔하게 나타난다. 이 시기의 말더듬은 대개 발달성 말더듬으로, 새로운 어휘와 문장 구조를 빠르게 습득하면서 일시적으로 발생할 수 있다. 이러한 경우 대부분 시간이 지나면서 자연스럽게 사라진다. 그러나 일부 유아는 말더듬이 지속되면서 긴장하거나 불안한 상황에서 더욱 두드러지게 나타난다. 이때 유아는 자신의 말더듬을 인식하고 좌절감을 느끼거나 말하기 자체를 회피할 가능성이 있다. 특히 또래와의 상호작용에서 의사소통의 어려움이 발생할 수 있으며, 장기적으로는 자존감 저하와 사회적 위축으로 이어질 위험이 있다(이승환, 2005).

따라서 말더듬은 단순한 언어발달 과정의 일부일 수도 있지만 부정적인 반응에 의해 악화될 가능성이 있으므로 유아의 심리적 안정과 언어적 자신감을 높여주는 적절한 지도와 지원이 필요하다.

(2) 말 더듬는 유아의 원인

말더듬 증상이 있는 사람의 원인은 한 가지 요인으로 설명되기보다는 유전적(기질적), 발달적, 환경적, 심리적 요인 등이 복합적으로 작용한 결과로 알려져 있다(이승환, 2005).

■ 유전적 요인

부모가 말더듬 증상이 있는 경우 자녀에게서도 말더듬 증상이 나타날 가능성이 높은 것으로 알려져 있다. 이는 말더듬이 유전적 소인을 가질 수 있다는 점을 시사하며, 이러한 기질적 요인은 초기 언어발달 과정에서 유창성 문제로 이어질 수 있다.

■ 발달적 요인

유아기는 언어발달의 결정적 시기로, 언어 유창성과 신체발달 간의 경쟁적 관계가 형성되면서 일시적인 유창성의 혼란이 발생할 수 있다. 또한 어휘와 문장 구조를 빠르게 습득해 가면서 언어 처리 과정에서 부담이 가중되며 말더듬 증상이 나타날 가능성이 높아진다. 인지능력이 발달하면서 언어 표현과 사고의 불일치가 발생하는 것도 유창성을 저하시킬 수 있다.

■ 가정 내 언어 환경

스트레스를 유발하는 말환경은 말더듬을 악화시킬 수 있다. 예를 들어, 경쟁적으로 말을 해야 하거나 다른 사람의 잦은 방해를 받는 경우, 말을 잘해야 한다는 압박감을 느낄 때, 듣는 사람이 자신의 말에 관심을 보이지 않을 때, 급하게 말을 해야 하는 상황, 말하는 도중 자주 질문을 받을 때, 흥분하거나 말을 많이 해야 할 때 등이 유아의 말더듬을 유발하거나 증상을 심화시킬 수 있다. 부모의 과도한 기대나 잦은 지적, 말의 빠른 수정 요구 역시 유아의 말더듬 증상을 지속시키는 환경적 요인으로 작용할 수 있다.

■ 심리적 스트레스

가정이나 주변 환경에서 충격적인 사건이 발생했을 때 유아의 심리적 안정이 무너져 말더듬 증상이 새로 발생하거나 기존 증상이 악화될 수 있다. 예를 들어, 부모의 이혼, 동생의 출생, 전학, 이사, 입원, 사고 등은 유아에게 심리적 타격을 주어 말의 유창성을 떨어뜨릴 수 있다. 이러한 스트레스는 불안과 긴장을 심화시켜 말더듬을 고착화하거나 만성화할 가능성을 높인다.

(3) 말더듬는 유아 지도 방법

■ 말더듬 인정하기

유아가 말을 더듬을 때 이를 자연스러운 현상으로 받아들이고 부정적인 딱지를 붙이지 않는다. 유아에게 말더듬은 누구나 경험할 수 있는 것이며 조금씩 바꿔 나갈 수 있는 증상임을 설명해 준다. 유아가 말을 더듬을 때는 참을성 있게 듣고 이를 비난하지 않고 구체적으로 행동을 설명하는 것이 중요하다. 말더듬을 부정적으로 인식하지 않도록 도와준다.

■ 수용적이고 긍정적인 분위기 조성하기

유아가 말을 더듬을 때 수용적이고 긍정적인 분위기를 만들어주는 것이 매우 중요하다. 유아가 말을 더듬을 때 부정적인 반응을 보이기보다는 유아가 편안하게 자기 속도에 맞춰 말할 수 있도록 인내심을 가지고 기다려주며 칭찬과 격려를 통해 유아의 자신감을 높여주는 방식으로 접근한다.

유아에게 요구하는 유창성의 기준을 기대수준 이하로 낮추는 것이 필요하다. 너무 높은 유창성 기준은 유아에게 과도한 부담을 주고 말이 더듬어지도록 만들 수 있다. 유아가 말을 천천히 하거나 머뭇거리는 것을 자연스럽게 받아들이고 속도보다는 의미에 집중하며 의사소통을 유도한다.

■ 스트레스의 원인 해결하기

말더듬은 심리적 요인과 깊은 관련이 있기 때문에 유아가 경험하는 스트레스의 원인을 정확히 살펴보고 이를 해결하거나 적절히 관리하는 것이 중요하다. 예를 들어, 부모의 과도한 기대나 부정적인 반응, 또래와의 상호작용에서 오는 불안, 가정 내 변화나 큰 사건들이 유아에게 심리적인 스트레스를 유발할 수 있다. 이러한 스트레스 요인을 잘 파악하고, 긍정적이고 안정적인 환경을 제공하여 유아가 편안하게 의사소통을 할 수 있도록 도와주어야 한다.

■ 모델링

유아가 말더듬을 겪고 있을 때 교사나 부모는 천천히 말하는 모습을 보여주어야 한다. 유아에게 천천히 말하라고 권장하면서 교사나 부모는 말을 빠르게 하지 않도록 해야 한다. 유아의 속도에 맞춰 말할 수 있도록 돕고 긴장하지 않도록 긍정적이고 여유 있는 모델링을 제공한다.

■ 말더듬 교정 연습

유아의 말더듬을 교정하기 위해 천천히 말하기 연습을 시켜 말이 자연스럽게 나올 수 있도록 돕는다. 또한 첫 음절이나 소리를 길게 말하기를 통해 유아가 더 유창하게 말할 수 있도록 유도하고, 말하는 중간에 자주 쉬기를 통해 긴장감을 줄이며 말의 유창성을 높인다. 콧소리 내며 시작하기 연습은 유아가 말을 시작할 때의 긴장감을 완화시키고 말더듬을 줄이는 데 도움을 준다. 마지막으로 음악처럼 리듬을 타며 말하기 연습을 통해 말하는 속도와 리듬을 조절하며 자연스럽게 말을 이어갈 수 있도록 유도한다(김보영·최지원, 2024).

4 선택적 함구증

(1) 선택적 함구증의 이해

선택적 함구증(selective mutism)은 정상적인 언어발달 과정을 거쳐 다른 상황에서는 말을 잘하지만, 특정 상황에서는 지속적으로 말을 하지 않거나 다른 사람의 말에 언어적으로 반응하지 않는 것을 의미한다. 이를 선택적 함묵증이라고도 부른다. 이러한 선택적 함구증은 새로운 환경에 대한 불안감이 높은 아이들에게 자주 나타나며 사회적 관계에서 사람을 만났을 때 먼저 말을 꺼내지 못하거나 사람들의 말에 대답하지 못한다는 특징이 있다(하지수·오채선, 2024). 선택적 함묵증 아동들은 무관심하고 수줍음이 강한 것으로 나타났다. 특히 부정적 상황에 대한 무관심은 사회적 상황에 대한 회피로 이해할 수 있고, 수줍음은 선택적 함묵증 아동이 자신을 표현할 수 없을 정도의 심한 부끄러움으로 이해된다. 그러나 집에서는 분노 발작이나 반항하는 행동이 나타나기도 한다(김옥경, 2003).

말을 하지 않는 행동이 1개월 이상 지속되며 교육적·사회적 의사소통을 방해할 경우 선택적 함구증으로 진단할 수 있다. DSM-5(American Psychiatric Association, 2013)에서는 선택적 함구증을 불안장애의 범주로 분류하고 있다. 이 증상은 극도의 수줍음, 사회적 상황에 대한 두려움, 사회적 고립, 강박적 행동 등 불안 관련 특성과 깊은 관련이 있는 것으로 알려져 있다. 또한 선택적 함구증 아동들이 특정 의사소통 장애에 해당하지는 않으며 정상적인 언어 기술을 보유하고 있으나 또래에 비해 의사소통 기술이 상대적으로 부족하여 사회적 상황에 대한 두려움과 불안을 호소하는 경우도 흔하다(하지수·오채선, 2024; 홍아름나라, 2015). 선택적 함구증이 있는 유아들은 표준 발음으로 의사를 표현하는 대신 몸짓이나 고개 끄덕이기, 머리 흔들기, 몸 잡아당기기, 어떤 경우에는 단음절의 짧고 일정한 목소리로 의사를 표현하기도 한다(김옥경, 2003).

선택적 함구증은 특수교육대상자로 지정될 수 있으나 실제로는 장애진단을 받지 않는 경우가 많으며(하지수·오채선, 2024) 심각한 수준까지 가지 않아도 말을 하는 데 불안을 느끼는 유아들도 있기 때문에 교사는 이를 알고 지도하는 것이 필요하다.

DSM-5 선택적 함구증 진단기준

A. 다른 상황에서는 말을 할 수 있음에도 불구하고 말을 해야 하는 사회적 상황(예 학교)에서 일관되게 말을 하지 않는다.
B. 장애가 학습이나 직업상의 성취 혹은 사회적 소통을 방해한다.
C. 이러한 증상이 최소 1개월 이상 지속된다. (학교생활 후 첫 1개월에만 국한되지 않는 경우)
D. 말하지 못하는 이유가 사회적 상황에서 필요한 말에 대한 지식이 부족하거나 언어가 익숙하지 않은 것으로 인해 말을 하지 않는 것이 아니다.
E. 장애가 의사소통 장애(예 아동기 발병형 유창성 장애)로 더 잘 설명되지 않으며 자폐스펙트럼 장애, 조현병 또는 다른 정신병적 장애의 경과 중에만 발생되지는 않는다.

출처 : American Psychiatric Association(2013).

(2) 선택적 함구증의 원인

선택적 함구증의 원인은 명확하게 밝혀지지 않았으나 심리적 충격, 신체적 외상, 대인관계 문제 및 가족 내 역동 등 다양한 요인이 복합적으로 작용하는 것으로 추정된다(손수정, 2017).

DSM-5에서는 선택적 함구증의 위험요인을 기질적, 환경적, 유전적·생리적 측면으로 구분하여 설명하고 있다.

선택적 함구증의 기질적 위험인자는 부정적 정서성(신경증적 경향성)이나 행동 억제, 부모의 수줍음, 사회적 고립, 사회불안이 영향을 미칠 수 있다고 하였다. 또 선택적 함구증 아이들은 정상 범위 내이기는 하지만 또래에 비해 수용성 언어에서 약간의 어려움을 보일 수도 있다고 한다.

환경적 측면에서 선택적 함구증 아이들이 말을 안 하는 행동은 그들의 부모에 의한 사회적 억제 때문일 수 있으며 선택적 함구증 아이들의 부모가 다른 불안장애 아이들이나 장애가 없는 아이들의 부모보다 더 과잉보호적이고 지시적인 것으로 보인다고 하였다.

유전적·생리적 측면에서 선택적 함구증과 사회불안장애는 많이 겹치기 때문에 아마도 두 장애 사이에 공유하는 유전적 요인이 있을 것으로 보인다고 하였다(정우영, 2017).

(3) 선택적 함구증의 지도 방법

■ 민감한 반응 제공

내성적인 성격의 유아는 낯선 상황에서 쉽게 위축될 수 있으므로 교사는 민감한 반응과 따뜻한 보살핌을 제공해야 한다. 유아가 편안함을 느낄 수 있는 놀이와 상황을 마련하여 자연스럽게 말할 수 있도록 돕는다. 이때 유아에게 말하라고 강요하거나 말해보라고 재촉하는 것은 불안을 심화시킬 수 있으므로 교사는 유아의 속도를 존중하고 편안하게 기다려주는 태도가 필요하다.

■ 비언어적 의사소통 방식 활용

말하기에 대한 부담을 줄이기 위해 손을 잡거나 손가락으로 신호를 보내는 등 비언어적 의사소통 방식을 적극 활용한다. 이러한 작은 의사소통 방법을 통해 유아가 의사 표현에 대한 자신감을 키울 수 있도록 돕는다. 비언어적 의사소통을 점진적으로 확장하여 언어 표현으로 이어질 수 있도록 한다.

■ 사회성 증진 기회 제공

유아가 또래와 상호작용을 통해 사회적 기술을 습득할 수 있는 기회를 제공한다. 언어 표현이 활발한 친구와 함께 놀이할 수 있는 환경을 마련하고, 그 과정에서 유아가 긴장감을 덜 느끼고 점차 자기표현을 할 수 있도록 돕는다. 또한 친한 친구가 낯선 사람들 앞에서 자기표현을 하는 모습을 보여주는 모델링 방법을 활용하여 유아가 자연스럽게 배울 수 있도록 한다.

■ 불안의 원인 파악 및 제거

선택적 함구증의 원인 중 하나는 특정 상황이나 사람에 대한 불안감일 수 있다. 교사는 유아가 말하기를 어려워하는 상황이나 요인을 파악하고, 그 원인을 제거하거나 조절하여 유아가 더 편안하게 느낄 수 있는 환경을 조성해야 한다.

■ 전문기관의 진단 및 치료

선택적 함구증이 심각한 수준으로 나타나는 경우 DSM-5(정신질환 진단 및 통계 편람) 기준에 따라 전문기관에서 정확한 진단과 치료가 이루어져야 한다. 행동치료는 말하는 행동과 관련된 불안을 줄이고 말하기에 대한 긍정적인 경험을 강화하는 데 초점을 맞춘다. 심리치료는 유아의 내면적 불안과 정서적 문제에 접근하여 문제행동을 완화시키는 역할을 한다. 필요에 따라 인지행동치료(CBT), 놀이치료, 가족상담 등이 병행될 수 있으며, 교사는 이러한 치료가 원활하게 이루어질 수 있도록 가정과 협력하고 지원하는 역할을 담당해야 한다.

교사를 위한 tip 언어 관련 문제행동 지도에 도움이 되는 그림책

관련 내용	그림책	내 용	저자, 출판사
폭력적인 언어 사용		나쁜 말을 하는 아이와 함께 나쁜 말을 먹는 괴물이 등장한다. 나쁜 말을 먹을수록 몸집이 커지고 무서워지는 괴물을 통해 올바른 언어 사용을 생각해 볼 수 있는 그림책이다.	카시 르코크 글, 상드라 소이네 그림, 그린북
		나쁜 말을 해서 엄마에게 혼이 난 아이가 현명한 정원사를 만나 나쁜 말이 불쑥불쑥 나올 때 어떻게 해야 하는지 재우는 이야기가 담긴 그림책이다.	오드리 우드 글, 돈 우드 그림, 책과콩나무
		말에는 힘이 있다는 메시지를 정확하게 전달해 주는 책으로, 말의 힘을 알고 그 힘을 제대로 쓰는 법을 다양한 상황과 말로 보여주는 그림책이다.	이현정 글, 이철민, 김성민 그림, 달달북스
말더듬		말을 더듬는 아이가 굽이치고 부딪치고 부서져도 쉼 없이 흐르는 강물과 마주하며 내면의 아픔을 치유하고, 남과 다른 자신을 긍정하는 과정을 섬세하게 그려냈다. 시적인 비유와 상징으로 가득한 아름다운 글과 그림이 어우러져 책장을 덮은 뒤에도 여운이 오래 머무는 그림책이다.	조던 스콧 글, 시드니 스미스 그림, 책읽는곰

		신에게 맞닥뜨린 일시적인 '말더듬' 현상을 연습을 통해 극복한 아리안의 감동적인 이야기를 통해, 비슷한 어려움을 겪고 있는 아이들이 스스로 자신의 고민을 해결할 수 있도록 용기를 북돋워 주는 그림책이다.	다니엘 노로 글, 루이즈 카트린 베르주롱 그림, 상상스쿨
선택적 함구증		마음속에 있는 말을 제대로 전하지 못해 힘들어하는 아이가 마음속에서 맴돌던 말을 소리 내어 말하면서 다른 사람과 건강한 관계를 맺는 과정을 그린 그림책이다.	최숙희 글, 그림, 책읽는곰
		밖에서는 얼음이 되지만 집에서는 최고의 말괄량이가 되는 송이의 이야기. 송이의 마음속 이야기를 통해 선택적 함구증을 가진 아이들의 속마음을 이해할 수 있는 그림책이다.	박선희 글, 그림, 씨드북

토론해 보세요

▶ **언어 관련 문제행동 유아의 동영상을 보고 원인과 해결 방법을 논의해 보세요.**

– 문제행동의 유형

– 원인 분석

– 해결 방법

학습정리

1. 언어는 유아들이 또래 간의 사회적 관계를 형성하고 유지하는 데 있어 중요한 매개가 되며 언어 관련 문제가 있을 경우에는 또래 친구와의 의사소통이 원활하지 못해 사회성 관련 문제행동도 일으킬 수 있다.
2. 언어발달은 개인차가 있으며 이전의 경험과 자극에 따라서 발달 속도와 양상이 달라질 수 있으므로 언어 관련 문제는 개인차에 대한 이해를 바탕으로 접근하여야 한다.
3. 폭력적인 언어를 사용하는 유아들의 심리는 본인이 주목받고 싶은 마음으로 하는 경우가 가장 많으나 환경적인 변화가 있을 때에도 자신의 존재를 확인받고 싶어 욕을 하기도 한다. 원인에 따라 적절한 지원이 필요하다.
4. 유아가 말을 더듬는 것은 발달상 자연스러운 일이며 이에 대해 너무 주목하거나 강압적인 방식으로 지적하지 말고 수용적인 분위기를 조성하고 교사가 천천히 말하는 모델이 되어야 한다.
5. 선택적 함구증은 정상적인 언어발달 과정을 거쳐서 다른 상황에서는 말을 잘하면서도 말을 해야 하는 특정한 상황에서 말을 지속적으로 하지 않거나 다른 사람의 말에 언어적으로 반응하지 않는 것을 의미한다. 병리적인 경우에는 전문기관의 진단과 치료가 필요하다.

제11장

인지 관련 문제행동 지도

1. 인지발달의 이해
2. 반응이 없는 영아
3. 주의집중력이 짧고 산만한 유아
4. 학습에 어려움이 있는 유아

제 11 장

인지 관련 문제행동 지도

개요

인지발달은 다른 영역의 발달과 상호 관련을 맺고 있어 인지 관련 문제행동을 일으킨다면 교사의 지속적인 관찰이 필요하다. 본 장에서는 반응이 없는 영아, 주의집중력이 짧고 산만한 유아와 학습에 어려움이 있는 유아에 대해서 살펴보고 특징과 지도 방법에 대해 알아볼 것이다.

학습목표

- 인지와 관련된 영유아의 문제행동을 이해할 수 있다.
- 반응이 없는 영아의 문제행동 특성, 원인과 지도 방법을 알 수 있다.
- 주의집중력이 짧고 산만한 유아의 문제행동 특성, 원인과 지도 방법을 알 수 있다.
- 학습에 어려움이 있는 유아의 문제행동 특성, 원인과 지도 방법을 알 수 있다.

주요 용어

인지(cognition)
기억(memory)
학습(learning)
반응성 애착장애(reactive attachment disorder)
학습장애(learning disability)
주의집중력(attention concentration)

우리 아이 어떻게 도와줄까?

4세반 교사인 차연 선생님은 유아들과 수업할 때 활동할 때 재혁이가 항상 신경 쓰인다. 재혁이는 다른 사람의 말을 이해하고 앉아서 집중하여 듣는 것을 힘들어하고 교실에서 활동을 하면 혼자 드러눕거나 옆에 있는 친구들과 장난을 하며 수업을 방해한다. 친구들이 재혁이를 무시할 때도 있지만 아직은 어려서 재혁이를 따라 같이 장난하기도 한다. 산만하고 집중하지 못하는 재혁이를 어떻게 지도해야 할지 차연 선생님의 고민은 점점 깊어지고 있다.

연령 : 4세
가족관계 : 엄마, 아빠

교사 관찰	• 주의산만한 행동을 하는 재혁이의 빈도와 패턴은 어떠한가? • 주의산만한 행동을 하기 전에 재혁이의 선행사건은 어떠한가? • 재혁이가 집중하는 활동이나 놀이에는 어떤 것이 있는가?
학부모 상담질문	• 하원 후에는 주로 어떻게 시간을 보내고 있나요? • 집에서 재혁이는 혼자 놀이를 하나요?/ 부모님과 함께 놀이를 하나요? • 재혁이가 하기 싫어하는 것이 있으면 부모님은 어떻게 하시나요?

1 인지발달의 이해

인지발달은 생의 초기부터 진행되는 과정으로 개인차는 있지만 연령에 따라 지속적으로 발달하며 신체발달, 사회·정서발달, 언어발달 영역과 상호 관련성을 갖게 된다. 인지발달은 개인차가 있으며 이전의 경험과 자극에 따라서 발달 속도와 양상이 달라질 수 있다. 새로운 자극을 받아들이는 속도, 가정에서의 경험과 교육에 따라서 인지발달이 달라지므로 인지 관련 문제행동은 개인차에 대한 이해를 바탕으로 접근하여야 한다(보건복지부·육아정책연구소, 2013).

(1) 영아기

영아기 인지발달의 핵심 과제는 **대상영속성**이다. '대상영속성' 개념은 사람이나 사물이 보이지 않더라도 계속 존재한다는 것을 이해하는 것이고, 이는 부분과 전체에 대한 이해의 기초가 되며 인지발달을 나타내는 중요 요소가 된다.

영아가 환경을 만져보고 조작해 보면서 인지발달이 이루어지는데, 적절한 자극과 경험이 부족한 경우에는 발달지연이 일어날 수 있어 인지발달에 적합한 환경을 제공하여야 한다. 그러나 영아마다 관심 있고 좋아하는 환경이 다르기 때문에 개별적으로 관심을 느끼는 놀잇감과 활동을 제공해 주도록 한다. 또한 성인의 모델링이 없다면 모방을 통한 인지발달도 이루어질 수 없어 영아의 성장에 맞추어서 학습이 일어날 수 있도록 지원해야 한다.

(2) 유아기

유아기 인지발달의 핵심 과제는 **주의집중력**이다. 주의력이 부족한 경우 집중시간도 짧고 주의력이 산만하여 상황에 대한 집중이 어려우므로 말을 듣는 것이 어렵고 무언가를 하는 데 어려움이 있다. 주의집중력은 유치원과 어린이집 같은 기관에 적응을 하기 위해서도 필요한 기초적인 능력이고 주의집중력이 부족한 경우에는 적기 학습을 방해하게 된다.

유아의 인지발달과 학습을 위해 필수적으로 요구되는 능력은 주의집중력이다. 어떤 유아에게는 주의를 집중하는 것이 쉽지만 어떤 유아에게는 아주 어렵기도 하다. 영아의 경우에는 5분 정도는 집중할 수 있으나 유아의 경우에는 약 20~30분 정도로 집중하는 시간이 길어진다(보건복지부·육아정책연구소, 2013).

유아의 발달지연이나 문제행동을 조기에 발견하여 적절한 개입이 이루어질 경

우에는 더 효과가 있기에 주의 깊은 관찰을 하는 것이 가장 중요하다. 교사는 유아의 적절한 발달지원을 위한 교육적 자극을 제공해야 하는데 너무 과도한 자극을 주려고 하기보다는 유아의 인지발달 속도를 살펴가면서 제공하도록 한다.

영유아마다 발달의 속도가 다르므로 적절한 발달의 이정표를 관찰하고 영유아가 본인의 속도에 따라 발달하고 있는지 관찰하도록 한다. 특정 발달 연령대에서 대부분의 또래에서 기대할 수 있는 인지발달지표에 따라 영유아의 발달이 이루어지고 있는지 점검하는 것이 필요하다.

교사를 위한 tip 인지발달지표

0~3개월	• 소리와 촉각에 반응함 • 얼굴, 무늬, 물건을 바라봄 • 움직이는 물건을 따라 눈을 움직임 • 주변 환경을 탐색함
3~6개월	• 자기 손과 손가락을 주시함 • 물건을 입으로 가져감 • 매달려 있는 물건을 향해 손 뻗기 • 물건보다 사람에 더 관심을 보임 • 시야 밖에서 들리는 소리에 반응함 • 물건을 향해 손을 뻗고 잡기 • 물건을 사용하여 소리 내기 • 부분적으로 숨겨진 물건 찾기 • 물건이 다시 나타나기를 기대함 • 동시에 두 가지 물건 잡기 • 바닥에 떨어진 물건을 눈으로 따라감 • 목소리를 흉내 냄 • 동작을 흉내 내고 되풀이함
6~12개월	• 안과 밖에 대한 개념이 생기기 시작함 • 손가락으로 지적하기 시작함 • 결과를 얻기 위해 동작을 수행함 • 감추어진 물건을 열어서 찾기

	• 상자 안에 물건 넣기 • 한 물건을 내려놓고 다른 물건을 향해 손 뻗기 • 다양한 방법으로 물건을 탐색함 • 물건의 앞, 뒤, 위, 밑을 이해함 • 두 물건을 서로 부딪치는 흉내 내기 • 낙서를 흉내 냄
1~1.5세	• 시행착오법을 사용함(시도와 실패를 되풀이함) • 한 물건을 다른 물건을 만지는 데 사용함 • 물건이 시야를 일부 벗어나도 물건을 따라 주시함 • 목적을 가지고 물건을 사용함 • 몸동작을 흉내 냄 • 새로운 동작을 흉내 냄 • 집안일을 흉내 냄 • 작은 물건을 조작함
2~3세	• 물건의 크기를 이해하기 시작함 • 공간 관계를 이해하기 시작함 • 양을 인지하기 시작함 • 유사함을 인지하기 시작함 • 분류하는 것을 시작함 • 일부분/ 전체의 관계를 이해하기 시작함
3~4세	• 크기를 이해함 • 공간 관계를 이해함 • 양을 이해함 • 유사함을 이해함 • 분류하는 것을 이해함 • 일부분/ 전체의 관계를 이해함 • 차이점과 유사점을 사용해서 비교함
4~5세	• 크기 또는 연속성의 순서를 이해함 • 이야기에서 사건과 사건의 전개 순서를 이해함 • 1:1의 관계를 이해함 • 하위집단을 이해함 • 원인과 결과를 이해함 • 50 이상의 수를 셀 수 있음 • 간단한 지시를 이해하고 따름 • 흉내 내는 놀이와 역할놀이를 함

출처 : Goldberg(1997) 재구성.

본 장에서는 인지발달 문제행동 중 반응이 없는 영아, 주의집중력이 짧고 산만한 유아와 학습에 어려움이 있는 유아에 대해서 살펴보고자 한다.

2 반응이 없는 영아

(1) 반응이 없는 영아에 대한 이해

교사나 친구와 눈을 마주 보며 이야기하지 못하거나 이름을 불러도 아무 반응이 없는 영아가 해당된다. 이름을 불렀을 때 대답도 안 하지만 쳐다보지도 않는 경우에는 혹시 듣지 못해서 반응이 없는 것인지도 생각해 보아야 한다.

영아의 경우에는 언어적인 표현이 서툴러서 반응이 없을 수 있는데 보편적으로 영아들이 선호하는 자극에 대해서도 반응이 없다면 선천적으로 타인에게 관심이 없는 자폐스펙트럼 장애가 아닌지 의심해 볼 수 있다(이하원 외, 2021).

(2) 반응이 없는 영아의 원인

영아의 언어발달이 늦어서 반응 없는 경우가 있다. 말을 잘 이해하지 못하거나 말을 하지 못해서 표현을 못하고 대답을 못하는 경우인데 눈 맞춤이 이루어진다면 걱정하지 않아도 된다. 또한 느린 기질의 영아인 경우에도 반응이 없을 수가 있는데 느린 기질만의 문제라면 일정 시간이 지나고 낯선 상황에 적응되면 반응하게 되는데 긴장도가 높은 경우에는 눈 맞춤과 반응이 없을 수도 있다.

주 양육자의 비일관적이고 지시적이며 통제적인 훈육은 불안정 애착을 맺게 되고 '반응성 애착장애'를 의심할 수 있다. 반응성 애착장애의 특성은 자폐 영유아와 유사한 부분이 많은데 눈 마주침이 적고 타인의 말에 반응하지 않고 교사 자극에 긍정적인 반응을 보이지 않는다(이하원 외, 2021).

교사를 위한 tip

반응성 애착장애

■ 정의

반응성 애착장애란 애착 형성의 실패로 인해 사회적 관계 형성에 심각한 문제를 일으키는 장애이다. 애착은 주 양육자와 갖는 정서적 유대감을 의미하며 아동 발달에 큰 영향을 미친다. 반응성 애착장애의 경우 신체적·지적·정서적인 발달이 지체될 수 있으며, 눈 맞춤이 어렵고, 혼자서만 놀려고 하고, 이름을 불러도 반응이 없는 등 다른 사람들과 친근한 관계를 발전시키고 유지하는 것을 어려워하거나 거부하기도 한다.

■ 증상

반응성 애착장애가 있는 유아는 우선 먹고 자고 크는 기본 발달이 원만하지 못하다. 체중과 키가 평균에 미달하고, 눈치를 보거나 깜짝 놀랄 정도로 불안과 긴장을 보이기도 한다. 심한 경우 사회성이 결여되어 대인관계를 맺지 못하고 옆에 누가 있어도 무관심하고 눈을 맞추지 않으려 한다. 주변 환경에 집중하지 못하고 산만한 모습을 보이기도 한다.

출처 : 서울아산병원(https://www.amc.seoul.kr/asan/mobile/healthinfo/disease/diseaseDetail.do?contentId=31917&diseaseKindId=C000006).

(3) 반응이 없는 영아의 지도 방법

■ 수용언어 지도

수용언어 지연으로 반응이 없거나 느린 영아의 경우에는 언어적인 자극을 많이 주도록 한다. 어려운 단어를 사용하거나 복잡한 문장을 사용하기보다는 일상생활에서의 경험을 영아들과 놀이로 경험하게 하는 방법이 좋다. 교사와 서로 상호작용식으로 하는 놀이는 주의 깊게 듣고 반응할 수 있도록 도와준다.

■ 영아의 반응 자극

느린 기질의 영아들은 재촉하지 않고 조금 기다려주는 것이 필요하다. 영아가 좋아하는 놀잇감을 갖고 놀이하며 영아가 관심을 가질 수 있도록 한다. 예를 들어, 영아가 좋아하는 곰 인형이 있다면 "곰 인형과 인사해 볼까?"라면서 자연스럽게 반응을 유도하고 영아가 반응이 없다면 인사를 하도록 강요하기보다는 교사가 먼저 인사하는 모습을 보여줄 수 있다.

■ 눈, 표정, 몸짓 놀이

눈 맞춤은 인간관계에서 첫인상을 좌우하고 대화의 기본에 속하기 때문에 매우 중요한데 눈 맞춤 활동으로 교사와 영아 눈 사이에 아이가 좋아하는 물건을 놓고 영유아의 이름을 부른 후, 영유아가 쳐다보면 그 물건을 주도록 한다. 눈 맞춤을 힘들어하는 영유아들이 사람 얼굴을 보는 것을 꺼리지만 자신이 좋아하는 물건은 상대적으로 수월하게 느낀다(이하원 외, 2021). 자극물의 종류를 사물과 사람 등(예 눈빛, 목소리, 표정, 몸의 움직임 등)으로 다양하게 자극하며 놀이로 이어 나간다.

3 주의집중력이 짧고 산만한 유아

(1) 주의집중력이 짧고 산만한 유아의 이해

주의집중력은 자신을 둘러싼 외부 환경과 소통하기 위해 꼭 필요한 능력으로 유아가 성장하면서 적절한 발달을 이루기 위한 필수적인 능력이다. 자신의 경험을 기억하기 위한 기본 능력으로 신체, 언어, 인지, 사회성, 정서발달에 필요한 기본 능력이라고 할 수 있다. 또한 학습을 하기 위해 필수적으로 요구되는 능력이다(보건복지부·육아정책연구소, 2013).

생애 초기부터 영아는 모방을 통해서 배워나가는데, 이때 모방을 하기 위한 첫 단계가 주의를 기울이는 것이다. 기억을 하기 위해서는 필요한 자극에 주의를 기울여야 하고 그래야 기억으로 저장할 수 있게 된다. 영아의 주의집중력은 짧고 연령이 발달하면서 점점 더 길어지는데 같은 연령의 또래보다 주의집중력이 짧은 유아들은 산만하여 학습능력에 어려움을 겪게 된다. 주의집중력이 짧고 산만한 것뿐만 아니라 충동적이고 과잉행동을 한다면 ADHD(주의력결핍 과잉행동장애)를 의심해 볼 수 있는데 이에 대한 내용은 12장에서 살펴보기로 하고, 여기에서는 놀이 또는 수업시간에 주의집중력이 짧아 활동을 지속하는 데 어려움이 있는 유아에 대해서 알아보고자 한다.

교사를 위한 tip

아이들은 어느 정도나 주의집중을 할 수 있을까요?

- 일반적으로 아이들의 주의집중 시간은 짧다.
    - 아이가 동일한 자극에 오랜 시간 동안 주의를 기울이기 어려워하는 것은 정상이다.
    - 아이가 영아 시기에 주의를 집중할 수 있는 시간은 처음에 약 5분 정도이며, 점차 성장해 가면서 약 20~30분 정도로 집중하는 시간이 길어진다.

☆ 주의를 집중하는 일은 아이마다 차이가 있어서 어떤 아이에게는 무언가에 집중하는 것이 순조로운 일이나 어떤 아이에게는 어려운 일이기도 하다.

▪ 아이에게 주어지는 활동의 종류에 따라 자극에 주의를 집중하는 시간이 달라진다.

- 아이는 스스로 선택하였거나 자신이 좋아하는 활동에는 더 오랜 시간 동안 집중할 수 있다. 반대로 주어진 활동이나 자신이 좋아하지 않는 활동에는 주의를 기울이기 어려우며 집중시간도 짧다.

> ☆ 단, 유아가 만 5세가 되어서도 자신이 좋아하는 특정 활동에만 주의를 집중하고 다른 활동에는 주의를 기울이지 못할 때에는 유심히 관찰하여 어려움을 느끼는 원인을 살펴보고 도움을 주어야 한다.

- 아이가 주의를 기울이지 않는 활동이라도 스스로 선택하게 하고 좋아하는 활동 내용과 연결하여 해보도록 하면서 점차 주의집중 시간을 늘려가는 것이 필요하다.

> ☆ 초등학교 1교시 수업시간이 40분이므로 만 5세 취학 시기가 되면 적어도 40분 정도는 자신을 통제할 수 있어야 한다!

출처 : 보건복지부 · 육아정책연구소(2013). 영유아 문제행동지도를 위한 부모교육용 안내서.

(2) 주의집중력이 짧고 산만한 유아의 원인

주의집중력이 짧고 산만한 원인은 한 가지의 원인일 수도 있지만 아닐 수도 있고, 어떤 경우에는 명확한 원인을 찾기 힘든 경우도 있을 수 있지만 대부분의 경우에는 다음의 이유로 인해 나타난다.

첫째, 유아의 관심이 적어서 집중을 하지 못하는 경우이다. 본인이 좋아하는 놀이 또는 책을 읽는 경우에는 오랜 시간 앉아서 집중할 수 있지만 관심이 없는 내용의 경우에는 집중을 하지 못하고, 연령에 적합하지 않은 활동을 하는 경우에도 관심이 없어서 집중을 하지 못하게 된다.

둘째, 인지능력이 또래보다 지나치게 높거나 호기심이 과도한 경우이다. 일반적으로 영재 특성을 지닌 유아들의 행동 사례로 해당 연령 수준의 과제나 대화에는 관심을 가지지 못하거나 호기심이 매우 강해서 이를 충족시키기 위해 끊임없이 새로운 것을 탐색하는 경우를 생각해 볼 수 있다.

셋째, 부모나 교사가 유아의 말을 경청하지 않는 경험을 많이 한 유아도 주의집중력이 짧을 수 있다. 어려서부터 가정에서 부모가 자녀의 말에 주의집중하지 않거나 경청하지 않는 경험을 오랜 기간 하면서 유아도 다른 사람의 말에 주의를 기울이지 않고 경청하지 못하게 되어 수업시간에 오래 집중하지 못하게 된다.

(3) 주의집중력이 짧고 산만한 유아의 지도 방법

▪ 원인에 따른 지도전략 활용하기

유아마다 발달의 속도가 다르므로 발달지연은 아니더라도 영유아가 본인의 속도에 따라 발달해 나가고 있는지 주의 깊은 관찰이 필요하다. 또한 주의집중시간이 짧고 산만한 원인도 유아마다 다르므로 어떠한 경우에 이러한 현상이 나타나는지 관찰을 하고 이에 따른 지도전략을 세우도록 한다.

▪ 모델링

활동을 할 때 주의집중을 못하는 유아의 경우에는 주의집중을 잘하는 친한 친구 옆에 앉도록 한다. 바르게 앉아 있는 친구를 칭찬하거나, 바르게 앉은 모습을 보면서 자극을 받고 따라 할 수 있도록 한다.

▪ 다양한 활동 난이도의 제공

유아에게 제공되는 활동이 너무 쉽거나 또는 너무 어려워도 유아는 오랜 시간 주의집중 하기가 어렵다. 따라서 유아의 적절한 발달지원을 위한 교육적 자극을 제공할 수 있도록 하며 다양한 관심과 흥미를 유발하기 위해 다양한 난이도의 활동을 준비하도록 한다. 높은 인지능력과 과도한 호기심이 원인인 경우에는 별도의 추가 과제를 제공하도록 한다(보건복지부·육아정책연구소, 2013).

■ 가정과의 연계

부모상담을 통해 유아의 현재 상태를 확인시키고 가정과의 연계를 통해서 유아의 주의집중력을 높일 수 있는 방안에 대해서 상호 노력하도록 한다. 교사의 말에 주의집중 하도록 하기 위해서는 경청 능력을 기르는 것이 중요한데, 가정에서도 유아와 대화를 할 때에는 집중해서 듣고 이야기 나누는 것이 중요함을 알린다.

4 학습에 어려움이 있는 유아

(1) 학습에 어려움이 있는 유아의 이해

학습(learning)이란 과거의 경험을 통해서 자신의 행동을 지각하고 변화시킬 수 있는 능력을 뜻하며 어떠한 지식이나 기술 등을 배우고 익히는 것을 뜻한다(Daum 어학사전, 2020). 보통의 유아들이라면 경험을 통해서 배움이 일어나는데 배움이 일어나기 힘들거나 일어나지 않을 때 학습에 어려움이 있다고 판단할 수 있다. 학습에 장애를 가지고 있는 학습장애아 또는 학습에 장애를 가지고 있지 않은 유아에게서도 나타날 수 있다.

학습장애아는 유아기부터 취학 전까지 나타나고 지능은 정상범주에 속하나 학업을 성취하기 위하여 필요한 학습 선수 기능에 어려움을 보이는 유아를 의미하는데, 학습 선수 기능으로는 주의집중, 기억, 사고, 지각, 구어, 협응, 사회성을 말한다(윤영신, 2007). 그러나 주로 시각, 청각 및 운동장애, 지적장애, 정서장애 혹은 문화적·환경적·경제적 실조에 의해 나타나는 학습문제아는 학습장애아에 포함하지 않는다.

학습장애아는 특수교육대상자로 포함되고 유아교사들이 가르치기에는 한계가 있으며 전문가에 의한 교육 및 치료가 필요하므로 여기에서는 학습장애아는 아니지만 학습에 관심이 없고 어려움을 보이는 유아에 대해서 알아보고자 한다.

교사를 위한 tip

학습에 어려움을 보이는 유아의 유형

- 그림책이나 환경 인쇄물에 관심과 흥미를 전혀 나타내지 않거나 거부하는 유아
- 이해력이 미숙하여 그림책의 내용에 대한 이해나 해석이 원활하지 않고 의미 이해에 어려움이 있는 유아
- 다른 활동에는 잘 참여하나 책에 대한 관심이 매우 적고 새로운 그림책을 제시하여도 흥미나 관심을 보이지 않는 유아
- 그리고 쓰는 도구(색연필 또는 연필 등)에 관심이 없거나 손에 쥐려고도 하지 않고 또래에 비해 도구 사용 방법을 잘 모르거나 미숙한 유아
- 새로운 사물이나 놀잇감을 제시해도 관심 없거나 피하는 유아
- 또래와 비교하여 지연모방이나 상징놀이를 하지 못하는 유아
- 집단 활동으로 동화를 들은 후 회상하기를 할 때 내용을 잘 기억하지 못하는 유아
- 질문하는 맥락에 관계없이 대답하는 유아
- 또래에 비하여 수 세기를 하지 않으려 하고 못하는 유아
- 이야기의 내용을 순서대로 회상하지 못하고 예측해 보게 하면 못하거나 논리에 맞지 않게 하는 유아

출처 : 보건복지부 · 육아정책연구소(2013). 영유아 문제행동지도 프로그램 개발 재구성.

(2) 학습에 어려움이 있는 유아의 원인

학습에 어려움을 보이는 원인은 한 가지 원인 때문일 수도 있고 복합적인 원인에 의해서일 수도 있고, 어떤 경우에는 명확한 원인을 찾기 힘든 경우도 있지만 다음의 원인들을 생각해 볼 수 있다.

첫째, 뇌손상이나 뇌기능 장애로 인해 또래에 비해 지능이 낮은 경우이다. 지능이 낮은 경우는 이해력이나 기억력 등에서 낮은 수행을 보여 이야기를 기억하고 이해하기가 힘들 수 있다. 또한 이야기에 나오는 단어의 뜻을 정확하게 알지 못하여 내용을 잘못 이해할 수 있다. 혹시 수 세기나 셈하기 능력이 또래보다 매우 낮은 경우는 학습장애로 볼 수 있으므로 전문가의 상담이 필요하다.

둘째, 집중력이 부족한 경우이다. 학습을 위해서는 지속적으로 청각이나 시각을 이용하여 정보를 받아들여야 하는데 집중력이 부족한 경우에는 제대로 받아들여지지 않는다. 또한 집중력이 부족한 유아는 중간에 이야기의 내용이나 흐름을 놓칠 수도 있고 또는 자기 마음대로 해석하거나 생각해 버릴 수도 있다.

셋째, 인지발달 단계에 따른 적합한 교육이나 자극을 받지 못한 경우이다. 유아의 부모나 가정환경 그 자체에 인지적 발달을 자극하는 경험을 전혀 받지 못했거나 어려서부터 교육의 기회가 없었던 경우에 나타날 수 있다. 부모가 그림책을 읽어주지 않았거나 책을 접할 수 있는 기회가 부족한 경우에 책에 대한 관심과 흥미가 없을 수 있다.

넷째, 환경의 변화 또는 심리적인 원인에 의해서도 나타날 수 있다. 유아가 기분이 좋지 않거나 우울한 경우에 새로운 정보를 받아들이기가 힘들고 신체적인 질병과 여러 가지 스트레스도 원인이 될 수 있다.

다섯째, 가정에서의 강압적인 교육과 학습으로 인해서도 나타날 수 있다. 예를 들어, 유아가 책에 대한 관심이 생기기도 전에 부모가 유아의 독립적인 책 읽기를 강요하면 책 읽기 자체를 거부하거나 책에 대한 흥미가 낮아질 수 있고, 과도한 주입식으로 한글교육을 시킬 경우에는 글자를 읽는 것에 대한 거부감과 두려움을 갖게 된다. 또한 유아의 발달에 적합하지 않은 책을 읽게 하거나 지식을 주입하려고 하면 유아는 학습에 대한 흥미가 떨어질 뿐만 아니라 거부까지 할 수 있다.

마지막으로 교사와 친구들의 관심을 끌고 싶어서 문제행동을 보이는 경우이다. 동화를 듣고 회상하는 시간에 일부로 엉뚱한 이야기를 한다면 친구들이 웃거나 관심을 보일 수가 있다. 긍정적인 방법으로 관심을 받아보지 못했던 유아들은 부정적인 방법을 사용해서라도 관심을 끌고 싶어 한다. 이러한 반응을 즐기면서 교사의 관심을 받고 이를 통해서 자신의 존재감을 느끼기도 한다.

(3) 학습에 어려움이 있는 유아의 지도 방법

■ 원인에 따른 지도전략 활용

가장 중요한 지도 방법으로 주의 깊은 관찰을 통해서 유아가 학습에 어려움을 보이는 원인을 찾는 것이다. 동일하게 학습에 어려움을 보이는 유아라도 그 원인은 다를 수 있으므로 어떠한 이유로 이러한 현상이 나타나는지 관찰을 하고 이에 따른 지도전략을 세우는 것이 무엇보다도 중요하다.

■ 활동의 난이도를 단순화시키거나 다양하게 제공

복잡하거나 여러 단계를 거치는 활동/ 과제/ 질문을 간략히 단순화하거나 생각을 유도할 수 있는 단서를 제공한다. 만약에 쉬운 활동도 어려워하는 경우에는 활동에 좀 더 익숙해질 수 있도록 반복하기 전략을 사용한다. 예를 들면, 유사한 주제의 그림책을 다양하게 제공하는 것이다. 기억력을 기르는 데 도움이 되는 활동을 다양하게 제공하는 것도 도움이 된다(보건복지부·육아정책연구소, 2013).

■ 모델링

활동을 할 때 교사 또는 유아가 모델링이 되어 주는 것이다. 수 세기 활동에서는 창의적이거나 다양한 수 이름을 말하는 것이 아니므로 교사가 보다 정확한 모델링을 제공해 주고, 책에 관심이 없고 흥미를 보이지 않는 경우에는 그림책을 보는 친구 가까이 할 수 있도록 하고 그림책을 보는 친구를 칭찬하거나, 그 친구의 모습을 보면서 자극을 받고 따라 할 수 있도록 한다.

▪ 가정과의 연계

부모상담을 통해 유아의 현재 상태를 확인시키고 가정과의 연계를 통해서 유아가 학습에 관심과 흥미를 가질 수 있는 방안에 대해서 상호 노력한다. 학습에 거부감을 느끼는 원인을 파악하는 데에도 도움을 받을 수 있을 것이다.

▪ 학습을 위한 환경을 제공

학습 관련 활동에 관심을 가질 수 있는 환경을 제공해 주는 방법이다. 유아가 좋아하는 관련 주제를 통해서 흥미를 유발하는 방법으로, 예를 들어 유아가 자동차를 좋아한다면 자동차와 관련된 그림책을 통해 흥미를 유발시킬 수 있고, 자동차의 종류를 세어볼 수도 있다.

교사를 위한 tip 인지 관련 문제행동 지도에 도움 되는 그림책

관련 내용	그림책	내 용	저자, 출판사
주의산만		호기심 많은 데이빗은 매일 "안 돼, 하지 마"라는 말을 계속해서 외치게 만들며 잠시도 가만히 있지 않고 문제를 일으키고 있다. 다양하게 말썽부리는 것을 보면서 아이들과 상황에 대해서 이야기 나눌 수 있는 그림책이다.	데이빗 섀논 지음, 김서정 옮김, 달리

		어른들 이야기로 못된 장난꾸러기가 되고 칭찬으로 행동이 변하는 에드와르도의 이야기로, 아이가 성숙해져 가는 이야기를 담고 있다.	존 버닝햄 지음, 조세현 옮김, 비룡소
		온갖 말썽을 일으키는 강아지 말리와 그 말썽을 감싸안으며 한 가족이 되어 가는 식구의 이야기로, 잠시도 가만히 있지 않고 일으키는 다양한 말썽들에 대해서 유아들과 함께 살펴볼 수 있다.	존 그로건 지음, 리처드 코드리 그림, 주니어랜덤
학습 부진		성우의 녹음이 삽입된 멀티미디어북으로, 문장을 터치하면 성우 목소리를 들으면서 이야기에 집중할 수 있다. 여러 가지 상황을 이야기로 들으며 집중해서 듣고 문맥 파악에 도움이 되는 그림책이다.	애플트리 지음, 한국가우스
		집중력과 관찰력을 키우고, 시각 지능에 자극을 주는 그림책이다. 똑같은 패턴 속에 숨어 있는 다른 그림 찾기 활동을 할 수 있고, 본문 속에는 유아가 쉽게 정답을 찾아낼 수 있는 문제와 어려운 문제가 섞여 있어 흥미를 준다.	브리타 테큰트럽 지음, 문주선 엮음, 주니어 RHK
		그림과 이야기가 어우러진 시리즈로 나온 책으로, 그림을 통해 유아들의 상상력과 창의력을 자극하고 무언가를 찾음으로써 집중력을 높이는 데 도움을 주며, 그림 속에 숨겨진 다양한 지식을 함께 배우도록 도와준다.	에밀리아노 밀리아르도 지음, 문아라 엮음, 상수리

학습정리

1. 인지발달은 생의 초기부터 진행되는 과정으로 개인차는 있지만 연령에 따라 지속적으로 발달하며 신체발달, 사회·정서발달, 언어발달 영역과 상호 관련성을 갖게 된다.
2. 인지발달은 개인차가 있으며 이전의 경험과 자극에 따라서 발달 속도와 양상이 달라질 수 있으므로 인지 관련 문제는 개인차에 대한 이해를 바탕으로 접근하여야 한다.
3. 반응이 없는 영아를 지도하기 위해서는 수용언어 지도, 영아의 반응 자극, 눈, 표정, 몸짓 놀이를 제공할 수 있다.
4. 주의집중력은 자신을 둘러싼 외부 환경과 소통하기 위해 꼭 필요한 능력으로 유아가 성장하면서 적절한 발달을 이루기 위한 필수적인 능력이다. 신체, 언어, 인지, 사회성, 정서 발달에 필요한 기본 능력이라고 할 수 있다.
5. 주의집중력이 짧고 산만한 유아를 지도하기 위해서는 원인에 따른 지도가 필요하며 가정과의 연계가 필수적이고 모델링, 난이도가 다양한 활동의 제공이 요구된다.
6. 학습에 어려움이 있는 유아를 지도하기 위해서는 원인에 따른 지도전략을 활용하고 활동의 난이도를 단순화시키거나 다양하게 제공할 필요가 있으며, 가정과의 연계가 필수적이고 모델링, 학습을 위한 환경을 제공하는 것이 필요하다.

제12장
발달장애 및 행동장애

1. 자폐스펙트럼 장애
2. 주의력결핍 과잉행동장애(ADHD)

제12장
발달장애 및 행동장애

개요

영유아교사는 특별한 발달적 문제와 행동장애를 가진 영유아를 직접 치료할 수는 없지만 그들의 특성을 이해하고 선별할 수 있어야 한다. 본 장에서는 영유아교육 현장에서 자주 볼 수 있는 자폐스펙트럼 장애, 아스퍼거 장애, ADHD의 개념과 증상을 살펴보고, 일반적인 수준에서 영유아를 선별할 수 있는 체크리스트 사용 방법을 다룰 것이다. 이를 통해 영유아 교사는 발달장애나 행동장애의 징후를 조기에 인식하고, 필요한 경우 전문적인 치료를 받을 수 있도록 영유아를 선별하는 데 도움을 줄 수 있을 것이다.

학습목표

- 자폐스펙트럼 장애의 특징과 선별 방법을 알 수 있다.
- 아스퍼거 장애의 특징과 선별 방법을 알 수 있다.
- ADHD의 특징과 선별 방법을 알 수 있다.

주요 용어

자폐스펙트럼 장애(autism spectrum disorder)
아스퍼거 장애(asperger disorder)
ADHD(Attention Deficit Hyperactivity Disorder)

▶ **특별한 도움이 필요한 영유아를 만난 적이 있나요?**

하연 선생님 반에는 특별한 유아가 한 명 있다. 5세인 민서는 한순간도 몸을 가만히 두지 않고 계속 움직인다. 다른 친구들과 문제가 생겨서 선생님과 이야기를 할 때도 계속 몸을 움직이고 손을 까닥이며 여기저기를 계속 쳐다본다. 놀이터에 가면 계속 나무에 올라가려고 하고 교실에서는 교구장에 매달리거나 창문에 매달려서 아주 위험한 상황이 계속 된다. 그림을 그리거나 무엇인가 활동을 하게 해도 뭘 하라고 했는지를 이해하지 못하고 계속 다른 행동을 하거나 다른 친구들을 방해한다. 하연 선생님은 민서가 정상적인 발달의 범주에 있지 않다고 생각하고 ADHD를 의심했다. 하연 선생님이 이러한 상황을 민서 어머니에게 전하고 전문적인 기관에서 진단을 받아보기를 권했고 민서 어머니는 선생님의 권유에 귀를 기울여 병원에 간 결과 ADHD로 진단받았다.

1 자폐스펙트럼 장애

자폐스펙트럼 장애는 '스펙트럼'이라는 용어에서 알 수 있듯이 다양한 증상과 개별적인 특징을 나타낸다. DSM-IV에서는 자폐성 장애, 아스퍼거 장애, 레트 장애, 소아기 붕괴성 장애, 달리 분류되지 않은 광범위성 발달장애 등으로 구분했으나, 최근 출시된 DSM-5에서는 이들을 독립된 장애로 보기보다는 동일한 연속선상에 두고 각 장애의 심각도나 지능, 심리사회적 발달 정도에 따라 나타나는 임상 양상에 차이가 있음을 강조한다. 즉, 자폐 증상은 가벼운 증상과 심한 증상 사이에서 다양한 양상과 기능적 수준 차이가 있을 수 있다는 것이다(이원혜, 2014).

(1) 자폐

① 자폐의 개념

자폐증은 다른 사람과 상호 관계를 형성하지 않으며 정서적인 유대감도 일어나지 않는 영유아기 증후군으로, '자신의 세계에 갇혀 있는' 상태로 묘사된다. 자폐증은 사회적 교류 및 의사소통의 어려움, 언어발달지연, 행동상의 문제, 현저하게 저하된 활동 및 관심 등을 특징으로 하며 1943년부터 진단되기 시작했다. 소아 1,000명당 1명 정도가 앓고 있으며 대부분 36개월 이전에 나타나고, 여아보다 남아에게 3배에서 5배 더 많이 발생한다. 자폐 아동은 발달 전반에 문제를 보이기 때문에 정신지체, 언어장애, 학습장애, 뇌전증 등 다른 장애가 동반될 수 있다. 증상은 매우 다양하며, 심한 경우 기괴한 행동이나 공격성, 때로는 자해 행동 등이 나타나기도 하고 가벼운 경우에는 학습장애로 보일 수도 있다(Wing, 1993).

자폐증의 원인은 최근 생물학적 원인으로 보는 견해가 지배적이며 대표적으로 임신과 분만을 전후한 합병증, 경련성 질환과의 연관, 대사장애, 감염, 생화학적 요인 등이 있다. 그중 출생 전후의 뇌손상, 뇌염, 선천성 풍진, 페닐케톤뇨증(대사장애), 결절경화증, 레트 장애와 같은 뇌의 기질적 병변이 자폐 장애와 관련이 있는 것으로 알려져 있다(국가건강정보포털 의학정보).

② 자폐의 증상

자폐증은 행동적 증후군으로, 사회적 상호 관계의 장애, 의사소통 및 언어장애, 행동장애 등을 보인다(Howlin, 2003).

■ 사회적 상호 관계 특성

- 영유아기에 사회적 미소 반응이 거의 없고 사람들과 눈 맞춤을 피하며 신체적 접촉을 싫어하고 혼자 지내려 한다.

- 사람 이외의 대상(장난감 등)에 많은 관심을 보인다.
- 다른 사람들이 없는 것처럼 행동하거나 말을 걸어도 반응하지 않는다.
- 부모가 안아주려고 하면 안기지 않으려 하며 애착 행동이 거의 없다.
- 분리불안이나 낯가림이 없으며 학령기 이후 친구가 없고 성인이 되어도 대인관계나 이성관계를 맺지 않는다.
- 감정을 표현하는 데 어려움이 있으며 극단적인 기쁨, 분노, 고통을 제외하면 얼굴에 감정 표현이 거의 없다.

■ 의사소통 및 언어 특성

- 말할 때가 지나도 전혀 말을 하지 않거나 괴상한 소리를 지른다.
- 반향 언어(남이 말한 단어를 따라 하기)를 보인다.
- 말소리의 크기 조절이 되지 않아 너무 크게 이야기하거나 너무 조용하게 말한다.
- 특정 단어를 지나치게 강조해서 말한다.
- 몸짓, 가리키기, 눈 맞춤, 얼굴 표정 등 대체적인 의사소통 방식으로 의사소통을 하지 않으려 한다.
- 신조어를 만들거나 대명사를 바꾸어 쓰는 등 언어적 오류가 많다.
- 외국에 살아본 적이 없는데도 외국 사람처럼 억양을 사용하기도 한다.

■ 행동 특성

- 의미 없는 이상한 행동을 반복적으로 한다.
- 발가락 끝으로 걷거나 몸을 흔들며 전기 스위치를 켰다 끄기를 반복하거나 물건을 회전시킨다.
- 주위 환경의 변화에 저항하며 똑같은 것만 고집한다.
- 질문을 반복적으로 한다.

- 산만하고 가만히 있지 않으며 자해 행동을 보이기도 한다.
- 특정 물건에 집착하거나 숫자나 순서에 집착한다.

■ 놀이와 관련된 증상

- 상상놀이가 상동적이고 반복적이며 비사회적이다.
- 물건을 줄지어 놓거나 자동차의 바퀴를 돌리는 등 제한적인 행동을 한다.
- 일정한 규칙대로만 놀이를 하며 규칙을 방해받는 것을 싫어한다.

■ 지능 및 인지적 결손

- 자폐 아동의 70~80%는 정신지체가 동반된다.
- 지적 능력이 낮은 아동일수록 사회적 발달에 더 큰 손상을 보이며 일탈된 행동을 더 많이 보인다.

교사를 위한 tip

자폐증에 대한 흔한 질문과 답

Q1. 부모의 양육태도 때문에 자폐증이 생깁니까?

A) 아닙니다. 엄마와 아이의 정서적 관계 결핍으로 인해 발생하는 반응성 애착장애는 자폐와 유사한 양상을 보일 수 있으나 전혀 다른 장애입니다. 자폐증은 생물학적 혹은 기질적인 뇌의 결함으로 발생하며 뇌의 기능 이상이 증상으로 나타나는 것으로 알려져 있습니다. 여러 연구에서 자폐 아동과 정상 아동의 부모 간에 성격 특성과 양육상의 차이가 없다는 사실이 밝혀졌습니다.

Q2. 자폐증이 놀이치료나 미술치료로 완치가 가능합니까?

A) 자폐증에 대한 완치를 보장할 수 있는 치료는 아직 없습니다. 그러나 아이에게 개별화된 특수교육, 언어치료, 행동수정치료, 약물치료 등이 복합적으로

오랜 시간 동안 진행되어야 하며, 놀이치료나 미술치료는 보조적인 치료 방법으로 도움이 될 수 있습니다.

Q3. 우리 아이가 공부도 어느 정도 하고 말을 잘 알아듣는 편인데, 친구를 사귀지 않고 외부에 관심이 없으며 같은 행동을 반복합니다. 자폐증인가요?

A) 정신과를 방문하여 정확한 진단을 받아볼 필요가 있습니다. 다만, 자폐 아동 중 약 20%는 지능이 정상일 수 있으며 지능과 언어 문제가 없이 상호교류의 문제만 있는 경우 아스퍼거 장애를 의심해 볼 수 있습니다.

Q4. 자폐증도 시간이 지나면 좋아지나요?

A) 자폐증은 자연적으로 좋아지지 않습니다. 자폐증은 치료가 없으면 시간이 지나면서 증상이 악화될 수도 있습니다. 조기 치료가 중요하며 언어치료, 특수교육, 행동치료 등을 포함한 종합적인 치료 계획을 통해 영유아가 사회적 상호작용 및 의사소통을 개선할 수 있습니다. 치료를 통해 증상을 관리하고 영유아의 생활 기능을 향상시킬 수 있으므로 가능한 한 빨리 전문가와 상담하여 적절한 치료를 시작하는 것이 중요합니다.

자폐증 진단 체크리스트

아래 체크리스트의 23개 항목 중에서 4개의 영역에서 각각 1개 이상을 포함하며 총 5개 이상의 행동 특성을 보이면 전문가와 상담하도록 한다.

영역	항목	
대인관계	1. 눈을 잘 마주치지 않는다.	
	2. 엄마와 떨어져도 별 반응이 없다.	
	3. 얼굴 표정이 없거나 사람을 보고 웃지 않는다.	
	4. 또래와 같이 놀지 못하고 혼자 놀거나 또래에 관심이 없다.	
	5. 자기가 좋아하는 것을 엄마에게 보여주거나 가리키는 행동이 없다.	
	6. 자신의 몸이 다른 사람에게 닿거나 안기는 것을 싫어한다.	
	7. 까꿍 놀이를 잘 하지 않는다.	
의사소통	8. 들리지 않는 것처럼 행동하여 귀가 멀지 않았나 의심하게 한다.	
	9. 말이 늦거나 아직도 잘 못한다.	
	10. 단어나 문장을 반복하거나 상대방이 하는 말을 의미 없이 반복한다.	
	11. 듣기는 하는데 말의 뜻을 모른다.	
	12. 말 이외의 방법(손짓, 몸짓)으로도 의사 표현이 적다.	
놀이	13. 나이에 맞는 소꿉장난이나 놀이를 잘하지 못한다.	
	14. 한두 가지 물건에 지나치게 집착한다(예 고무줄, 연필 등).	
	15. 작은 변화도 싫어하고 고집을 부린다(예 가구위치 변경 등).	
	16. 몸을 반복적으로 움직인다(예 손이나 손가락 혹은 몸을 흔듦).	
	17. 물건의 일부분에 집착한다(예 장난감 자동차의 바퀴).	
	18. 장난감을 특이한 방법으로 가지고 논다(예 한 줄로 늘어세움).	
특이한 행동	19. 별것이 아닌 것에 자주 놀라거나 두려워한다.	
	20. 마땅히 놀랄 일에도 놀라지 않는다.	
	21. 흉내를 내려 하지 않는다.	
	22. 머리를 박거나 손목을 무는 등의 자신을 해치는 행동을 한다.	
	23. 텔레비전을 볼 때 광고만 좋아한다.	

출처 : 차성희 외(2010).

(2) 아스퍼거 장애

① 아스퍼거 장애의 개념

아스퍼거 장애는 1994년 DSM-IV에서 처음으로 진단명으로 등장한 후 DSM-5에서는 자폐스펙트럼 장애로 통합되었다. 그럼에도 불구하고 아스퍼거 장애는 여전히 임상 현장에서 사용되며 고유한 특징 때문에 다시 진단명으로 돌아올 가능성도 제기되고 있다(김도희, 2019).

아스퍼거 장애는 자폐증과 유사한 증상을 보이지만 고유한 특징으로 구별된다. 자폐증을 가진 영유아들이 아스퍼거 장애로 오진되는 경우도 많지만 두 장애는 증상에 있어 유사한 점도 있지만 명확한 차이점이 있기 때문에 아스퍼거 장애가 의심되는 영유아에 대해서는 주의 깊은 평가와 이해가 필요하다(강경미, 2007).

일반적으로 아스퍼거 장애 아동은 자폐 아동에 비해 정상적인 지능과 언어 능력을 가지고 있으며 보편적인 일상생활을 할 수 있다. 어린 시절에는 언어발달이 크게 지연되지 않지만 정상적인 언어발달을 보이더라도 때로는 현학적이거나 우회적인 언어를 사용하는 경향이 있어 의사소통에서 어려움을 겪을 수 있다. 또한 사회적 발달에 어려움이 있어 또래와 관계를 형성하기 어렵고, 이로 인해 사회적으로 고립되거나 배척당하는 경우가 많다. 아스퍼거 장애 아동은 주위 세계를 이해하는 방식이 독특하여 부적응적인 행동이나 특이한 행동 양식을 보일 수 있다.

정확한 원인은 아직 연구 중이지만 여러 가지 요인이 복합적으로 작용할 수 있다. 출산 시의 영향, 유전적 요인, 신경학적 요소 등이 아스퍼거 장애의 발병에 영향을 미칠 수 있다. 예를 들어, 아스퍼거 장애를 가진 아이들은 출산 전후의 합병증이나 저산소증을 겪은 경우가 많고 가족 중 아스퍼거 장애를 가진 사람이 있을 확률도 높다. 또한 신경학적 이상으로 몸의 움직임이 둔하게 보이거나 뇌파 검사나 CT, MRI 등에서 뇌의 이상을 보이기도 한다.

② 아스퍼거 장애의 증상

아스퍼거 장애를 가진 영유아의 가장 큰 어려움은 사회성과 관련된 것이다. 이들은 사람들과의 관계를 형성하려 하지만 상황에 적절하지 않거나 특이한 방식으로 접근하며 타인의 감정 상태나 의도를 잘 파악하지 못해 대인관계가 유지되기 어렵다(신석호, 2016). 이로 인해 사회적으로 고립되거나 사회적 상호작용에 대한 두려움을 느끼기도 한다.

또한 아스퍼거 장애 아동은 말을 너무 많이 하거나 반대로 너무 적게 하는 경향이 있다. 말을 할 때 억양이 이상하게 들리며(밋밋하고 단조롭거나 과장됨) 문맥에서 벗어난 부적절한 단어를 반복하거나 보통 사람들이 듣기에 독특한 말을 하는 경우도 있다. 이러한 문제로 인해 대인관계에 관심은 있지만 상호교류가 잘 이루어지지 않는다. 어떤 경우에는 운동 능력이 둔해지거나 몸을 움직이는 데 어려움을 겪기도 한다(김미란, 2010).

아스퍼거 장애 진단 체크리스트(DSM-Ⅳ-TR의 아스퍼거 장애 진단기준)

• 사회적 상호작용에서의 질적인 장해가 다음 가운데 적어도 2개 항목으로 표현된다.

영역	항목	
사회적 상호작용 영역	1. 사회적 상호작용을 조절하기 위한 눈 마주침, 얼굴 표정, 몸자세, 몸짓 같은 여러 가지 비언어적인 행동을 사용함에 있어서 현저한 장애	
	2. 발달수준에 맞는 친구 관계 발달의 실패	
	3. 다른 사람과 함께 기쁨, 관심, 성취를 나누고자 하는 자발적인 욕구의 결여(예 다른 사람에게 관심이 있는 사물을 보여주기, 가져오기, 지적하기의 결여)	
	4. 사회적 또는 감정적 상호 관계의 결여	

• 제한적이고 반복적이며 상동증적인 행동이나 관심, 활동이 다음 가운데 적어도 1개 항목에서 나타난다.

영역	항목	
운동기능 영역	1. 강도나 초점에 있어서 비정상적인, 한 가지 이상의 상동증적이고 제한적인 관심에 집착	
	2. 특정하고 비기능적인, 틀에 박힌 일이나 의식에 고집스럽게 매달림	
	3. 상동증적이고 반복적인 운동성 매너리즘(예 손 또는 손가락을 퍼덕거리거나 비꼬기, 또는 복잡한 전신 움직임)	
	4. 대상의 부분에 지속적인 집착	

• 장애가 사회적, 직업적, 또는 다른 중요한 기능 영역에서 임상적으로 심각한 장애를 일으킨다.
• 임상적으로 심각한 언어 전체에 걸친 발달의 지연은 없다.
• 소아기에 인지발달이나 나이에 맞는 자기 보호 기술 및 적응 행동의 발달, (사회적 상호작용 이외의) 환경에 대한 호기심의 발달에 있어서 임상적으로 심각한 지연은 없다.
• 다른 특정 광범위성 발달장애나 정신분열증의 진단기준에는 맞지 않는다.

출처 : 신석호(2016).

2 주의력결핍 과잉행동장애(ADHD)

(1) ADHD의 이해

주의력결핍 과잉행동장애(ADHD : Attention Deficit Hyperactivity Disorder)는 DSM-5(American Psychiatric Association, 2013)에 따르면 주의력결핍과 과잉행동-충동성을 주요 증상으로 하며 12세 이전에 발병하는 신경발달 장애군(neurodevelopmental disorder)에 포함된다. 최근 영유아교육 현장에서는 지나치게 활동적이고 주의가 산만하며 행동 통제가 되지 않는 영유아들로 인해 교사들이 학급 운영에 어려움을 겪는 사례가 증가하고 있다.

최근 ADHD 아동과 청소년의 수가 급증하고 있다. 국민건강보험공단의 2018~2022년 ADHD 진료인원 현황에 따르면, 2018년 ADHD 진료를 받은 6~18세 아동과 청소년은 4만 4,741명이었다. 그러나 2022년에는 그 수가 8만 1,512명으로, 4년 사이에 약 82.19% 증가했다. 특히 남아의 비율이 큰 폭으로 증가한 것으로 나타났다(연합뉴스, 2023).

이와 같은 통계는 ADHD에 대한 인식 변화와 진단의 확대를 반영하고 있으며, 이를 통해 ADHD 진단을 받은 아동·청소년이 늘어나고 있다는 점에서 긍정적인 변화로 해석될 수 있다. 그러나 학교 현장에서는 ADHD 아동의 문제행동을 지도할 매뉴얼이나 지원책이 부족해 교사들이 이러한 어려움을 개인의 역량으로 해결해야 한다는 지적이 나온다. ADHD 학생에 대한 지도 방안은 여전히 부족하며 교사와 학부모 간의 협력이 필요하지만 현실적으로는 그 협력이 쉽지 않다는 문제도 있다.

또한 많은 학부모들이 자녀의 ADHD 성향을 단순히 '주의가 산만하다'고 판단해 병원 치료나 상담을 받지 않기도 하며, 실제 ADHD 아동·청소년의 수는 이보다 더 많을 것으로 추정된다. 이는 학교와 가정 간의 협력이 필수적임을 더욱 강조한다.

ADHD 성향을 가진 영유아들은 주의력결핍과 과잉행동 외에도 다양한 부수적인 행동적, 인지적 특성을 보인다. 예를 들어, 자신이 원하는 것이 이루어지지 않으면 공격성을 보이며 불안정한 기분 상태를 자주 겪고 타인의 감정을 읽는 데 어려움을 겪는다. 이로 인해 또래에게 거부당하거나 낮은 자존감, 정서불안 등의 문제가 발생할 수 있으며 부모와의 갈등이나 가족 간 불화를 초래하기도 한다. ADHD 성향 영유아들은 파괴적이고 공격적인 행동, 의사소통의 문제, 사회적 정보 처리 문제로 인해 또래와의 관계에서 어려움을 겪고, 학습 결손, 사회성 문제, 자기 통제 및 규칙 준수의 어려움 등 2차적인 문제를 보이는 경우가 많다. 또한 약 50% 이상은 품행장애, 반항성장애, 우울장애, 불안장애, 학습장애 등을 동반할 수 있다(김수정·서경희, 2016).

ADHD의 발생 원인은 약 70%가 유전적 원인, 30%는 환경적 원인에 의한 것으로 보고된다. ADHD와 관련된 뇌의 중요한 부위는 전두엽이다. 전두엽은 뇌의 앞부분에 위치하며 사람을 사람답게 만드는 실행 기능을 담당하는 부위로, 계획, 우선순위 설정, 시간 관리, 충동과 감정 조절, 반응 억제 등의 역할을 한다. 전두엽은 20대 초반까지 발달하며, ADHD는 이 뇌의 기능적·구조적 차이와 연관이 있다. 최근 연구에 따르면 ADHD는 다양한 복합적인 원인에 의해 발생하며, 특히 뇌 발달의 성숙 지연과 관련이 깊다.

(2) ADHD의 증상

ADHD(주의력결핍 과잉행동장애)의 핵심 증상은 주의력 부족, 충동성, 과잉행동이지만 실제로 가장 특징적인 것은 실행 기능의 저하이다. 실행 기능은 전두엽에서 담당하는 것으로, 우리의 행동에 대한 지시를 내리고 조절하는 역할을 한다. 따라서 ADHD는 단순히 주의력이 부족하거나 과도한 활동을 보이는 것 이상으로, 다양한 증상들이 나타날 수 있다. 예를 들어, 급하고 참을성이 부족하며 중요한 일을 우선순위로 두지 않고 눈앞의 일에 집중해 중요한 일을 마무리하지 못하는 모습이 보인다. 또한 감정과 충동을 조절하는 데 어려움을 겪고 정리정돈이 잘 되지 않으며 제한된 시간 안에 일을 끝내지 못하는 경향이 있다.

ADHD를 가진 아이들은 이러한 특성 때문에 종종 지적을 받고 친구들로부터 놀림을 받기도 한다. 이로 인해 자신감이 떨어지고 "나는 안 돼"라는 생각에 빠져 의기소침해지며 불안감을 느끼기도 한다. 그로 인해 화를 내거나 부정적인 감정을 표출할 수도 있다. 이러한 속상함이 계속되면, 아이는 자신의 잠재력을 발휘하지 못하고 정서적으로 상처를 받을 수 있다.

ADHD는 간단하게 진단할 수 있는 질환이 아니다. 단순히 집중력 검사를 통해서만 진단할 수는 없다. ADHD는 여러 증상이 겹쳐 나타나는 경우가 많아 진단 과정에서 세심한 전문 지식과 임상 경험이 필요하다. ADHD가 단독으로 있는 경우는 약 30% 정도에 불과하며, 나머지 70%는 우울증, 불안, 틱 증상, 학습장애 등 다양한 문제를 동반한다.

ADHD는 결코 치명적인 질환이 아니며 단지 뇌의 회로가 일반 아동들과 다르게 작동하는 것일 뿐이다. ADHD 증상이 있다고 해서 너무 걱정할 필요는 없다. 인내심과 이해, 그리고 꾸준한 치료를 통해 증상은 개선될 수 있으며 아이가 나아질 가능성은 충분히 존재한다(대한신경정신의학회, 2013).

영유아기에는 정상 발달을 보이는 영유아에게도 ADHD와 유사한 행동이 나타날 수 있다. 그러나 ADHD 진단은 증상이 6개월 이상 지속되고 영유아의 일상에 심각한 영향을 미칠 때 고려된다. 영유아기의 행동은 일시적이고 변화무쌍할 수 있어 정확한 진단이 어려운 경우가 많다. ADHD 증상은 다른 심리적 문제나 발달장애와 중복될 수 있기 때문에 영유아기의 ADHD 진단은 전문가의 협력을 통해 지속적인 증상과 그 영향을 평가하는 과정이 필요하다.

ADHD 체크리스트(DSM-5)

• 부주의 및 과잉행동 : 충동성의 지속적인 패턴이 나타난다. 이러한 패턴은 개인의 기능과 발달을 저해하며, 아래 중 한 가지 이상에 해당되어야 한다.

부주의	다음 중 6개 이상의 증상이 6개월 이상 지속적으로 나타나고, 이러한 증상이 발달수준에 맞지 않으며, 사회적, 학업적/ 작업적 활동에 직접적으로 부정적인 영향을 미친다. (1) 흔히 세부적인 면에 대해 면밀한 주의를 기울이지 못하거나, 학업, 직업, 또는 다른 활동에서 부주의한 실수를 저지른다. (2) 흔히 일 또는 놀이를 할 때 지속적인 주의집중에 어려움이 있다. 또는 긴 문장을 읽을 때 지속적으로 집중하기 어렵다. (3) 흔히 다른 사람이 직접적으로 말을 할 때 경청하지 않는 것처럼 보인다. (4) 흔히 지시를 따르지 못하고, 학업, 잡일, 또는 직장에서의 임무를 수행하지 못한다. (5) 흔히 과업과 활동조직에 어려움이 있다. (6) 흔히 지속적인 정신적 노력을 요하는 과업에의 참여를 피하고, 싫어하고, 저항한다. (7) 흔히 과제나 활동에 필요한 물건들을 분실한다. (8) 흔히 외부자극에 의해 쉽게 산만해진다. (9) 흔히 일상 활동에서 잘 잊어버린다.
과잉행동 및 충동성	다음 중 6개 이상의 증상이 발달수준에 적합하지 않고, 사회적 활동과 학업적/ 작업적 활동에 직접적으로 부정적인 영향을 미칠 정도로 적어도 6개월 동안 지속된다. (1) 흔히 손발을 가만히 두지 못하거나 의자에 앉아서도 몸을 움직인다. (2) 흔히 앉아 있도록 기대되는 교실이나 기타 상황에서 자리를 뜬다. (3) 흔히 부적절한 상황에서 지나치게 뛰어다니거나 기어오른다. (4) 흔히 여가활동에 조용히 참여하거나 놀지 못한다. (5) 흔히 끊임없이 움직이거나 마치 자동차에 쫓기는 것처럼 행동한다. (6) 흔히 지나치게 수다스럽게 말한다. (7) 흔히 질문이 채 끝나기 전에 성급하게 대답한다. (8) 흔히 차례를 기다리지 못한다. (9) 흔히 다른 사람의 활동을 방해하고 간섭한다.

• 몇몇 부주의 또는 과잉행동 : 충동 증상이 만 12세 이전에 나타난다.

• 몇몇 부주의 또는 과잉행동 : 충동 증상이 두 가지 이상의 장면에서 나타난다.

- 증상이 사회, 학업 또는 직업 기능에 방해를 받거나 질적으로 감소하는 명백한 증거가 있다.
- 증상이 조현병 또는 기타 정신증 장애의 경과 중에만 발생하지 않으며, 다른 정신장애에 의해 더 잘 설명되지 않는다(예 기분장애, 불안장애, 해리장애, 성격장애, 물질중독 또는 위축).

출처 : 이성봉 · 박명애 · 김은경 · 박지연(2015), pp. 360-362.

교사를 위한 tip 장애 영유아를 이해할 수 있는 그림책

분 류	그림책	내 용	저자, 출판사
자폐 스펙트럼		좁게 보자면 세상과 소통하지 않으려 드는 아이의 이야기를 담고 있지만, 넓은 의미에서는 자폐스펙트럼 장애(ASD)가 있는 아이의 이야기를 그리고 있다. 자폐스펙트럼 장애를 조금 더 이해하고, 조금 다른 아이의 내면세계를 상상할 수 있게 도와주는 그림책이다.	아네스 드 레스트라드 글, 세바스티앙 슈브레 그림, 어린이작가정신
		집에서부터 아빠가 기다리고 있는 바다까지, 자폐스펙트럼 장애를 가진 아이가 혼자서 길을 찾아가는 여정을 담은 그림책이다.	가브리엘라 미르사 글, 알리시아 발라단 그림, 현암주니어

ADHD		잠시도 가만히 있지 못하고 수업에 집중하지 못하고, 이것저것 만지작거리고, 자꾸 기웃거리는 꼬마 두더지 또삐또가 한 선생님을 만나 변화하는 과정을 담은 그림책이다.	아나 예나스 글, 그림, 청어람아이
		ADHD에 관한 새로운 관점을 제시해 주는 그림책이다. ADHD 아이들이 가지고 있는 특성이 오히려 얼마나 큰 잠재력이 될 수 있는지에 대하여 말하고 있는 이 책은 ADHD를 쉽게 이해할 수 있도록 해준다.	캐시 후프먼 지음, 김선주 옮김, 고슴도치

학습정리

1. 자폐스펙트럼 장애는 광범위성 발달장애로 사회적인 상호작용과 의사소통에 어려움을 보이며 흥미나 활동에서 제한적이고 반복적인 특성이 보이는 것으로 자폐증, 아스퍼거 증후군 등을 포함한다.
2. 자폐증은 행동적 증후군으로 사회적 상호 관계의 장애, 의사소통 및 언어장애, 행동장애가 나타나며 생물학적 원인을 갖는다.
3. 아스퍼거 장애는 자폐 아동에 비해 정상적인 지능과 언어활동으로 보편적인 일상생활을 할 수 있지만 언어의 활용적인 측면과 세상에 대한 인지양식이 달라 부적응적인 행동을 보인다.
4. ADHD는 주의력결핍과 과잉행동–충동성을 주 증상으로 하여 12세 이전에 발병하는 신경발달 장애군으로 파괴적이고 공격적 행동, 의사소통 문제, 사회성 문제, 자기 통제 및 규칙 준수의 문제를 보이는 경우가 많다.
5. ADHD는 유전적 원인이 강하며 뇌의 기능적·구조적 차이, 성숙 지연과 관련되어 문제가 나타난다고 본다.

참고문헌

강경미(2007). 아스퍼거 장애 아동의 행동특징 및 치료에 관한 연구. **복음과 상담, 9**, 9-27.

강유선(2006). 유아의 보육경험과 애착유형 및 사회적 능력과의 관계. 성신여자대학교 대학원 석사학위논문.

건강보험심사평가원(2012. 5). 소아·청소년 주의력 결핍장애, 10명중 8명 '男'. 보도자료.

공직신문(2023. 2. 21). https://www.ndnnews.co.kr/news/articleView.html?idxno=416064

교육부 보도자료(2023. 12. 13). 2023 1차 학교폭력 실태조사 결과 발표.

교육부(2016). 유치원 성교육 프로그램. 세종 : 교육부.

교육부·보건복지부(2013). 3-5세 연령별 누리과정 해설서. 서울 : 교육부.

구성애(2003). **니 잘못이 아니야**. 서울 : 올리브.

국가건강정보포털. https://health.kdca.go.kr/healthinfo/biz/health/gnrlzHealthInfo/gnrlzHealthInfo/gnrlzHealthInfoView.do?cntnts_sn=176, 2025. 1. 2. 인출.

국립교육평가원(1995). **유치원 교육평가**. 서울 : 교육부.

국립국어원 표준국어대사전(2018). 언어(www.stdweb2.korean.go.kr).

______________________(2018). 정서(www.stdweb2.korean.go.kr).

국민건강보험공단(2012). 영유아 건강검진 상담의사 매뉴얼.

권정윤·안혜준·송승민·권희경(2013). **유아생활지도**. 서울 : 학지사.

권정윤·정미라·홍소영·박수경(2010). 유아 사회성 발달 증진 프로그램의 효과에 관한 메타분석. **열린유아교육연구, 15**(5), 341-358.

김도희(2019). 자폐스펙트럼 장애 자녀를 둔 어머니의 삶에 대한 내러티브 탐구 : 아스퍼거 성인 자녀를 중심으로. 한양대학교 대학원 박사학위논문.

김두례(2001). 유아교육기관의 식습관 지도 프로그램 개발을 위한 기초연구. 경희대학교 대학원 석사학위논문.

김미란(2010). 아스퍼거 증후군 아동을 위한 사회적 기술 프로그램 적용 효과. 단국대학교 특수교육대학원 석사학위논문.

김보영·최지원(2024). **유창한 아이 유연한 부모**. 서울 : 봄비와 씨앗.

김수정·서경희(2016). ADHD 성향 유아의 행동문제에 대한 교사의 지각과 대처. **정서·행동장애연구, 32**(3), 53-71.

김옥경(2003). 미술치료가 선택적 함묵증 아동의 표현 언어 능력 향상에 미치는 효과 연구. 한양대학교 대학원 박사학위논문.

김윤희(2015). 만 4세 유아의 야간 수면길이와 문제행동의 관계. **유아교육연구, 35**(1), 351-375.

김은지·신윤희·신효은·이재희·정세린(2018). 건강신념모델에 근거한 학령기 아동의 개인위생습관 형성 프로그램 개발 및 효과. **대한임상건강증진학회지, 18**(1), 51-59.

김주환(2011). **회복탄력성**. 서울 : 위즈덤하우스.

김지영(2002). 교사가 인식한 유아의 문제행동과 문제 유형별 지도에 관한 조사 연구. 성균관대학교 교육대학원 석사학위논문.

김지은(2015). 음악기반 감각통합 놀이 프로그램이 유아의 자아개념과 기본생활습관 향상에 미치는 효과. 숭실대학교 대학원 석사학위논문.

김태훈(2010). **산만한 우리 아이 혹시 ADHD?.** 서울 : 청출판.

문송이(2008). 유치원교실에서 일어나는 유아행동지도와 교사의 어려움. 중앙대학교 대학원 석사학위논문.

박나영(2012). 영·유아기 정서 및 행동문제에 대한 부모와 일반 교사의 인식 및 지원욕구 조사. 대전대학교 석사학위논문.

박선미(2004). 유아 성교육 현황 및 유아 성교육에 대한 교사의 인식 조사. 이화여자대학교 교육대학원 석사학위논문.

박은혜·이명선·성원경·함인자(2006). **유아를 위한 성교육 프로그램**. 서울 : 교육과학기술부.

박자영(2014). 선택적 함묵증 아동의 모-아 상호작용 놀이를 통한 모-아 상호작용 변화와 함묵증상 감소 효과. 대구대학교 재활과학대학원 석사학위논문.

박찬옥·김낙흥·구수연·이옥임·노희연·이선영(2016). **영유아 프로그램 개발과 평가**. 경기 : 정민사.

______(2021). **영유아 프로그램 개발과 평가.** 경기 : 정민사.

박찬옥·서동미·곽현주·박성희·한남주·홍찬의(2015). **유아교육과정**. 서울 : 정민사.

배지희·조미영·봉진영(2010). 유아들의 문제행동에 대한 유아교사들의 담론 분석. **유아교육연구, 29**(6), 165-189.

보건복지부·육아정책연구소(2013). 영유아 문제행동지도 프로그램 개발. 서울 : 보건복지부.

______(2013). 영유아 문제행동지도를 위한 부모교육용 안내서. 서울 : 보건복지부.

복혜자(2002). 남녀초등학생의 간식섭위와 주의력 결핍·과잉행동과의 관계. 충북대학교 교육대학원 석사학위논문.

서경희(2019). 영유아기 자녀의 외현적·내재적 문제행동 지도를 중심으로 한 부모역량 강화 프로그램 개발과 적용. 배재대학교 대학원 박사학위논문.

서명원 · 유경량 · 채승희(2014). **영유아 생활지도-영유아 부적응 행동 지도 중심으로**. 경기 : 양서원.

서천석(2014). **서천석의 우리 아이 괜찮아요.** 서울 : 위즈덤하우스.

성영혜(1993). 부모의 사회적 지지체계가 아동의 행동에 미치는 영향에 관한 연구. 이화여자대학교 대학원 박사학위논문.

손수정(2017). 선택적 함묵증 경향을 보이는 유아를 위한 가족미술치료 단일사례연구. 경기대학교 대체의학대학원 석사학위논문.

송진옥(2017). 다례교육이 유아의 자기조절력과 기본생활습관에 미치는 효과. 총신대학교 대학원 석사학위논문.

신석호(2016). **비언어성 학습장애, 아스퍼거 증후군**. 서울 : 시그마프레스.

신은수 · 강금지 · 유희정(2012). **영 · 유아를 위한 영양과 건강 교육**. 서울 : 창지사.

신의진(2007). **신의진의 아이심리백과**. 서울 : 갤리온.

신혜원(2013). **영유아교사를 위한 부적응 행동지도**. 서울 : 양서원.

심태은(2016). 유아를 위한 가정연계 긍정훈육 프로그램 개발 및 적용. 강릉원주대학교 대학원 박사학위논문.

연초록(2015). 유아교사들이 들려주는 유아들의 일상생활 속 '성'이야기. 배재대학교 대학원 석사학위논문.

오유진 · 장유경(2006). 유아의 편식실태 및 편식에 대한 학부모의 태도 조사. **한국영양학회지, 39**(2), 184-191.

오혜연(2013). 연세발달심리 연구실. http://childlab.yonsei.ac.kr/bbs/zboard.php?id=information2&page=1&sn1=&divpage=1&sn=off&ss=on&sc=on&select_arrange=reg_date&desc=desc&no=23&PHPSESSID=af7f6ec90df9f4f67858e344da9650e5, 출력일자 2025. 1. 8.

우민정(2010). 유아 성교육 프로그램의 구성 및 적용효과. 중앙대학교 대학원 박사학위논문.

유선희(2019). 루돌프 드라이커스의 문제행동이론에 기초한 기독교 부모교육 가능성 탐색. **신학논단, 97**, 125-154.

유세영(2018). 유아 문제행동에 대한 부모와 교사의 인식차이 및 상관요인 분석. 한국성서대학교 보육대학원 석사학위논문.

유수옥 · 조유나(2014). 유아 수면의 질이 정서조절 및 공격성에 미치는 영향. **열린부모교육학회, 6**(1), 21-40.

육아정책연구소(2015). 문제행동아동 심리 정서치유서비스 혁신. 보건복지부.

윤영신(2007). 발달상 학습장애 위험유아의 특성에 대한 일반 유치원 교사들의 인식연구. 강남대학교 교육대학원 석사학위논문.

윤호정(2013). 유아 문제행동에 대한 어머니와 교사의 인식과 지도방안에 관한 연구. 경남대학교 교육대학원 석사학위논문.

이성봉·박명애·김은경·박지연(2015). **정서 및 행동장애**. 서울 : 학지사.

이순형 외(2013). **아동생활지도**. 서울 : 학지사.

이승환(2005). **유창성장애**. 서울 : 시그마프레스.

이영경(2021). 위생청결 프로그램이 유아의 기본생활습관에 미치는 영향. 부산교육대학교 교육대학원 석사학위논문.

이옥임·권덕수·이선영(2025). **영유아발달**. 경기 : 정민사.

이원혜(2014). 분리 불안 장애. 심리학 용어사전.

이정숙·김성재(2009). 유아의 신체 건강과 관련된 일상생활습관 실태연구. **아동학회지, 30**(3), 177-196.

이하원·이신혜·이지연(2021). **영유아 문제행동 지도**. 서울 : 창지사.

장혜림(2001). 사회적 기술훈련과 또래 주도 전략 프로그램이 고립유아의 사회적 행동과 또래 수용에 미치는 효과. 중앙대학교 대학원 박사학위논문.

정계숙·황영미(1999). 고립유아의 사회적 상호작용 행동 특징 연구. **유아교육논총, 9**, 29-47.

정미라·배소연·이영미(2002). **유아건강교육**. 서울 : 양서원.

정옥분(2006). **사회정서 발달**. 서울 : 학지사.

정우영(2017). 선택적 함묵증 유아의 미술치료 단일사례연구. 동국대학교 문화예술대학원 석사학위논문.

조운주·최일선(2013). **유아교육기관에서의 유아생활지도**. 서울 : 창지사.

차성희·홍영수·최지현·주민성·강은주(2010). **내 아이는 무엇이 다른 걸까**. 서울 : 생각나눔.

최고은·권지성(2013). ADHD성향 아동과 지지체계를 대상으로 한 통합적 지원 프로그램에 대한 평가 연구. 한국사회복지학, 65(3), 207-238.

최정화(2011). 유아 및 어머니의 배경변인에 따른 유아의 식습관과 생활태도에 관한 연구. 동아대학교 교육대학원 석사학위논문.

추병완·최윤정·이영문(2020). 발달 훈육의 도덕교육적 함의. **초등도덕교육, 70**, 63-92.

하지수·오채선(2024). 말하는 몸 : 세상과 소통하는 선택적 함구증 해찬이의 경험 탐색. **영유아교육과정연구, 14**(4), 31-55.

한국성폭력상담소(2017). 2017년 한국성폭력상담소 상담통계 및 상담동향 분석.

한국일보(2019. 1. 30). 학교폭력 1위 '언어폭력', 그 이유는 '장난'.

한국질병관리본부(2017). K-DST 한국 영유아 발달 선별검사. 질병관리본부.

한진규(2016). **수면 발란스**. 서울 : 다산4.0.

홍경자(1986). 국민학교 아동의 행동양상도형 개발에 관한 연구. 이화여자대학교 대학원 박사학위논문.

홍아름나라(2015). 선택적 함묵증 경향을 보이는 아동 대상의 미술치료 사례연구 – 미술 치료과정에서 나타난 스토리텔링을 중심으로–. 명지대학교 사회교육대학원 석사학위논문.

황혜정(2005). 유아의 문제행동 진단을 위한 부모용 교사용 검사 개발 연구. **유아교육연구, 25**(2), 235–258.

황혜정(2016). 유아의 수면습관과 식습관이 문제행동에 미치는 영향. **미래유아교육학회지, 23**(2), 299–318.

Achenbach, T. M., & Rescorla, L. A.(2000). *Manual for the ASEBA preschool form & profiles.* Burlington, VT : University of Vermont, Research Center for Children, Youth, and Families.

American Psychiatric Association(2013). *Diagnostic and Statistical Manual of Mental Disorders,* 5th edition. Washington DC : APA Press.

Beaudoin, M., & Taylor, M.(2004). *Breaking the Culture of Bullying and Disrespect, Grades K–8.* Thounsand Oaks, CA : Corwin Press.

Bredekamp, S., & Copple, C.(1997). *Developmentally Appropriate Practice in Early Childhood Programs.* Wasington, DC : NAEYC.

Butchard, N., & Spencler, R.(2000). *Working Effectively with Violent and Aggressive States.* Winnipeg, MB : WEVAS Ins.

Campbell, S. B.(2002). *Behavior Problems in Preschool Children : Clinical and Developmental Issues?*(2nd ed.). New York : Guilford.

Campbell, S. B.(2007). **유아의 문제행동**[Behavior Problems in Preschool Children]. (민성혜 역). 서울 : 시그마프레스. (원본 발간일 2002).

Campbell, S. B.(2007). **유아의 문제행동**[Behavior problems in preschool children: clinical and developmental issues]. (민성혜 역). 서울 : 시그마프레스. (원전은 2002에 출판).

Card, N. A., & Hodges, E. V. E.(2008). Peer victimization among schoolchildren : Correlations, causes, consequences, and considerations in assessment. *School Psychology Review, 23,* 451–461.

Caspi, A., Roberts, B. W., & Shiner, R. L.(2005). Personality development : Stability and change. *Annual Review of Psychology, 56*, 453–484.

Christensen, L. C., Young, K. R., & Marchant, M.(2007). Behavioral intervention planning: Increasing appropriate behavior of a socially withdrawn student. *Education and Treatment of Children, 30*(4), 81–103.

Coie, J. D., & Kupersmidt, J. B.(1983). A behavioral analysis of emerging social status in boy's groups. *Child Development, 54,* 1400–1416.

Dodge, K. A., Coie, J. D., & Brakke, N. P.(1982). Behavior patterns of socially rejected and neglected pre adolescents : The roles of social approach and aggression. *Journal of Abnormal Child Psychology, 10,* 389–410.

Dorsey, S., Klein, K., Forehand, R., & Family Health Project Research Group(1999). Parenting self–efficacy of HIV–infected mothers : The role of social support. *Journal of Marriage and Family, 61*(2), 295–305.

Doss, L. & Reichle, J.(1991). Replacing excess behavior with and initial communicative repertoire. In J. Reichle, J. York, & J. Sigafoods (Eds.), *Implementing Augmentative and Alternative Communication : Strategies for Learners with Severe Disabilities.* Baltimore : Paul H. Books.

Dweck, C. S.(2007). The perils and promises of praise. *Educational Leadership, 65*(2), 34–39.

EBS 아이의 식생활 제작팀(2010). **아이의 식생활**. 서울 : 지식채널.

Fox, L., Dunlap, G., Hemmerter, M. L., Joeshp, G., & Strain, P.(2003). The teaching pyramid : A model for surrorting social emotional competence and prventing challenging behaviro in young children. *Young Children, 58*(4), 48–52.

Frances(2006). *Essential Touch : Meeting the Needs of Young Children.* Washington D.C : NAEYC.

Gartrell, D.(1994). *A Guidance Approach to Discipline.* Delmar Publishers.

Gartrell, D.(1995). Misbehavior or mistaken behavior?. *Young Children, 50*(5), 27–34.

Gartrell, D.(2003). *A Guidance Approach for the Encouraging Classroom*(3rd ed.). Clifton Park, NY : Delmar Learning.

Gartrell, D.(2004). *The Power of Guidance : Teaching Social–Emotional Skill in Early Childhood Classroom.* Clifton Park, NY : Delmar Learning.

Gartrell, D.(2004). *The Power of Guidance : Teaching Social–Emotional Skill in Early Childhood Classroom*. Clifton Park, NY : Delmar Learning.

Gartrell, D.(2008). **가이던스에 기초한 아동생활지도**[The Power of Guidance]. (이은해·박소연·박진재·송영주·송혜린·신혜영·이미리·임연진·정선진·최혜영 역). 서울 : 시그마프레스. (원본 발간일 2003).

Gimpel & Holland(2003). *Emotional and Behavioral Problems of Young Children*. New York : Guilford Press.

Gimpel, G. A., & Holland, M. L.(2007). **유아기 정서 및 행동장애**[Emotional and Behavioral Problems of Young Children]. (방명애·이효신 역). 서울 : 시그마프레스. (원본 발간일 2003).

Goldberg. S.(1997). *Parent Involvement Begins at Birth Collaboration Between Parents and Teachers of Children in the Early Years*. Upper Saddle River, NJ : Allyn & Bacon.

Gorden, T., & Burch, N.(2003). *Teacher Effectiveness Traning*. New York : Three Rivers Press.

Graesser, A. C., Fiore, S. M., Greiff, S., Andrews–Todd, J., Foltz, P. W., & Hesse, F. W.(2018). Advancing the Science of Collaborative Problem Solving. *Psychological Science in the Public Interest, 19*(2), 59–92.

Greenberg, P.(1988). Avoiding "me against you" descipline. *Young Children, 43*(1), 24–25.

Greene, R. W.(2008). *Lost at School : Why our kids with behavioral challenges are falling through the cracks and how we can help them*. New York : Scribner.

Greene, R. W.(2014). *The explosive child : A new approach for understanding and parenting easily frustrated, chronically inflexible children*. HarperCollins.

Harrist, A. W., Zaia, A. F., Bates, J. E., Dodge, K. A., & Pettit G. S.(1997). Subtypes of Social Withdrawal in Early Childhood : Sociometric Status and Social–Cognitive Differences across Four Years. *Child Development, 68*(2), 278–294.

Howes, C., & Ritchie, S.(2002). *A Matter of Trust : Connecting ieachers and learners in the early childhood classroom*. New York : Teachers College Press.

Howlin, P.(2003). **자폐증과 아스퍼거 증후군 아동**[Children with Autism and Asperger syndrome]. (김혜리 역). 서울 : 시그마프레스. (원본 발간일 2002).

Huffington, A.(2016). **수면혁명**[The Sleep Revolution]. (정준희 역). 서울 : 민음사. (원본발간일 2016년).

Kail, R. V.(2007). *Children and Their Development*(4th ed.). Englewood Clffs, NJ : Prentice Hall.

Kaiser B., & Ramminsky, J. S.(2012). *Challenging Behavior in Young Chlidren*(3rd ed.). Upper Saddle River, NJ : Allyn & Bacon.

Kaiser B., & Ramminsky, J. S.(2013). **유·아동기 문제행동 예방 및 지도**[Challenging Behavior in Young Children]. (이병인·윤미경·이지예·강성리 역). 서울 : 시그마프레스. (원본 발간일 2012).

Karz, L.(1984). The professional early childhood teacher. *Young Children, 39*(5), 3–10.

Kedesdy, J. H., & Budd, K. S.(1998). *Childhood Feeling Disorders : Biobehavioral Assessment and Intervention*. Baltimore, MD : Brookes.

Klass, C. S., Guskin, K. A., & Thomas, M.(1995). The early childhood program : Promoting children's development through and within relationships. *Zero to Three, 16*(2), 9–17.

Kostelnik, M. J., Whiren, A. P., Soderman, A. K., & Gregory, K. M.(2009). *Guiding Children's Social Development and Learning*(6th ed.). Boston, MA : Cengage Learning.

Kostlinik, M. J., Soderman, A. K., Whiren, A. P., Rupiper, M. L., & Gregory, K. M.(2015). *Guiding Children's Social Development & Learning*(8th ed.).

Lotan, R. A.(2003). Group–worthy tasks. *Educational Leadership, 60*(6), 72–75.

Marion, M.(1999). *Guidance of Young Children*. New York : Merrill.

Martin, G., & Pear, J.(2012). **행동수정**[Behavior Modification]. (임선아·김종남 공역). 서울 : 학지사. (원본 발간일 2011).

Masten, A. S., & Coatsworth, J. D.(1998). The development of competence in favorable and unfavorable environments : Lessons from research on successful children. *American Psychologist, 53*, 205–220.

Measor, L.(2004). Young peoples views of sex education : Gender, information and knowledge. *Sex Education, 4*(2), 153–166.

Mindell, J. A.(1993). Sleep disorders in chlild. *Health Psychology, 12*, 151–162.

Moffit, T. E.(2005). The new look of behavioral genetics in developmental psychology : Gene–environment interplay in antisocial behaviors. *Psychological Bulletin, 131*, 533–554.

Nelsen, J.(2022). **긍정의 훈육**[Positive discipline]. (김선희 역). 서울 : 더블북. (원본 발간일 2006).

OECD(2017). *PISA 2015 Assessment and Analytical Framework*. OECD Publishing.

Olweus, D.(1993). *Bullying and School : What we know and what we can do*. Oxford : Blackwell Scientific Publications.

Pagel, J. F.(2014). *Dream Science : Exploring the forms of consciousness*. New York : Academy Press.

Pianta, R. C.(1999). *Enhancing Relationships between Children and Teacher*. Washington, DC : Ameriacn Psychlolgical Association.

Reebye, P.(2005). Aggression during early years—infancy and preschool. *The Canadian child and adolescent psychiatry review, 14*(1), 16–20.

Rutter, M.(2000). Resilience reconsidered : Conceptual considerations. In J. P. Shonkoff & S. J. Meisels(Eds.), *Handbook of Early Childhood Intervention*. New York : Cambridge Univercity Press.

Rutter, M., Moffitt, T. E., & Caspi, A.(2006). Gene–environment interplay and psychopathology : Multiple varieties but real effects. *Journal of Child Psychology and Psychiatry, 47*, 226–261.

Sadeh, A., Gruber, R., & Raviv, A.(2002). Sleep, Neurobehavioral functiong, and behavior problems in school–age children. *Child Development, 73*(2), 405–417.

Schreiber, M. E.(1999). Time–out for toddlers : Is our goal punishment or education. *Young Children, 54*(4), 22–25.

Shaw, D. S., Giliom, M., Giovannelli, J.(2000b). Aggressive behavior disorders. In Zeanah CH Jr(Ed.), *Handbook of infant mental health*(2nd ed.). New York : Guilford Press, pp. 397–398.

Stores, G.(2001). *A Clinical Guide to Sleep Disorders in Children and Adolescents*. Cambridge, UK : Gambridge University Press.

Watson, M., & Ecken, L.(2003). *Learning to Trust : Transforming difficult elementary classrooms through developmental discipline*. San Francisco : Jossey–Bass.

Watson, M., Daly, L., Smith G., & Rain, C.(2019). Building a Classroom Community That Supports Students' Social/Moral Development. *Teacher Education Quarterly, Fall 2019*, 10–30.

Weber, N.(1987). Patience or understanding. *Young Children, 42*(3), 52–54.

Wittmer, D. S., & Honig, A. S.(1994). Encouraging positive social development in young children. *Young Children, 49*(5), 61–75.

[참고 사이트]

건강보험공단 건강in. hi.nhis.or.kr

관악구청. www.gwanak.go.kr/site/gwanak/04/10407010300002016051205.jsp

국가건강정보포털. health.mw.go.kr

네이버 두산백과. www.naver.com

대한소아청소년정신의학회(2019). www.adhd.or.kr

대한신경정신의학회(2013). ADHD 이해하기. www.hidoc.co.kr

두산세계대백과(2020). 편식. www.doopedia.co.kr

서울대학교 의학정보. www.snuh.org

서울아산병원. https://www.amc.seoul.kr/asan/mobile/healthinfo/disease/diseaseDetail.do?contentId=31917&diseaseKindId=C000006

세종특별자치시. www.sejong.go.kr/cssi/sub03_01.do

정부24 사이트. www.gov.kr/portal/service/serviceInfo/445000000047

질병관리본부. www.cdc.go.kr

Daum 사전. www.dic.daum.net

Positive Behavioral Interventions & Supports. www.pbis.org

찾아보기

저/자/약/력

■ 이선영
중앙대학교 대학원 유아교육학과 학사, 석사, 박사
현 부천대학교 유아교육과 교수

■ 우민정
중앙대학교 대학원 유아교육학과 학사, 석사, 박사
현 경민대학교 유아교육과 교수

유아교사를 위한
문제행동의 이해와 지도

| 공저자 | 이선영 · 우민정

| 1판 1쇄 | 발행 2025년 3월 7일

| 발행인 | 김동훈
| 발행처 | 공동체

| 주소 | 경기도 고양시 일산동구 호수로 358-39 동문타워 I 905호(백석동)
| 전화 | 031)814-3000(대표)
| 팩스 | 031)814-3100
| 홈페이지 | www.compub.co.kr
| 전자우편 | compub@naver.com
| 출판등록 | 2005년 10월 6일
| 등록번호 | 제396-2005-36호

| ISBN | 979-11-6725-905-9
정가 21,000원

MEMO

MEMO

MEMO